성막의 치유적 유비
HEALING ANALOGY OF TABERNACLE

성막과 치유

이경섭 지음

AL2M

필자의 말

　　2001년 목회 상담학 석사과정에 입학하여 "성전의 유비를 통한 내적치유 연구"로 이론연구를 하였다. 박사과정에서는 "성전의 유비를 통한 내적치유 프로그램 설계 연구"로 적용연구를 하였다. 두 과정을 공부하는 데 10년이 소요되었다.

　　이 책에서는 이 두 논문을 통합하여 한 자 한 자 논리를 보완하고 보강하면서 다시 기술 하였다. 이런 재검토의 과정에서 일부의 접근방식과 논리전개, 그리고 용어를 수정하였다. 넓은 의미의 '성전'은 '성막'으로 '내적치유'는 '치유'라는 보편적인 용어로 바꾸고 심리학과 신학의 통합과 산상수훈의 본문을 추가하였다.

　　'성막'을 중심으로 한 성전사상의 연구는 성경을 해석하는 지평을 활짝 열어 주었고 신앙과 삶을 이해하는 척도가 되면서 다른 책을 집필하는 원형의 역할을 했기 때문에 4권의 책을 동시에 집필 할 수 있었다. 네 권의 책은 각기 다른 제목과 내용으로 구성되었지만 그 중심에는 '성막'을 통한 성전 사상이 직·간접으로 흐르고 있다.

　　논문을 쓰고 책을 집필하는 동안 하늘의 빛 공동체가 가장 큰 힘이 되었다. 한 사람 한 사람이 성령의 부르심에 순종하면서 소그룹과 평신도 중심의 사역이 상당부분 자리를 잡았다. 교회가 건물을 매각하는 초유의 사태에도 의연하게 자리를 지켜 주었다. 손에 오물을 묻혀 가며 교회를 쓸고 닦고 치우는 모습에서 허리에 수건을 두르신 주님의 후광을 보았다. 노구를 이끌고 모든 공예배에 참여하는 모습에서 시온의 대로를 향해 한 길 가는 영적 순례자를 연상했다. 찬양에 몰입하고 귀를 쫑긋 세워 설교를 경청하는 모습에서 진정한 예배자의 품격을 느꼈다. 순간의 이익이 아닌 신념을 따르며 아무런 내색 없이 하나님만이 주실 수 있는 위로를 붙들고 참고 견디는 모습에서 털 깎는 자 앞에선 어린 양 같은 신앙의 저력을 보았다. 넘어질 듯 하는 순간에 오뚝이처럼 다시 일어나 믿음을 지켜내는 이들은 모두 하나님의 살아계심을 증언하는 생활 속의 순교자들이다.

"이 책을 15년의 성상 동안 현명한 귀를 기울여 주신 하늘의 빛 공동체에 헌정한다."

들어가는 말

　장로교 선교사의 딸 샌포드는 안수를 받고 극심한 우울증에서 벗어난 이후 "경험이 신학에 선행한다"는 경험주의와 프로이트의 정신분석을 바탕으로 내적치유 사역을 시작하였다. 내적치유가 가장 체계적이고 영적인 사역으로 자리를 잡은 것은 정신의학자 출신으로서 예수 전도단에서 사역하던 부르스 톰슨의 역할이 크다. 톰슨은 프로이트의 정신분석학을 "내 마음의 벽"으로 재해석하여 거절당하고 상처 입은 사람들을 치유로 이끌었다.

　그럼에도 불구하고 내적치유는 신학적 검토 없이 지시적인 교육, 설교, 강의식 세미나 형태로 이루어졌으며 인지적인 효과와 일시적인 감정정화는 있지만 참여자들을 실천적인 덕목으로 변화시켜 새사람으로 만들어가는 과정은 부족하다(Kim, 2002). 나아가 아직까지 일관성이 있는 신학적인 이론으로 정립되지 못했으며 그 방법들의 출처가 불분명하고(Kim, 2002) 목회 상담학적인 학문적 배경 역시 분명하지 않다.[1] 내적치유를 영적전쟁이나 신유의 은사 영역으로 제한하는 일부의 시도에 대하여서는 신학적 검증이 지속되어야 한다. 이러한 문제의식을 바탕으로 신학과 심리학을 통합하여 체계론적인 정립을 시도하였다.

　우리의 뇌는 감각기관을 통해 외부의 정보를 받아들이는 순간 각각의 데이터를 과거의 비슷한 경험과 연결시켜 출력한다. 매번 새로운 경험을 할 때마다 각각의 뉴런이 활성화되고, 다른 뉴런과 뉴런이 이어져 연결고리를 만들면서 시냅스를 형성하는데 경험 하나하나가 신경회로를 만들면서 뇌의 물리적 구조를 확장시키고 바꾸어나간다. 그리고 뇌는 과거에 쌓인 경험의 데이터를 근거로 하여 앞으로 닥쳐올 미래를 예상하고, 다음에 무슨 일이 일어날지 예측한다.

어떤 자극이나 경험이 있을 때 편도체가 감정을 느낄 것인지를 뇌섬엽에 문의한다. 뇌섬엽이 편도체의 요구에 동의하여 감정 호르몬의 분비를 명령하면 감정을 느끼는데 해마는 자극의 세기에 따라 그 정보를 장기기억으로 저장한다. 두려움에 학습된 뇌는 전두엽을 통과하지 않고 곧바로 감정의 스위치를 누르기 때문에 작은 것을 보고도 큰 공포를 느낀다. 시간이 지날수록 구체적인 사건의 기억은 희미해지고 거기에 반영되었던 감정만을 출력한다.

해마의 기억은 문득 누군가의 말이나 냄새, 음악, 영화, 독서를 할 때 의식의 표면에 떠오르는데 이 때 마치 영화의 사운드 트랙처럼 감정의 중추인 편도체가 동시에 활성화되면서 그 사건과 함께 경험했던 부정적인 감정까지 같이 재생된다. 이유를 모르고 공허하거나 슬픔을 느끼거나 걱정을 많이 하거나 불안하고 화가 나는 것과 같은 핵심감정의 뿌리는 바로 여기에 저장된 기억 때문이다.

그 동안의 정의에 따르면 내적치유는 부정적인 기억을 목회적인 차원에서 돌보고 기도하고(Seamands, 1981) 치유하는 데 관심을 가졌다(Seamands, Craft, Mike Flynn & Doug Gregg, Adams, etc). 김준수는 지속적으로 아픔을 일으키는 비진술적 기억을 치유하는 것으로 이해한다(2002).

진술적 기억은 머리가 담당하고 비진술적 기억은 몸이 담당한다. 비진술적 지식은 암묵적이어서 몸이 움직이지만 말로 설명할 수는 없다. 진술적 기억에 의한 아픔은 말로 설명하기는 어렵지만 계속해서 부정적인 감정을 일으킨다. 결국 겉으로 드러나는 자아와 대비되는 진정한 '자기'는 이러한 기억의 총합이며(John Locke) 진술적 기억이 치유되지 않으면 내적 자아(자기/self)가 상처 덩어리로 남는다.

목회상담학자며 권면적 상담학의 창시자인 애덤스(Adams)는 성경의 시간관을 염두에 두면서 현재에 영향을 주는 부정적 과거는 현재일 수 있으므로 완료형의 과거는 '기억해 내어' 처리해야 한다고 하였다(1975).

사람의 부정적인 기억은 다른 심리적인 부분에 전이되기 때문에 기억이 사라진다고 해서 문제가 해결되지는 않는다. 누군가에게 거절을 당하거나 심한 상처를 받은 사람은 자신이 무가치하다는 왜곡된 신념을 내면화하는데 이것이 수치심의 형태로 전이된다. 수치심은 일종의 미운 오리새끼 감정이며 애벌레 의식이고 미숙아 의식이다. 하나님이 인류를 사랑하시지만 나를 사랑하지는 않는다고 믿으며 습관적인 자기의심에 사로잡힌다.

수치심에 대하여 의미 있는 저술을 한 캡스(Donald Capps)는 이러한 수치스러운 경험을 떨쳐버릴 수 있는 능력으로 기억상실(amnesia)을 들 수 있기는 하지만 우리 마음은 "수치스런 경험에 대해 기억해내는 기괴한 능력"을 가지고 있으므로 잊어버리려고 노력하면 할수록 '수치스러운 기억들'이 칼로 베는 듯 하는 고통을 안겨 준다고 하였다(1993). 여기서 벗어나는 유일한 방법은 기억의 심연에 접근하여 그것을 재경험하고 그것에 대한 새로운 이해와 해석을 바탕으로 영적이고 성경적인 하나님의 관점으로 재구성하는 것이다. 사건을 바꿀 수는 없지만 사건을 바라보는 관점을 바꾸어서 그 의미를 재해석할 수는 있다.

사람은 무엇인가에서 의미를 찾으면 마음의 평안을 얻고 거기서 벗어날 희망을 가진다. 이러한 관점은 죽음의 공포와 절망으로 가득했던 아우슈비츠에서 빅터 프랭클이 발견한 '로고테라피'의 핵심이다. 불교에서는 수행을 통해 발견한 의미를 '깨달음'이라고 한다. '깨달음'은 '열반'과 '해탈'에 비교할 정도로 중요하다. 아들러는 트라우마 자체를 부정하고 관점을 바꾸어서 그것을 거름으로 삼으라고 하였다. 긍정 심리학자인 셀리그먼은 과거의 불행한 사건에 대한 관점을 바꾸고 언어를 바꾸어서 감사하고 강점에 집중하여 트라우마가 일으키는 부정적인 영향력을 차단할 수 있다고 생각했다.

이 책의 목적은 성막에 계시된 그리스도를 통해 상처 입은 내면의 구조를 허물고 그리스도를 통한 회복의 메커니즘을 구축하는 것이다. 옛 언약의 중심에 있는 성막의 본문과 새 언약의 중심에 있는 교회 공동체를 위한 삶의 원리를 제시하는 산상수훈의 본문을 유비론적 치유로 재해석하여 그것을 제시했다. 회복의 메커니즘은 성전의 내면화를 의미하며 성전의 내면화는 상처 입은 자아가 은신해 있는 회칠한 무덤과 같은 거짓의 피난처를 허물고 그리스도의 보혈과 빛으로 나오게 함으로 그리스도 중심의 새로운 삶의 체계를 구축하는 것이다. 성전의 내면화는 내면의 원칙에 따라 우리의 지식과 경험을 겉사람에서 속사람으로 옮기는 것이다(TG).

성전의 내면화를 통해 세워지는 회복의 메커니즘은 '내 안에 계신 그리스도'를 지향한다. 그것은 "너희 마음에 그리스도가 계시게 하시옵고"(엡 3:17) 또는 "그리스도의 평강이 너희 마음을 주장하게 하라"(골 3:15)는 기도의 명령에 대한 자각이다. 그리스도는 우리 마음의 중심에 오셔서 회개, 겸손, 속죄, 정결, 고백, 공급, 기도, 만남, 진리로 채우시고 치유와 회복으로 이끄신다. 이것이 이 책에서 말하고자 하는 치유의 핵심이다.

List of Abbreviation

AA : Alcoholics Anonymous. (AA) is an international mutual aid fellowship founded in 1935 by Bill Wilson and Dr. Bob Smith.

ACE : Adverse Childhood Experience

BHS: Biblia Hebraica Stuttgartensia, 1967–1977.

DSM–V : Diagnostic and Statistical Manual of Mental Disorders–5th edition, (2013). Washington D.C: American Psychiatric Association(APA).

INST: Institutes of the Christian Religion. 1536.

LXX: Septuagint, about BC 300.

nQ... : Qumran Cave number, ...detailed name or Dead sea scrolls.

PTSD: Post-Traumatic Stress Disorder.

Q: ① from the German word Quelle Source Q document, Q Gospel, Q Sayings Gospel, or Q from German: Quelle, meaning "source" ② Latin quattuor, now called P for "priestly code"

sc : Strong's Concordance. 1890.

TDNT : Theological dictionary of the New Testament (1964–1975) by Kittel et al.

TG : THeoiogia Germanica, 1516

TWOT: Theological Wordbook of the Old Testament (written by R Laird Harris. et al.)

WCF: The Westminster Confession of Faith(1647/1788)

WMC: The Westminster Catechism. SQ. A. : The Westminster Shorter Catechism Question, Answer. LQ. A. : The Westminster Larger Catechism Question, Answer.

English Bible Version

KJV / King James Version, 1769

NKJV / New King James Version, 1982

NIV / New International Version, 1984

ASV / American standard Version, 1901

NASB / New American Standard Bible, 1963

RSV / Revised Standard Version, 1973
NRSV / New Revised Standard Version, 1989
NLT / New Living Translation, 1996
YLT / Young's Literal Translation, 1884
DBY / Darby's Translation, 1884
BBE / Bible in Basic English, 1964
VIA : Values-in-Action Classification of Character Strengths and Virtues by Peterson & Seligman.
Webster / Webster's Bible, 1833
WEB / World English Bible, 1995.

목차(CONTENTS)

필자의 말
들어가는 말
LIST OF ABBREVIATIONS

제1부

서론

1. 체계론 / 19
2. 유비추론 / 21
3. 모형론 / 25
4. 치유의 주체 / 28
   1) 성부의 치유 / 28
   2) 성자의 치유 / 31
   3) 성령의 치유 / 34

제2부

통합연구

1. 통합의 의미 / 39
2. 통합의 성경적 근거 / 43
3. 통합의 대상 / 50
   1) 심리학의 역사 / 50
   2) 정신분석이론 / 53
   3) 분석심리이론 / 55
   4) 대상관계이론 / 58
   5) 한계와 도전 / 62

제3부

성전론

1. 성전의 역사 / 69
   1) 제단 / 70
   2) 성막과 성전 / 71
   3) 제2성전 / 73

2. 성전의 성취 / 78
   1) 다윗의 장막 / 78
   2) 에클레시아 / 81
   3) 바실레이아 / 82
   4) 개인적 의미 / 83

3. 성전의 내면화 / 87
   1) 내면화의 의미 / 87
      (1) 심리학적 의의 / 87
      (2) 율법의 내면화 / 91
      (3) 성전의 내면화 / 93

   2) 내면화의 거소 / 96
      (1) 마음 / 96
      (2) 마음의 중심 / 98

   3) 내면화의 실제 / 99

제4부

성막의 모형론과 치유적 유비

1. 성막뜰 / 105
  1) 울타리 / 106
    (1) 경계의 침범 / 107
    (2) 겸손을 통한 치유 / 109
  2) 출입문 / 112
    (1) 구원 / 113
    (2) 회개를 통한 치유 / 114
  3) 번제단 / 116
    (1) 구약의 5대 제사 / 117
      가. 번제 / 118
      나. 소제 / 119
      다. 화목제 / 121
      라. 속죄제 / 122
      마. 속건제 / 124
    (2) 대속죄일 / 125
    (3) 한 영원한 제사 / 127
    (4) 십자가를 통한 치유 / 130
  4) 물두멍 / 133
    (1) 정결 / 133
    (2) 절제를 통한 치유 / 134

2. 성소 / 138
  1) 떡상 / 138
    (1) 생명의 떡 / 139
    (2) 동기변화를 통한 치유 / 140
  2) 등대 / 142
    (1) 치유의 빛 / 143
    (2) 빛 가운데 행하는 삶 / 148
  3) 분향단 / 152
    (1) 치유적 기도 / 154
    (2) 그리스도 테라피 / 156

3. 지성소 / 159

  1) 속죄소 / 161

    (1) 화목제물 / 162

    (2) 덮어주는 치유 / 163

  2) 법궤 / 164

    (1) 하나님의 법 / 164

    (2) 다림줄을 통한 치유 / 165

4. 화목제 식사 / 167

제5부

산상수훈의 치유적 유비

1. 치유적 기초 / 173

  1) 존재와 되어짐 / 174

  2) 율법과 복음 / 177

  3) 콤플렉스 / 181

  4) 온전함 / 184

  5) 죄책감과 수치심 / 187

2. 팔복의 치유적 유비 / 193

  1) 복의 개념 / 193

  2) 가난한 부자 / 195

  3) 애통하는 위로자 / 198

  4) 통제된 힘 / 200

  5) 갈망 / 202

  6) 공감의 뇌 / 204

  7) 단심가 / 206

  8) 평화의 도구 / 209

  9) 선지자의 반열 / 210

3. 주기도문의 치유적 유비 / 215
　1) 얼굴을 구하는 기도 / 217
　2) 손을 바라는 기도 / 219
　3) 나라를 구하는 기도 / 222
　4) 용서를 구하는 기도 / 224
　　(1) 하나님을 향한 용서 / 225
　　(2) 자신을 향한 용서 / 227
　　(3) 타인을 향한 용서 / 229
　　　가. 용서의 정의 / 229
　　　나. 용서의 착각 / 232
　　　다. 용서의 이유 / 234
　　　라. 용서의 과정 / 238
　5) 승리를 구하는 기도 / 242

제6부

결론

결론 / 247

저자후기 / 252
Bibliography / 255
미주 / 267

제1부

서론

1. 체계론
2. 유비추론
3. 모형론
4. 치유의 주체

1. 체계론

성전은 고정된 기관이나 장소가 아니라 제단에서 새 하늘과 새 땅을 향해 나아가는 역동적인 의미다. 성경에서 성전의 개념은 핵심에 있으며 성경에 기록된 구속의 설계가 제의적 관점과 용어로 기록되었기 때문에 성막이나 성전을 이해하지 않고는 성경이나 신학 전반을 온전히 이해하지 못한다.

성전의 체계론적 의미는 이 모형적(typical) 성막 속에 잘 나타나 있다(Needham, 1958). 성전은 에덴, 제단, 성막, 솔로몬 성전, 스룹바벨 성전, 교회, 새 하늘과 새 땅에 이르기까지 점진적으로 완성을 향해 나아간다. 넓은 의미에서 명칭이 다를 뿐 모두 성전이다. 그러므로 성막의 기명과 그 의미는 솔로몬 성전이나 스룹바벨 성전의 그것과 동일한 원리에서 체계론적으로 해석하고 적용해야 한다.[2]

이 책은 성막에 숨어있는 치유원리를 체계론적으로 정리하였다. 체계론적(systemic)이란 체계적(systematic)인 것과 다르다. 체계론적 사고는 맥락적 사고다. 체계론은 단답형의 정답을 찾지 않고 그 답을 도출하는 원리와 맥락을 통해 파악한다. 근대 이후, 데카르트적 과학은 모든 복삽계에서 전체의 움직임은 그 부분들의 특성들을 통해서 분석할 수 있다고 믿었다. 모든 학문은 이런 방식으로 가장 작은 단위로 분석하는 것이 원칙이었다.

그러나 "전체는 부분의 합 이상이다"(Wertheimer) 라고 하는 형태주의의 시각은 다르다. 형태주의는 전체를 보고 그 전체를 구성하고 있는 각 부분의 맥락을 먼저 보자는 것이다. 즉 각 부분은 전체의 조망 아래서만 이해가 가능하며 다른 맥락에서는 또 다른 결론을 도출한다는 것이 형태주의의 시각이다. 이러한 관점은 체계론과 일맥상통한다. 체계론을 핵심으로 하는 시스템 과학에서는 부분들의 특성은 본질적인 특성이 아니며, 보다 큰 전체라는 맥락 속에서만 이해될 수 있다는 인식으로 전환되었다(Capra, 1996).

성막을 체계론적 관점에서 바라보면 성막의 기명은 그리스도 안에서 유기적으로 연결되어 있고 그것이 개인적으로 내면화 되면서 하나님이 임재하시는 내적인 성소로 의미가 실제화 되며 그 안에서 제사장이 행하는 제의적인 프로세스는 죄와 비참함에 절망한 하나님의 백성들을 위한 회복의 메커니즘(mechanism)을 제공한다.

2. 유비추론

유비추론은 A와 B의 두 영역이 서로 혼합이나 침범이 없이 독자적인 맥락을 유지하되 A가 B에게 해석학적 정당성을 부여하고 풍부한 적용을 끌어낸다. 비유에 의한 추론이라고도 하는 유비(analogy)는 눈에 보이는 한 가지 사실을 통해 추상적인 대상을 추론하는 과학적인 사고 방법이다. 신학(A)과 목회 상담학적인 치유이론(B)이라는 두 영역을 예로 들면 신학은(A) 신학대로(A') 치유이론은(B) 치유이론대로(B') 서로의 영역을 침해하거나 훼손하거나 혼합하지 않으면서 독자적인 이론을 전개하되 신학의 영역인 A로부터 치유의 영역인 B가 해석학적 정당성을 부여 받고 더 풍부한 적용을 확보하는 것이다.

유비는 양자를 같은 범주나 차원에서 비교하는 것이 아니기 때문에 풍유나 환원주의를 예방한다. 즉 각각의 정체성을 상실하거나 침범하는 일이 없이 통찰과 해석을 끌어내는 데 유용하다. 유비가 없이 양자가 혼합하면 양자 모두 정체성을 상실하지만 유비를 사용하면 신학을 치유론적(심리학적) 언어로 바꾸거나 반대로 치유론을 신학적 언어로 치환하지도 않게 된다. 즉 유비론은 단지 양자를 비교함으로 의미를 명확하고 풍성하게 하는 데 주안

점이 있다.

유비는 고대 그리스의 피타고라스학파에서 시작되었다. 피타고라스학파는 눈앞에 드러나는 명백한 수학적 원리를 통해 추상적인 형이상학을 추론하였다. 피타고라스는 우주와 자연과 신이 완벽한 수학적 질서와 조화를 이루기 때문에 인간의 삶도 역시 질서와 조화가 있어야 한다고 가르쳤다. 서구 학문의 체계를 세우는데 결정적인 역할을 한 아리스토텔레스는 변증론에서 "A의 B에 대한 관계는 C의 D에 대한 관계와 같다... A가 B 속에 있듯이 C는 D 속에 있다"는 유비형식을 도입했다(Topica, 1-17).

플라톤 역시 기능적 유비를 사용하여 태양이 사물을 보게 하는 것처럼 이데아는 추상적 세계의 인식을 가능하게 한다고 하였다. 중세의 미학에서는 금, 은, 보석, 스테인드글라스 재료를 천상의 빛을 표현하는 유비로 사용하였다. 이 유비를 통하여 "천국이란 아마도 이럴 것이다."라는 초월적 소망을 갖게 되었다.[3] 유비를 통해 천상을 이해하려던 노력이 스콜라 철학 이후에는 지적인 영역으로 확대되었다.

스콜라 철학의 대부 토마스 아퀴나스는 눈에 보이는 세계를 통해 초월하신 하나님을 설명하기 위하여 존재의 유비를 사용하였다(신학대전, 1-13). 그가 존재론적 유비로 찾은 다섯 가지 신존재 증명을 요약하면 다음과 같다. ① 모든 사물을 움직이게 하는 움직이는 자 즉 '부동의 동자'가 있을 것이다. ② 모든 사물의 원인을 무한정 추적하다 보면 그 원인의 원인이 되는 '제1원인'이 있을 것이다. ③ 눈에 보이는 우연을 결정하는 존재의 가능성은 그 어느 것에도 의존하지 않는 필연적인 존재를 시사한다. ④ 아름다움과 추함, 선과 악, 완전과 불완전의 기준이 되는 존재가 있을 것이다. ⑤ 질서와 조화를 이루는 자연법칙은 한 지적 설계자가 있을 것이라는 식이다.

나아가 유비는 역설적인 진리를 설명하는 데 효과적이다. 예를 들어 하나님의 은혜와 책임이 모순으로 남지 않고 신앙의 역설이 되는 것은 예수 그리스도 안에 있는 신인 인격의 유비로 설명이 가능하다. 바울은 남편과 아내의 관계를 그리스도와 교회의 유비로 설명하였다(엡 5:22-25). 고린도전서 11장에서는 너울 쓰는 문제를 신학적으로 검토하면서 남녀의 관계를 하나님과 그리스도의 유비로 설명하였다(Kim, 2009).[4] 개혁파 신학에서 할례와 유아세례는 유비관계에 있다. 할례가 구원의 보증이 될 수 없는 것처럼(롬 2:28) 유아세례도 구원의 보증수표가 아니다. 물세례도 마찬가지로 구원의 보증인 성령세례의 상징이다.

척 스미스는 가나안을 성숙의 유비로 설명하였다. 요단강은 우리의 육체적 죽음을 의미하는 것이 아니고 우리의 옛 사람이 죽는 것이다. 만약 요단강이 육체적 죽음을 의미하고 가나안이 천국이라면 모세는 천국에 들어가지 못한 엉뚱한 결론을 만든다. 가나안에도 실패가 반복되었는데 천국에서 이런 일이 반복된다면 어떻게 그곳이 천국이 될 수 있겠는가? 따라서 요단강은 육체적 죽음이 아닌 우리 옛 사람의 죽음을 뜻한다. 가나안에 들어가기 위해서 요단강을 건넌다 함은 (유비론적으로 볼 때)우리의 육신 즉 옛 사람을 죽은 자로 여기고 더 이상 육신을 신뢰하지 않으며 성령을 따라 사는 삶이 시작되었음을 말한다(Smith, 1997).

신학과 목회 상담학의 유비론적인 통합을 시도한 많은 학자늘 중에서 헌싱거와 오데이 주목할 만하다. 헌싱거는 신학을 우선에 두고 유비론적으로 목회 상담학을 선개하였다. 그는 심리학에서 신학에 이르는 길은 없지만 신학에서 목회 상담학(또는 심리학)에 이르는 길이 있다고 전제하고 창조적인 우선순위를 유지하면서 두 학문이 각각 고유성과 탁월성을 존중하면서 두 분야 사이에 유비관계를 모색했다(Hunsinger, 1995). 토마스 오덴(Thomas C. Oden)은 신학과 일반 상담학 사이의 유비를 직접 언급하지는 않았지만 그의 학문적 태도는 신학의 고유한 언어와 학문을 침범하지 않으면서 두 학문의 이론적 대화를 시도하고 신학에 드러난 하나님의 뜻을 상담학적 관점에서 적용하고 활용하였다(1996).

3. 모형론

성막을 해석하는 가장 전통적이고 보편적인 도구는 모형론이다. 모형론은 약속과 성취, 상징과 실체, 그림자와 실상의 구도 안에서 성막을 그리스도 중심으로 해석한다. 모형론적 성경해석은 구약의 성막, 제도, 인물, 사건을 해석하는 가장 중요한 도구로 지속적인 위치를 확보하고 있다. 모형은 상징을 벗겨 그 실체를 보게 하는데 "모형론의 집 통로는 상징주의 집의 맨 끝에 있다"(Vos, 1985)

"여호와 하나님은 택하신 이스라엘 백성들에게 구속에 관한 그의 위대한 계획을 모형론을 통해 상징적으로 표현하셨다"(Needham, 1958) 상징 대신 은유를 사용하기도 하는데 바울은 반석을 그리스도로(고전 10:4), 출애굽을 구름과 바다에서 세례를 받은 것으로 은유했다(고전 10:2). 모형론(typology)은 유형론, 예표론이라고도 하며 구약에는 그림자로 나타난 실체가 신약을 통해 구현(실현)된다는 전제를 가지고 있다. 모형론이 보여주는 그림자는 실상이 있음을 암시한다.

모형론의 가장 큰 전제는 구약의 말씀, 사건, 인물 그리고 제도라는 모형들에 상응하는 원형이 신약에 있다는 것이다. 구약성경에 나오는 사람들과 모든 조직, 사물, 사건들이 신약성경에 나오는 원형에 대한 모형으로서 하나님이 신약 시대에서 이루실 구속사에 대응하는 것들을 미리 보여주신 예표라고 할 수 있다(Rad, 1975). 즉 모형론은 구약의 모형(Typos)과 신약의 원형(Antitypos)의 대비를 통하여 연속성을 확보한다.

어거스틴에게 있어서 신약은 구약 안에 싸여 있고 구약은 신약에서 펼쳐진다. 또한 구약 안에는 신약이 숨겨져 있고, 신약 안에는 구약의 의미가 분명해진다(Augustine, 1964). 예수님이 제자들에게 여자가 낳은 자 중에 세례 요한보다 큰 이가 일어남이 없지만 천국에서는 극히 작은 자라도 그보다 크다고(마 11:11) 하신 이유는 세례요한은 그림자, 모형, 상징에 의해 바라보는 믿음을 가졌지만 십자가와 부활 이후에는 실체, 성취, 완성으로 오신 그리스도를 따른다는 점에서 더욱 영광스럽다는 의미일 것이다.

구약을 실제 사건과 관계가 없는 모형으로만 보거나 반대로 지나친 알레고리로 해석하는 것은 정당하지 않다. 알렉산드리아 학파의 오리겐과 클레멘트는 알레고리 자체를 신학의 중심에 두고 문자적인 의미 뒤에 참된 하나님의 영광을 드러내는 의미가 있다고 주장했으나 폭넓게 인정받지는 못했다. 알레고리(allegory)는 문학적인 수사법에 속하지만 풍유, 우의, 우화 등으로 쓰이기 때문에 성경이 스스로 말하지 않는다면 해석에서 배제해야 하며 단지 적용과정에서 제한적으로만 사용해야 한다.

모형론은 대비되는 분명한 대상이 존재한다는 점에서 알레고리와 다르다. 즉 모형론과 알레고리가 겹치는 부분이 없지는 않으나 엄격하게 구분 짓기 위해서는 신약에 원형이 직접 언급되었거나 해석 과정에서 문맥에 비약이 없어야 하며 동시에 2천년 동안 형성된 교리와 조화를 이루어야 한다.

1세기의 유대인은 이러한 성경의 상징성과 모형을 받아들이지 않았다. 바리새파는 상징성을 도덕적 교훈으로 수렴하는 경향이 있었다. 알렉산드리아의 유대인들은 모형론을 알레고리로 받아들였다. 이것이 그들의 눈을 가려 그리스도를 거부한 것이다(Jordan, 1988). 가톨릭은 의식과 성직 자체에 권위를 둠으로 모형론의 위기를 초래했다. 성경의 영감을 받아들이지 않는 사람들 역시 모형론을 거부했다. 19세기에 비평주의 역시 모형론적 성경해석을 인정하지 않았다.

캘빈에게 있어서 모형론은 가장 중요하고 중심적인 위치에 있다(Fairbairn, 1967). 페어베언(Fairbairn)은 해석학적인 풍유(allegory)를 경계하면서 유비론적으로 모형론적 해석을 하나의 과학적인 주석 원리로 발전시키는 데 관심을 가졌다(1967). 페어베언은 유비와 모형론을 연결 지음으로 학술적인 적용범위를 확장하였다.

이 책에서 성막의 모형론과 목회상담학적인 치유원리를 유비로 연결 지은 것은 이러한 페어베언의 방법론에서 힌트를 얻었다. 모형론적으로 성막은 예수 그리스도의 그림자다. 물질로 된 이 지상의 성막(성전)은 다른 모형들과 마찬가지로 사라졌다.[5] 그러나 그 모형이 예표한 실체는 영원하다. 성육신을 통해 실현된 임마누엘의 인격과 그의 구속사역은 모든 모형의 실상이다(1958).

모형론은 철저하게 기독론적이다. 그러나 성막의 기구를 다시 예수 그리스도의 예표로 해석하면 그리스도가 그리스도를 가리키는 환원주의로 빠지며 지나치게 다의적으로 해석하면 알레고리로 비약된다. 그러므로 성막의 기명이 가진 모형론은 다른 기구와 중복되지 않도록 우선순위를 정하여 가장 핵심적인 모형을 찾는 것이 중요하다.

4. 치유의 주체

1) 성부의 치유

의사는 치료하고 하나님은 치유하신다. 인간은 치료적 행위로 처치하지만(therapy) 하나님은 치유하시며 고치신다(Healing). 인간은 꿰매지만 하나님은 낫게 하신다. 슈바이처는 말했다.

"모든 환자는 몸 안에 (하나님이 넣어주신) 자연치유력이라는 의사를 가지고 있다. 환자의 내부에 존재하는 의사에게 일할 기회를 부여하는 것, 그것이 바로 의사들의 수행해야 할 최상의 임무다."

의사는 통증을 제거하지만 하나님은 그 통증을 일으킨 병을 고치신다. 리처드 마우는 '죄는 질병이자 아픔이다'[6] 는 제목의 칼럼에서 죄와 질병의 유사점을 가지고 있으며 하나님은 질병과 아픔 모두를 고쳐주신다고 하였다(Mouw).

"죄인으로서 인간은 하나님을 떠났다. 그리고 건강한 기능

발휘에 필요한 공급선을 인간 자신에게서 잘라내고 말았다. … 죄는 또한 아픔이기도 하다. 죄는 밖으로 뻗어 나와 인간관계를 붕괴시킨다. 하나님을 배신하고 돌아설 때 인간은 타인은 물론, 인간 이외의 피조물들과 올바르게 교류할 수 있는 능력을 상실한다. 편견, 부정, 불의, 가족 해체, 중독, 난잡한 생활, 무기력, 그밖에 많은 것들이 아픔의 한 부분이다. …우리가 오로지 아픔에만 초점을 맞추는 것은 있을 수 없는 일이다. 죄인이 하나님의 은혜를 통해 영원한 생명의 원천이신 하나님께로 다시 돌아가야 한다는 사실도 역시 우리는 강조해야 한다."(ibid)

질병은 죽음의 그림자다. 하나님과의 단절로 인간에게 죽음이 왔고 질병은 죽음에 대한 증상으로 하나님께 돌아가야 할 필요성을 호소한다. 그러므로 모든 치유는 병에 앞서 하나님과 분리된 인격에 초점을 두어야 한다. 치유와 관련한 대표적인 단어 '라파'는 치유와 회복, 치료를 의미한다(TWOT). 라파가 가장 처음으로 등장한 본문은 창세기 20장 17절로서(TWOT) 하나님께서 아비멜렉과 그의 여종들이 다시 아이를 가질 수 있도록 태를 열어주셨다는 내용이다. 창세기 50:2절에 등장하는[7] '라파'는 몸만 아니라 영혼과 마음도 치유한다. 라파가 파생된 동사는 구약성경에서 67번 나오는데 폭넓게 하나님이 물 땅 나라를 '고치신다' '제단을 회복시키신다'와 같이 쓰이기도 한다. 특히 죄를 치유하시고 변절한 자를 고치신다.

출애굽기 15:26에 등장하는 여호와 라파는 쓴 물을 단 물로 바꾸셨다. 모세는 무리를 이끌고 홍해를 건너 광야로 들어왔다. 삼일 동안 백성들은 물을 얻지 못하다가 타는 목마름 가운데 발견한 물은 쓴 물이었다. 마침내 그들은 불평을 시작했고 하나님의 지시에 따라 모세는 한 나무를 발견하고, 그것을 물에 던졌다.

"그 나무가 실제로 물을 달게 하는 작용을 했을 수도 있고, 혹은 마시기에 적합하도록 물을 변화시키신 하나님의 기적을 보여 주는 가시적인 상징물이었을 수도 있다. 어쨌든 하나님은 "여호와가 치료하실 수 있다"는 교훈을 가르쳐 주시기 위해 이러한 일을 행하셨다."(Towns, 1991).

이스라엘은 애굽에서 오랜 기간 학대를 당했다. 요셉이 죽고, 힉소스 왕조가 몰락하면서 새로운 왕조가 들어서게 되어(출 1:10) 노예의 신분으로 전락했다. 광야로 나온 사람들은 모두 노예로 태어나서 자란 사람들이다. 애굽의 왕조는 이들을 이용해서 거대한 피라미드 같은 토목공사를 진행했다(출 1:11). 뜨거운 태양 아래 힘든 노동을 하고, 언어폭력을 당하고, 등에 채찍이 가해졌을 것이다. 대규모 공사를 위해서는 몇 년씩 가족과 떨어져 지내며 슬픔과 외로움을 겪고 심지어 사고와 병으로 목숨을 잃는 일도 많았을 것이다.

하나님은 마라의 쓴 물을 마시게 하심으로 이 쓰디쓴 내면의 고통을 빛 가운데 드러내시고 그것을 단물로 바꾸셨으며 종려나무가 있는 오아시스에서 쉬게 하셨다. 마라에서 '여호와 라파'로 나타나신 하나님은 치유의 능력을 보여 주심과 동시에 예방조치를 취하셨다. "하나님의 말을 청종하면... 애굽 사람에게 내린 모든 질병의 하나도 내리지 않겠다"(26절)라고 약속하셨다. 여호와 라파는 모세의 누이를 치유하셨으며(민 12:11-16) 변함없이 신체적, 정신적, 사회적 그리고 영적 질병을 치유하셨다(ibid).

2) 성자의 치유

그리스도는 최고의 상담자시다(wonderful counselor, 사 9:6). 그리스도는 몸소 모든 시험을 받으심으로 동시에 인간의 고통이 무엇이며 무엇이 필요한지 가슴 깊이 공감해 주신다.

"우리에게 있는 대제사장은 우리의 연약함을 동정하지 못하실 이가 아니요 모든 일에 우리와 똑같이 시험을 받으신 이로되 죄는 없으시니라"(히 4:15)

우리는 예수님을 힘입어서 은혜의 보좌 앞에 수시로 나아 갈 수 있다. 예수님은 제자들이 "괴로이 노 젓는 것을 보시고"(막 6:48) 물 위를 걸어 오셨다. 요동치는 파도를 향해 "잠잠 하라 고요 하라"(막 4:39)고 하신 주님은 호르몬의 불균형으로 요동치는 충동과 감정을 향해서도 질서를 명하신다.

성자는 우리의 약함을 고치시며, 동시에 무지와 혼돈함을 치유하신다. 구약에서는 죄와 질병을 연결시키는 경향이 있다. 신약에서 치유에 해당하는 헬라어 단어는 죽음과 악마와 질병 그 질병을 다스리시는 총체적이고 전인적인 성격을 띠었다. 치유는 신약에 오면서 예수님의 구속사역과 뗄 수 없는 관계에서 전개된다. 복음서의 5분의 1 정도가 예수님의 치유사역을 다루고 있는데(Kelsey, 1981) 여기에 등장하는 치유는 죽음과 악마와 질병 그리고 죄에서의 구원을 뜻하는(Spangler, 2010) 총체적인 의미다.

마태는 예수님이 십자가에서 "우리의 연약한 것을 친히 담당하시고 병을 짊어지셨다."[8](마 8:17)고 하였다. '연약한 것'의 그리스어는 '아스데네이아'인데 신체적인 질병 뿐 아니라 심리적인 병리현상인 '나약함' '힘이 부족함' '도덕적으로 연약함' '유약함'을 의미한다. 이사야 53장 4절에서의 그리스도가 담당하신 '질고'(호리)는 '고생'과 함께 '근심'이라는 심리적인 연약함의 뜻을 담고 있다. 예수님의 십자가는 우리의 죄를 담당하실 뿐 아니라 우리를 낫게 하신다(벧전 2:24).

　　　인류는 질병에 '천벌'과 같은 은유를 붙여서 질병에 걸린 사람에게 낙인을 찍었다(Sontag, 1978). 질병은 여러 가지 해석을 낳고 암묵적인 동의과정을 거쳐 사회적 인식으로 굳어진다. 예를 들어 '결핵' 하면 '시인의 병'이 떠오르고, '암' 하면 '죽음'을 연상하며 '에이즈'는 '천벌' 혹은 '유행병을 옮기는 위험한 질병'을 생각하는 등 질병의 은유는 '죄인'으로 단죄하는 '낙인효과'를 동반한다.

　　　'문둥병'이라고 번역된 히브리어 차라아트는, '문둥병'(Budd, 1996)이라고 하는 것이 일반적이나, '심한 피부병'(Hartly, 1991)이나 '딱지(비늘 같은) 병'(Milgrom, 1991) 등으로 현대에도 나타나는 피부병의 일종(Wenham, 1979)이다. 학자들은 '차라아트'를 공동체를 보호하기 위한 조치였다는 견해에 대부분 동의한다. 그런데 사람들은 문둥병을 한센이 발견한 나병으로 수렴하고 낙인을 찍어 배제해 버렸다. 예수님은 문둥병자에게 손을 대셨는데 이것은 부정을 탄다는 소극적 원칙보다 부정한 자들이 예수님의 거룩하심에 접촉하여 정하고 거룩하게 된다는 적극적인 하나님 나라의 원칙을 보여주셨다(Kim, 2009). 예수님이 병을 치유하실 때에는 그 사람이 가진 육체의 병과 그 병이 일으킨 사회적이며 종교적인 소외까지 해결하시는 총체적 구원의 성격이었다.

　　　예수님은 사마리아와 갈릴리 사이의 한 마을에서 10명의 나병환자를 치유하신다. 그리고 예수님이 예루살렘에 오실 때 들르곤 하셨던 '번민하는 자의 집' '슬픔의 집' '가난한 자의 집'이라는 뜻의 성 밖 베다니는 문둥병자나 가난한 사람들이 모여서 이룬 마을이다. 이곳에 살던 나사로의 가정과 예수님은 특별한 사이였으며 예수님은 나병환자인 베다니 시몬의 집에서 식사를 하셨다. 모두 낙인과 소외, 그리고 죄인 취급을 받던 사람들이며 마음과 육체에 병이 들었지만 예수님으로부터 총체적인 치유를 경험한 사람들이다.

대제사장인 예수님은 백성과 하나님의 중보자며 덮고 씻고 변호하신다. 예수님은 죄인의 도피성이며 생명을 위해 붙잡는 제단의 뿔이다.

포도원 농부의 비유(눅 13:6-9)에서 삼 년을 기다렸지만 열매가 없는 나무를 향해 '찍어버리라'고 하자 예수님을 상징하는 포도원 지기는 "주인이여 금년에도 그대로 두소서. 내가 두루 파고 거름을 주리니"하고 심판의 지연을 요청한다. 열매를 맺지 못하는 원인을 병리현상으로 보고 두루 파고 거름을 주어서 열매를 맺게 하시려는 자신의 의지와 책임으로 돌리셨다. 예수님을 부인하고 욕하고 저주하는 베드로의 모습을 예수님은 바라보셨고 베드로는 예수님과 눈이 마주치자 밖에 나가 심하게 통곡했다(눅 22:60, 61)[9] 예수님은 그러한 베드로의 모든 죄와 허물을 덮으시고 사랑으로 용서하셨으며 여전히 그를 신임하셨다.

예수님은 오랫동안 혈루증을 앓고 있던 여인에게 '딸아' 하고 불러주셨다. 보통 출산 후에 생기는 이 병으로 보아서 이 여인은 이 병 때문에 젊음을 빼앗겼다. 부정한 병으로 여겨서 종교적인 제사와 사회적인 공동체에서도 소외되고 죄인 취급을 받았다. 예수님은 이 여인에게 '딸아'하고 불러주심으로 소외와 낙인을 제거하시는 총체적 구원을 이루셨다. "소경된 것이 누구의 죄 때문입니까?"(요 9:2) 하고 묻는 제자들에게는 "이 사람이나 그 부모가 죄를 범한 것이 아니라 그에게서 하나님의 하시는 일을 나타내고자 하심이니라"(요 9:3) 며 죄인의 낙인을 제거하셨다.

예수님의 치유는 죄를 제거하시고 죄로 인한 모든 억압을 푸시는 메시아 사역과 직접 연결 된다. 예수님은 사람의 묶인 마음을 풀어주셨으며 그에게 부여된 모든 억압을 제거하셨다. 이러한 예수님의 치유사역은 메시아 취임사에 잘 드러나 있다.

"주의 성령이 내게 임하셨으니 이는 가난한 자에게 복음을 전하게 하시려고 내게 기름을 부으시고 나를 보내사 포로 된 자에게 자유를, 눈먼 자에게 다시 보게 함을 전파하며 눌린 자를 자유롭게 하고 주의 은혜의 해를 전파하게 하려 하심이라 하였더라."(눅 4:18, 19)

3) 성령의 치유

성령은 통찰의 영이다. 성령은 모든 것 곧 하나님의 깊은 것까지도 통달(고전 2:10) 하신다. 성령은 사람으로 하여금 자기통찰이 일어나게 하신다. 불순종을 하면 직감적인 갈등이 생기며 영적 세계에서 이 직감적인 갈등은 성령의 경고라는 사실을 인식해야 한다(Oswald Chambers). 성령은 우리가 어둠을 따라 행할 때 마음에서 근심하시고 탄식하시며 죄에 대하여 의에 대하여 심판에 대하여 호소하신다. 사람이 변하지 않는 것은 자기를 돌아보지 않기 때문이다.

　　모든 것을 내 탓으로 돌리는 '내사'를 주의해야 하지만 자기분석이 되지 않으면 항상 주변과 남을 탓하고 타인에게 문제의 원인을 돌린다. 이때 교묘한 자기기만이 동원된다. 합리화를 하고, 자기에게 유리한 증거만을 찾는 확증편견이 생긴다. 그러나 성령을 통해 자기통찰이 일어나는 순간 자기객관화가 일어나고 자신의 문제를 직면하게 되며 다른 사람을 용서할 마음의 공간이 만들어진다.

　　성령은 나의 깊은 곳을 보게 하시고 거기서부터 문제를 풀어 나가신다. 스가랴는 예언했다. "내가 다윗의 집과 예루살렘 주민에게 은총과 간구하는 심령을 부어 주리니 그들이 그 찌른바 그를 바라보고 그를 위하여 애통하기를 독자를 위하여 애통하듯 하며 그를 위하여 통곡하기를 장자를 위하여 통곡하듯 하리로다."(슥 12:10) 은총과 간구하는 심령은 이사야에게 약속하신 성령에 관한 것이다(Henry). 은총과 간구하는 심령은 회개의 영이며 기도의 영이다. 회개의 영은 목마른 자에게 시원한 물과 같고, 후손에게까지 흐르는 시내와 같다(사 44:3). "그 찌른바 그를 바라보고"에서 성령님은 십자가의 죽음이 곧 나 때문이라는 사실을 인식하게 하신다. 이때 애통해 하며 통곡하는 회개가 일어난다. 이렇게 내 죄의 심각성을 알고 용서받은 경험이 있으면 또 다른 사람을 용서하게 되면서 치유의 연쇄반응이 나타난다.

　　자기통찰은 치유의 시작이지만 거짓된 영은 이를 방해하며 자기를 기만하고 거짓의 사람으로 살게 한다. 사탄은 은폐의 전문가며 위장술의 달인이다(Peck, 1983). 치유를 거부하는 사람들은 교묘하게 상처를 억압해 두고 자기는 아무런 문제가 없는 것처럼 위장하며 다른 사람이나 환경의 탓으로 돌린다. 자신 때문에 타인이 괴롭힘을 당해도 그 사실을 인지하지 못하며 때로는 타인의 고통을 즐기기까지 한다. 바로 이 순간 성령은 우리 안에 찔림을 주셔서 거짓된 영을 분별하여 자기를 보게 하시고 진리 가운데 이끄신다. 그 일은 내가 알지 못하는 순간에도 일어난다.

"이와 같이 성령도 우리의 연약함을 도우시나니 우리는 마땅히 기도할 바를 알지 못하나 오직 성령이 말할 수 없는 탄식으로 우리를 위하여 친히 간구하시느니라."(롬 8:26)

성령은 항상 우리 곁에서 우리를 격려하시고 위로하시며 힘을 주신다. 성령은 우리의 자아상이 왜곡되어 있을 때 우리가 하나님의 자녀임을 영혼에 호소하신다. 우리가 낙심하여 피곤할 때 우리 입에 찬송을 주셔서 지성소로 부르신다. 우리가 죄로 오염되었을 때 성령은 우리를 보혈이 있는 골고다로 인도하시며 거기서 회복의 과정을 이끄신다. 성령님은 불처럼 따뜻하며 물처럼 시원하고 생수의 강처럼 충만하시다. 성령님은 정욕에 목마른 영혼의 채우시며 두려움에 사로잡힌 사람에게 담대함을 주신다. 갈 바를 모르는 사람에게 영감을 주시며 정욕을 이기게 하신다. 성령님은 분리된 관계를 하나로 묶으신다. 깨진 가정에 성령이 감동하시면 부부가 서로 사랑하고 부모와 자녀가 사랑으로 하나가 된다. 성령님은 인간을 율법과 죄책감, 두려움에서 자유롭게 한다.

제2부

통합연구

1. 통합의 의미
2. 통합의 성경적 근거
3. 통합의 대상

1. 통합의 의미

통합은 이 세상에 존재하는 모든 사상, 이념, 문화, 학문, 세계관, 가치관, 신념체계를 성경적 관점으로 재해석하는 것이다. 통합은 그리스도의 영역주권에 따른 포괄적 사상에 기초한다(cf. Meeter, 1990). 또한 통합은 카위퍼가 말한 (모든 진리는 하나님의 것이며) 단 한 치의 땅까지도 모두 그리스도의 것이라는 믿음을 전제로 한다.

33년간 생물학을 연구하고, 혈관 봉합으로 노벨상을 수상한 의사 카렐은 "우리는 데카르트에게 귀를 기울이는 만큼 파스칼에게도 귀를 기울여야 한다."며 종교는 과학을, 과학은 하나님의 아름다우심을 겸손하게 배울 것을 주문했다. 시 에스 루이스(Lewis)는 "시편사색"에서 중국의 전통문화에도 이런 몽학선생의 역할을 찾을 수 있다고 하였다(1958). 프랜시스 베이컨은 말했다.

"얕은 철학은 사람의 마음을 무신론으로 기울인다. 그러나 깊은 철학은 사람의 마음을 종교로 이끈다."

통합은 선교학적 상황화와 같은 맥락이다. 예를 들어 한국

교회에 존재하는 새벽기도는 길선주 목사가 과거 선도수행을 하던 습관에서 시작되었다. 1906년에 한 두 사람이 길선주를 따라서 새벽기도를 하였는데, 그 해 장대현 교회 당회의 결의로 온 교회가 실시하였다. 한국의 여인들은 새벽에 장독대에 물을 떠 놓고 남편과 자식을 위해 빌던 습관이 있었기 때문에 순식간에 한국교회에 정착 되었다. 이와 같이 샤머니즘적인 새벽치성은 참 되고 유일하신 하나님께 대한 헌신과 기도로 용도가 변혁된 것이다.[10]

신학과 심리학의 관계는 분리, 혼합, 융합, 통일, 연합, 통섭을 생각할 수 있다. 통섭은 생물학자 에드워드 윌슨(Wilson)이 사용한 단어(consilience)를 한국인 제자가 번역하면서 생긴 신조어다(1999). 통섭론자들이 주장하는 통합은 물리적인 합침이고 융합은 화학적인 합침이며 통섭은 생물학적인 합침이다. 통합은 둘이 각각의 성질을 유지하면서 서로에게 녹아 들어간다. 융합은 산소와 수소가 만나서 물이 되는 것처럼 전혀 다른 성질로 변하는 것이다. 통섭은 남녀가 결혼하여 한 몸을 이루어 자녀를 출산하는 것처럼 제3의 창조로 이어지는 합침이라고 주장한다.

그러나 성경적인 통합은 통섭적인 통합과 다르다. 성경적인 통합은 물리적, 화학적, 생물학적인 합침이 아니라 전체를 복되게 하는 통전적((w)holistic)인 접근을 의미한다. 나아가서 통합은 죄에 굴복하고 왜곡된 심리학의 요소에서 진리를 가려내고 그것을 원래의 목적대로 사용하는 것을 의미한다. 통합이 안 된 상태로 신학과 심리학의 구분이 사라지면 혼합주의가 되고 신학이 심리학을 완전히 거부하면 그것은 분리주의, 또는 근본주의가 된다.

통합의 필요성, 즉 심리학을 목회에 활용해야 한다는 주장은 안톤 보이슨에 의해 시작되었다. 그는 3년 동안 정신질환에 시달리는 중에 심리학과 의학의 도움을 받았는데 그것이 기도만 으로 해결할 수 없는 문제인 것을 알았다. 그리고 리처드 포스터 (Foster)는 치유에 있어서 심리학과의 통합이 필요한 이유를 다음 과 같이 설명하였다(1992).

"현대 정신의학과 심리학의 발전이 있어서 기쁘다. 왜냐하면 보다 좋은 방법들이 발전되어 심층 심리 치료가 증진되었기 때문이다. … 더 나아가, 치유를 위하여 여러 분야에서 함께 협력하는 모든 노력에 대해서도 감사한다. 목회자와 심리학자와 내과 의사의 구별은 최근에 와서야 이루어진 것이다. 전에는 육신의 의사와 마음의 의사와 영혼의 의사가 똑같은 사람이었다. 특히 고대 히브리인들은 사람을 하나의 통합체로 보았다. 그래서 그들에게 있어서는 영혼에 대한 사역을 하지 아니하고 육신에 대한 사역만 한다든지, 혹은 육신에 대한 사역은 하지 아니하고 영혼에 대한 사역만 한다는 것은 생각할 수도 없는 일이었다. 모세 오경을 보면 질병이 의심스러울 때마다 제사장에게 가 보라는 규정이 상세하게 기술되어 있다(레13장 이하). 예수님도 사역하실 때 기원 1세기 당시에 잘 알려진 의료기술을 사용하셨다(막 7:33, 요 9:6 등). 오늘날의 많은 원시적인 문화에서도 의사와 사제는 하나이며 같은 사람이다. 그래서 우리는 인간을 기능별로 구분하려는 이교적인 경향을 없애는 것을 열정적으로 환호한다."(1992)

한국사회에서는 하루에 평균 40명이 자살로 생을 마감하고 있으며 이는 교통사고 사망률보다 높다. 한국보건사회연구원이 "경제협력개발기구 사망 원인별 사망률 비교"(2014) 에 따르면 2012년을 기준으로 볼 때 우리나라의 자살률은 인구 10만 명 당 29.1명으로 35개 회원국 평균 12.1명에 비해 2.5배가 넘는 수치다. 이런 상황에 처한 우리는 심리학과 정신의학의 도움이 절실하다.

1960년에 미국자살학회 설립자인 슈나이만이 '심리적 부검'이라는 용어를 처음 사용한 이후 높은 자살률을 보이던 북미와 유럽 국가들은 자살자의 삶을 재구성하고, 유가족들과 지인들을 통해 자살자의 행동패턴과 극단적 선택의 원인을 심층적으로 파악하는 데 주력했다. 이러한 데이터를 기반으로 자살 예방에 적극 나섰고 예방적 심리치료를 통하여 자살률을 떨어뜨리는데 성공하였다.

그리스도인이 결코 심리적인 문제를 겪지 않는다고 말하는 것은 "전적으로 비상식(nonsense)이며, 성경적 기독교와 무관한 낭만주의에 지나지 않는다."(Schaeffer, 1972). 그런데 우리가 심리학적인 발견의 도움을 받지 않으면 순종과 기도와 하나님의 말씀을 묵상하는 것과 같은 몇 가지 기본적인 개념을 제외하고 어떻게 변화가 일어나며 무엇이 변화를 촉진하는지에 대해 별로 아는 바가 없다(Crabb, 1988).

심리학에 대한 비합리적이고 근거 없는 기피증은 거둘 필요가 있다. 우리가 무의식중에 불교용어를 사용하는 것처럼[11] 이미 삶의 깊이에 들어온 심리학의 영향력을 무시할 수 없다. 광고에서부터 마케팅, 경영, 문학, 영화와 미술에 이르기까지 광범위하다. 과거 철학이 그랬던 것처럼 심리학을 신학의 시녀로 고용할 가치는 분명히 존재한다.

2. 통합의 성경적 근거

성경적 통합은 신학적 준거의 틀로(Harry, 1978) 심리학을 재해석하는 것이다. 심리학의 재해석은 성경이 말하는 하나님의 존재와 주권, 그리고 인간의 원죄와 전적타락, 구원의 필요성, 십자가와 부활, 교회의 승리와 하나님 나라의 도래, 하나님의 형상으로서의 인간론 등과 같은 계시에 의존한다. 상담에 있어서 심리학, 신학, 영성의 통합을 시도한 맥민(Mcminn)은 앨버트 엘리스의 말을 인용하여 통합을 위한 준거의 틀이 되는 성경을 이렇게 평가했다(1996).

"모든 전문 치료자들을 연합한 것보다도 더 광범위하고 강력하게 사람들의 성격과 행동의 변화가 가능하도록 스스로 돕는 책이다."

리처드 마우(Mouw)는 이사야 60장을 통해 일반계시 영역이 가진 통전적 성격(또는 총체성)을 종말론적으로 설명하였다(1983). 이사야 60상의 본문에는 다시스의 배에 가득한 우상을 위한 기명과 (가증한) 물건들이 거룩한 도성과 성전의 기명으로 사용되는 예언이 있다. 이사야 2장에서는 똑같은 도구에 대해 하나님의 심판을 경고하였는데(2:12-17) 어떻게 하나님의 진노를 받게 될 심판의 대상이 60장에서는 하나님과 그의 백성을 섬기는 도구로 나타날 수 있는가? 리처드 마우의 해석에 의하면 2장의 물건들에 대한 진노는 멸절로서의 심판이 아니라 정화시키는 의미에서의 용도변경을 의미한다. 즉 심판은 파괴하는 것이 아니라 (주님의 것으로) 길들이는 것이다. 파괴되는 것은 배와 물건 그 자체가 아니라, 그것들이 이전에 우상을 숭배할 때 갖고 있던 기능인 것이다.

예를 들어 교회 음악에 사용되는 대부분의 악기는 과거 우상숭배의 도구였다. 그러나 이제 그것들은 예배를 섬기기 위한 용도로 기능이 변혁되어 사용되고 있다. 성경이 기대하는 것처럼 "땅과 거기 충만한 것과 세계와 그 중에 거하는 자가 다 여호와의 것"(시 24:1, 롬 8:26)이 되는 것이다. 리처드 마우는 그 날이 오면 만국의 영광과 존귀가 종말론적으로는 거룩한 도성과 성전의 도구로 쓰임 받기 위해 자석처럼 끌려올 것이라면서(계 21:26) 이는 스가랴 예언의 성취라고 하였다.

"그 날에는 말방울에까지 여호와께 성결이라 기록될 것이라. 여호와의 전에 있는 모든 솥이 제단 앞 주발과 다름이 없을 것이니 예루살렘과 유다의 모든 솥이 만군의 여호와의 성물이 될 것인즉 제사 드리는 자가 와서 이 솥을 가져다가 그것으로 고기를 삶으리라 그 날에는 만군의 여호와의 전에 가나안 사람이 다시 있지 아니하리라."(슥 14:20, 21)

중세 기독교 신학은 스콜라 철학의 사고체계를 활용하였으며 청교도 설교자인 조지 오웬과 같은 개혁주의 신학자들도 아리스토텔레스의 철학을 성경과 위배되지 않는 한 일반계시라는 범주에서 적극적으로 수용하였다.

신학과 심리학의 통합을 지지하는 대표적인 학자로는 로렌스 크랩, 게리 콜린스, 폴 투르니에, 말콤 지브스, 브루스 내리모어 등이 있다. 게리 콜린스(Gary Collins)는 경험주의, 결정론, 환원주의, 자연주의, 상대주의라는 세속적인 심리학의 5가지 전제를 찾아내고 "제자화 상담 기법"을 통해 세속적인 심리학을 수직적인 신본주의의 차원으로 돌리려는 시도를 하였다(1977).

로렌스 크랩(Lawrens Crabb)은 "성경적 상담 기법"을 통해서 비합리적 사고를 합리적 사고로, 비성경적 사고를 성경적 사고로 전환하는 통합을 시도했다(1977). 그는 기독교에서 신학과 심리학의 관계를 분리적, 혼합적, 영적 신앙적, 통합적 접근으로 분류하고 통합적인 접근을 가장 성경적인 것으로 평가했다. 그가 말하는 진정한 통합은 심리학을 성경의 권위 아래 두고, 정확하고 오류가 없는 성경의 조명 아래서 학문적 발견을 재해석하고, 애굽에서 가지고 나온 전리품(spoiling)처럼 성경에 맞지 않는 요소들을 제거해 나가는 것이다(1977).

게리 콜린스의 스승인 폴 투르니에(Paul Tournier)는 스위스 출신의 정신의학자며 내과 의사였다. 그의 아버지 루이 투르니에는 엄격한 캘빈주의 전통을 가진 제네바의 성 베드로 교회의 목사였다. 투르니에는 옥스퍼드 모임에서 캘빈주의 운동을 벌인 적이 있으며 그가 가장 큰 영향을 받은 책은 캘빈의 저서였다. 투르니에는 1930년대에 기술적인 면에 치우친 의학을 개선하고자 심리학, 신학, 의학을 통합하여 개인의 인간적인 문제와 하나님과의 관계에 있어 그의 신체적인 질병과 치료에 영향을 미친다는 사실에 기초하는 "인격의학"을 주창했다(cf Tournier, 1965). 게리 콜린스는 "투르니에의 생애"에서 그를 이렇게 평가했다.

"프로이트를 연구하며 그의 생각을 상당 부분 받아들였지만, 프로이트 학파가 되지는 않았다. 같은 나라 사람인 스위스 취리히의 융의 심리학을 연구했지만 융의 추종자가 되지는 않았다."

신경 심리학의 권위자인 말콤 지브스(Malcolm Jeeves)는 자연과학으로 케임브리지에서 박사학위를 받았고 영국왕립학회 초대회원으로서 명문대학들이 앞을 다투어 명예박사학위를 수여했고 여왕은 대영제국 훈위 3등에 해당하는 훈장을 수여했다. 그는 마음과 영혼을 뇌의 활동으로 환원시키는 것을 반대하는 신실한 그리스도인이다(1976). 그는 "마음 뇌 영혼 신"이라는 저서를 통해서 분명한 통합의 입장을 밝혔다.

"우리가 섬기는 하나님이 성경에서 배운 대로 만물을 창조하시고 보존하시는 분임을 기억할 때, 하나님이 성경을 통해 주시는 지식과 그분의 우주를 이해하는 도구인 지성을 통해 주시는 지식이 궁극적으로 충돌할 수 없다. 하나님이 모든 진리의 조성자라고 믿기에, 두 출처에서 나오는 설명이 궁극적으로 충돌하지 않을 거라고 믿는다."(2013)

심리학은 진화론과 인본주의, 그리고 무신론의 전제를 이 가지고 있으므로 우리가 성경으로 그것을 통합하는 것을 중단하는 순간 심리학은 영원히 사탄의 도구로 전락할 것이다. 우리는 심리학을 신학적으로 재조명하여 그것을 빛 가운데로 이끌 책임이 있다. 이 과정에서 '파괴할 수 없는 순서'(바르트)를 정해야 한다. 프린스턴의 목회상담학자인 헌싱거는 이러한 파괴할 수 없는 순서를 '비대칭성'으로 설명했다.

이렇게 신학과 심리학의 질서 있는 통합을 이룬 목회상담학자는(모국어가 있지만 동시에 외국어를 말할 수 있는) 이중언어를 구사하는 능력을 갖춘 것과 같다(Mcminn, 1996). 프린스턴의 목회상담학자인 헌싱거(Hunsinger)는 신성과 인성의 유비를 들어서 분리나 혼합이 없이 신학과 심리학은 특별계시와 일반계시의 공통의 영역에서 서로 혼동하거나 변화시키지 않고 관계를 맺는다고 하였다(1995). 헌싱거에게 있어서 통합의 정신은 겸손과 성육신이다. 우리는 지상에서 부분적으로 알고 부분적으로 말할 수밖에 없는 한계를 인정하고 타인의 말에 귀를 기울이고 하나님의 영광을 위해 협력해야 한다.

성경에는 야살의 책이나 유대전승이 인용되고, 마귀의 말이나 이방인의 발언도 기록되어 있다. 사도행전에서 바울은 자신의 설교에 이교도의 시를 인용했다. **"우리가 그를 힘입어 살며 기동하며 존재하느니라. 너희 시인 중 어떤 사람들의 말과 같이 우리가 그의 소생이라 하니"(행 17:28) 전반부의** "우리가 그를 힘입어 살며 기동하며 존재하느니라."는 이교도인 에피메니데스의 시를 인용했고 후반부의 "우리가 그의 소생이라."는 아라투스의 시에서 따왔다. 바울이 독자들의 각성을 촉구하기 위해 보낸 편지에서도 그런 부분이 나타난다. "그레데인 중의 어떤 선지자가 말하되 그레데인들은 항상 거짓말쟁이며 악한 짐승이며 배만 위하는 게으름뱅이라 하니"(딛 1:12) 이 구절은 그 출처가 주전 3세기 칼리마쿠스의 "제우스 찬송"에 나오는 '헤시오드'일 가능성이 크다(Keener,1993). 헬라의 논리 철학자들이 모든 그레데인은(크레타 사람은) 거짓말쟁이라고 하는 어떤 그레데인의 주장을 가지고 이런 논쟁을 벌였던 것은 역사적 사실이다. "그가 진리를 말했다면 그는 거짓말을 하고 있는 것이다. 하지만 그가 거짓말을 하고 있는 것이라면 그들은 모든 그레데인이 거짓말쟁이라는 진리를 말했다."

피타고라스가 당시 숫자를 숭배하는 비밀종교의 창시자라고 해서 피타고라스의 정리가 잘못된 것은 아니다. 우리는 치료를 받을 때 그 의사의 종교적 배경과 관계없이 은총의 영역에서 의학의 도움을 받는다.

영어로 된 열두 달의 이름과 일곱 요일은 로마시대 신들의 이름에서 따왔으며 우리나라의 요일이나 이름은 이교적인 음양오행에서 비롯되었다. 소크라테스는 당시 그리스 이교신전의 상인방에 새겨진 "너 자신을 알라."는 글귀를 입버릇처럼 말하고 다녔다. 이 모든 것을 거부하면 우리는 세상 밖으로 나가야 한다(고전 5:10).

필립 샤프의 교회사에 따르면 우리가 매년 즐거움으로 맞이하는 성탄절은 로마력에 태양절이었다. 12월 22일 동지가 지나고 해가 길어지면서 태양이 탄생하는 것 같은 이미지를 가진 12월 25일은 '정복당하지 않는 태양'(Sol Invictus)을 기념하는 날이었다. 로마에서 기독교가 공인된 이후에 교회의 스승이었던 교부들, 특히 크리소스톰은 의로운 태양(말 4:2)이신 그리스도야말로 진정으로 정복당하지 않는 유일한 태양이라며 모든 이방신에 대한 숭배를 중단하고 이 날을 유일하고 참되신 하나님의 아들로 오신 그리스도의(Christ) 탄생일로 예배를(mass) 드리자는 주장을 하였다. 이단에서 자신들의 주장을 정당화하기 위해서 주로 정통교회를 공격하는 데 사용하는 크리스마스의 기원은 사실 기독교회가 고도로 기능 대체(functional institute)를 통해 신학적 통합을 시도한 정당한 결과물이다.

3. 통합의 대상

1) 심리학의 역사

　심리학은 오랜 과거를 가지고 있지만 진정한 역사는 짧다(Hermann Ebbinghaus). 과거 심리학은 철학에 종속되어 있었으며 오늘날 심리학이 하던 고민은 철학자들의 몫이었다. 일반적으로 심리학의 역사를 4세대로 구분하는데 제 1세대 심리학의 관심은 마음에, 제 2세대 심리학의 관심은 행동에, 제 3세대 심리학의 관심은 인간의 실존에 있었으며, 제 4세대 심리학은 뇌과학의 시대다. 현대는 뇌파 및 컴퓨터 단층촬영 기술의 발달로 행동과 감정에 동반되는 각성과 함께 뇌의 특정부위가 활성화되는 것을 관찰하게 되면서 뇌를 연구하는 신경과학이 심리학의 대세를 이룬다.[12]

　심리학의 독립된 역사는 관찰과 검증을 위해 실험심리학으로 시작하였으며 심리학이 정신과학이라는 영역으로 독립을 한 것은 분트의 구성주의 심리학에 이르러서다. 분트는 물질이 원소로 구성되어 있듯이 사람의 정신도 어떤 구성요소로 되어 있다고 가정하고 한 사람을 온전히 알려면 그의 정신을 구성하고 있는 요소를 찾아야 한다고 생각했다. 당시 분트는 자기 스스로가 자신을 내성적으로(introspection) 관찰하는 방법으로 심리학을 전개했다. 그런 의미에서 구성주의는 요소주의 또는 내성심리학이라고도 한다.

윌리엄 제임스는 무엇을(what) 보고 느끼고 생각하는가? 하는 요소가 아닌 어떻게(how) 보고 느끼고 생각하는가? 하는 심리적 기능을 연구대상으로 삼았다. 이를 구성주의와 구분하여 기능주의라고 한다.

기능주의 이후에 등장한 프로이트는 이성 절대주의를 외치는 계몽주의에 대항하여 인간의 행동은 의식보다 무의식에 더 영향을 받는다고 하면서 마음의 문제가 신체화 증상으로 드러나는 현상을 토대로 정신분석학을 개척하였다.

행동주의는 정신분석학을 정면으로 반박했다. 파블로프는 종을 치고 개에게 밥을 주고 개가 침을 흘리는 실험으로 자극과 반응을 연구했다. 스키너는 보상을 통해 행동의 빈도수를 증가 또는 감소하는 방법으로 조작적 조건화를 밝혔다. 행동주의의 강화이론은 지금도 경영이나 학습치료 등의 분야에 폭넓게 활용하고 있다. 행동주의 심리학은 반복된 학습과 보상과 처벌을 통한 강화를 통해서 보다 올바른 행동의 일반화를 이끌어 내는 수동적인 인간론을 가지고 있음에도 불구하고 반세기 동안 심리학의 왕좌를 차지했으며 비슷한 시기에 등장한 '권면적 상담'에도 그 채취가 있다. 그러나 본능적이고 기계적이고 자동적이며 단순한 동물실험이 복잡하고 자율적이며 영적이고 사랑과 행복을 추구하는 인간에게 일대일로 적용되는 것은 무리가 있다는 회의론이 고개를 들었다.

복잡한 현상을 분해하고 분석하여 단순화시키려는 서구학

문의 환원주의적 태도에 반기를 든 형태주의가 등장하였다. 서구 학문의 특징인 모든 것을 쪼개고 분석하는 환원주의 입장에서 보면 인간의 마음이란 뇌에서 전달되는 신호에 불과하다. 인간의 정신활동 역시 환원주의로 보면 컴퓨터처럼 입력과 출력의 기계론적 시스템일 뿐이며 종교나 사랑도 뇌의 착각에 불과한 것이다. 형태주의는 "전체는 부분의 합 이상이다"는 명제로 게슈탈트 심리학의 시대를 열었다. 게슈탈트는 실존적 인간론을 전제로 하여 문제를 해결하려고 한다는 점에서 실존주의 심리학의 범주에 있다.

행동주의에 대한 반발로 게슈탈트 외에 인지심리학이 동시에 탄생 하였다. 한 대학원생의 논문이 심리학 저널에 수록하면서 다시 관심은 마음에 모아졌으며 현대 심리학의 시대를 주도하고 있는 인지주의가 등장하였다. 인지주의 즉 인지심리학은 지각, 이해, 기억, 사고, 학습, 추론, 문제해결과 같은 인간의 인지기능을 연구대상으로 한다. 인지주의는 뇌과학, 신경과학, 신경심리학, 정보과학, 언어학, 인공지능, 컴퓨터 과학 등과 관련이 있으며 의식과 감정, 감성과 같은 문제를 종합적으로 다룬다.

현대는 발달심리학, 감각심리학, 지각심리학, 학습심리학, 인지심리학, 동기심리학, 정서심리학, 생리심리학, 성격심리학, 사회심리학, 응용심리학(상담, 임상, 건강), 기업심리학, 범죄심리학 등 미국심리학회만 해도 50개가 넘는 분과가 있을 정도로 점입가경이다. 미국 심리학회장을 역임했던 마틴 셀리그먼은 그 동안의 심리학이 이상심리를 평균치로 끌어올리는 데 지나치게 에너지를 낭비하였는데 사람이 행복 하려면 지금 여기서, 나의 강점(VIA)을 발견하여 그것을 자기화하고 거기서 일상의 행복을 찾는 것을 지향해야 한다는 긍정 심리학 또는 행복 심리학을 창안했다

(Seligman, 2002).[13]

2) 정신분석이론

유대인이며 오스트리아의 신경내과 의사였던 프로이트는 정신과나 정신의학이 존재하기 전 신경내과 의사로서 안정적인 생활을 했음에도 불구하고 당시 유행하던 최면치료를 배우기 위해 프랑스를 방문할 정도로 인간의 심리와 신체적 질병과의 연관성에 관심이 있었다. 최면치료에서 별 소득은 없었지만 사람들이 속에 있는 이야기를 끄집어내는 것만으로도 얼굴이 밝아지는 것을 목격했으며 그것이 마음 깊은 곳에 있는 이야기일수록 효과적이라는 것을 알았다. 프로이트는 마음 깊은 곳의 존재를 무의식으로 가정하고 표면적으로는 인식하지 못하는 무의식의 세계를 기반으로 하는 정신분석학을 펼쳤다.

정신분석은 1939년에 머무르지 않고 후학들에 의해 분석심리학(융) 개인심리학(아들러) 자아심리학(안나 프로이트) 대상관계이론(클라인) 자기심리학(코헛) 대인관계심리학(설리반) 등으로 발전하였다.

특히 아들러는 트라우마에 의한 프로이트의 결정론을 거부하고 트라우마는 없으며 오히려 열등한 상황은 그것을 보상받으려는 강한 에너지를 제공한다는 보상심리 이론을 세웠다. 그리고 대상관계이론가들은 의미 있는 대상관계를 상처와 치유의 주요변수로 설정했다. 프로이트의 막내인 안나 프로이트는 20대에 유능한 교사가 되었는데 어린 시절에 아버지의 제자들이 토론할 때 어깨

너머로 들은 이론들이 아동들의 성장에 도움이 되는 것을 경험하고 불안, 고통, 충동과 불행한 가정에서 자아가 어떻게 작용하는지를 본격적으로 연구하고 싶어서 아버지 프로이트에게 제안했다. 프로이트는 딸을 데리고 조용히 산책을 하면서 조언했다.

"안나! 저기 있는 멋진 집들이 보이니? 겉으로는 모두 멋지게 보이지만 그 이면에는 취약하고 고통스럽고 때로는 추악한 면들이 숨어 있단다. 그것이 정신분석이다."

당시 물리학과 자연주의 철학의 영향을 받은 프로이트는 에너지가 충돌하는 자연세계의 물리현상을 끊임없이 상반된 욕구로 갈등하는 인간의 내부로 가져왔다. 그의 심리학이 표방하는 마음의 이해는 다음과 같다.

우선 마음은 의식, 전의식, 무의식 세 층을 이룬다. 대부분을 차지하는 무의식은 내면의 심층에 있어서 말실수나 꿈을 통해 의식에 등장한다. 의식은 빙산의 일각에 불과하며 대부분 잠재의식의 상태에 있다. 프로이트는 자기 자신, 특히 내면 깊이에 있는 무의식에 억눌린 나 자신을 보고 "아! 나는 이제 나를 좌우하는 것이 무엇인지 알게 되었다"는 자각과 함께 인격에 변화가 일어난다는 것을 알았다.

또한 마음의 문제는 현재가 아닌 과거에 원인이 있으므로 원가정에서 경험한 영 유아시절 부모와의 관계와 양육태도를 살펴야 한다. 프로이트의 결정론은 후학들에 의해 일부 수정되었지만 무의식과 근원가정을 살피는 핵심은 변함이 없다.

그리고 마음은 상반된 에너지가(리비도와 타나토스) 충돌하는 역동적인 영역이다. 리비도는 유아성욕이론의 기초가 되었는데 후학들에 의해 상당부분 수정되었다.

나아가서 마음은 증기 기관차처럼 외부에서 에너지가 유입되면 배출하거나 전환을 해야 하는데 여기에 실패하면 고착화가 일어난다. 이를 막기 위하여 프로이트는 욕망의 분출이나 해소를 중요하게 생각했다. 이 때 사회적으로 용인되지 않은 것들은 억압을 하는데 이것이 신경증을 일으키는 원인으로 작용한다. 정신분석가들은 "정신세계에서 억압이 정신을 영구적으로 꺾지 못하면 거기 복수심 어린 자존심과 경멸이 고개를 쳐든다."고 생각한다.

마지막으로 마음은 구조적으로 원욕과 자아와 초자아로 구조를 이룬다. 원욕이 강하면 충동적이고 자아가 건강하면 합리적이고 초자아가 견고하면 엄격하다. 자아의 강도가 너무 약하면 삶의 의욕을 상실하고 우울감에 사로잡히는데 반대로 너무 팽창하면 타인을 무시하고 거만하게 행동하기 때문에 자아의 강도를 잘 조절해야 한다.

프로이트에 의해서 시작되고 안나 프로이트에 의해서 정립된 방어기제는 보상심리, 부인, 치환, 백일몽, 이상화, 투사, 합리화, 반동형성, 퇴행, 억압, 복구, 승화 등이 있다.

3) 분석심리이론

목사의 아들로 태어난 융은 자신이 정신적인 문제를 안고 있었다. 우연히 아버지기 친구와 아들의 정신적인 문제로 고민을 나누는 것을 듣고 융은 프로이트를 찾았는데 절박했던 만큼 프로이트의 후계자로 거론될 정도로 성장했다. 그는 프로이트의 후계자 대신 개인의 무의식과 더불어 한 사람이 자신의 출생배경과 사회문화적인 환경을 통해 자동으로 가지게 되는 인식과 해석의 틀을 집단무의식의 원형으로 설명하는 독자적인 분석심리학을 전개하였다.

    융의 심리학은 "개성화"로 요약되는데 이는 첫째로 외적 인격인 페르조나를 인식하고 진정한 자기 자신 사이에 통합을 이루는 것이다. 페르조나는 고대 그리스의 배우들이 쓰던 가면을 말했으며 성경에서는 겉으로 드러난 얼굴과 내면에 숨기고 있는 실제의 얼굴이 다르게 나타나는 '외식'이나 '간사함' '위선' 등으로 언급했다. 선악과를 범한 직후에 아담과 하와가 부끄러움을 가렸던 무화과 잎도 페르조나의 일부분이다. 공자의 정명주의를 바탕으로 하는 사회적이고 공적인 자아 역시 페르조나의 한 부분이다. 일반적으로 사람은 누구나 부모, 선생님, 학생, 남녀, 신분, 직책의 가면을 쓰고 살아간다. 옷을 입고 외출을 하는 것처럼 사회적인 영역에서 페르조나를 써야 예의나 교양, 또는 책임감, 리더십을 발휘하는데 특히 청소년기에는 페르조나를 수용하고 연습해야 사회에 적응할 수 있다. 그러나 중년에 페르조나에 너무 익숙한 나머지 그것을 벗을 준비를 하지 못하면 성직자 스타일, 선생님 타입, 관료주의, 학벌주의, 남성우월주의와 인종주의 등에 빠질 위험이 있다.

    둘째로 개성화는 내면의 그림자(shadow)를 인식하는 것이다. 칼 융에 따르면 모든 사람은 의심, 두려움, 콤플렉스 같은 어두운 내면의 그림자가 있다. 이 그림자가 그대로 드러나면 큰 문제가 발생할 수 있지만 그림자를 전적으로 차단하면 그림자의 긍정적인 면인, 자발성, 창의성, 통찰력, 깊은 정서 등도 함께 억누를 수 있다. 그러므로 이 그림자를 대면하여 전체의 자기로 통합하는 용기가 필요하다. 그림자를 인식하는 순간에는 자기 자신에게 실망하지만 무의식을 들여다보는 기회가 된다. 열등감을 보상받기 위하여 어떻게 행동하는지 자세히 관찰하면 그림자가 보인다. 열등감이 있는 사람은 반대로 자신을 떠벌리기 좋아하고 경쟁적이며 방어적이다. 겉으로는 우월감으로 포장되었지만 속에서는 자기비하의 감정이 깔려 있다. 여기서 벗어나려면 열등감이라는 그림자를 만나주어야 한다.

"사람은 자신의 가슴속(내면)을 들여다 볼 때 비로소 시야가 트이게 된다. 밖을 보면 꿈을 꾸지만, 안을 보면 깨어나게 될 것이다. 나 자신을 있는 그대로 받아들이는 것이야말로 세상에서 가장 두려운 일이다."(Jung)

그림자를 인식하는 것은 자기 안의 들보를 보는 것처럼(눅 6:42) "내가 이런 사람이었다니"하고 망연자실하고 고통과 자기혐오가 따라오지만 곧 치료와 화해와 안정과 정직, 진실함으로 이어진다. 반면에 자기 안의 들보를 회피하면 자기기만에 빠지며(요일 1:10) 평소 근엄한 신사가 추악한 스캔들의 주인공이 되고, 요조숙녀가 사회를 어지럽히는 주범이 된다. 개성화는 이러한 자신의 내면을 들여다보고 결국 자신이 신이 아니라 하나의 나약한 인간임을 수용하는 것이다. 나아가 바울이 로마서에서 말하는 것처럼 사망의 몸을 인식하고 그리스도의 십자가로 달려갈 때 진정한 개성화가 일어난다.

개성화는 셋째로 내적 인격인 아니마와 아니무스의 조화다.

남녀는 서로 자기 안에 내재된 어머니의 아니마와 아버지의 아니무스가 있다. 남자의 경우 유난히 편하고 가슴이 두근거리는 사람은 상대방에게서 아니마, 즉 자기 안의 어머니를 무의식이 발견했기 때문이다. 이 과정은 단 몇 초 만에 자동으로 일어나기 때문에 합리적인 설명이 불가능하다. 남성이 짜증을 내거나 화를 버럭 내는 경우, 여성이 따지기를 좋아하고 잔소리만 늘어놓은 경우는 미성숙한 아니마와 아니무스가 드러난 것이다. 신사가 색욕에 사로잡히거나 숙녀가 지배욕과 과시욕을 부리는 것도 마찬가지다. 좋은 부모의 이미지 역시 극복의 대상이다. 아무리 좋은 부모라고 해도 그 표상이 고착화되면 성장을 방해하기 때문이다. 융은 역설적으로 "성장하기 위해서는 받았던 사랑을 배신해야 한다."고 하였다. 결국 개성화를 위해서는 남성은 자기 안에 있는 부드러움이라는 아니마를 풀어주고 여성은 자기 안에서 책임과 관대함이라는 아니무스를 풀어 주어야 한다.

4) 대상관계이론

노르웨이 오슬로 대학의 연구팀은 "신생아의 눈에 세계가 어떻게 보이는가?"라는 주제의 연구결과를 발표했다(2015. 7). 이 연구에 따르면 생후 2, 3일의 아기는 약 30cm 거리 안에 있는 물체만 파악할 수 있다고 한다. 연구책임자인 마그노센 교수는 "30cm의 거리라면 얼굴의 움직임까지 포착할 수 있지만 60cm이상의 거리에서는 흐리게 보일 것"이라고 했으며 "웃는 표정과 놀란 표정이 아기에게는 가장 식별하기 쉽지만 …그 외에 아기는 엄마의 표정에서 어떤 의미가 있는지 이해하지는 못한다."고 하였다.

　　세상에 태어난 아이는 엄마를 통해 첫 번째 우주를 만난다. 처음에는 자신도 타자도 물건도 형태를 알지 못하며 그 의미 또한 모호하다. 이렇게 갓 태어난 아이는 최초의 대상관계인 엄마를 통해 심리적으로도 탄생하고 성장한다. 마가렛 말러는 "유아의 심리적 탄생"에서 아이가 육체적으로 태어난 후 2주 정도부터는 대상관계를 통해 심리적으로도 탄생한다는 이론을 세웠다. 대상관계란 내가 만나는 대상에 대한 주관적인 느낌을 의미한다. 잘해 줘도 그것을 상처로 받아들일 수 있고 못해 주어도 그것을 좋아할 수 있기 때문에 주관적인 느낌이라고 하는 것이다.

　　대상관계이론의 창시자인 멜라니 클라인은 어린이 심리치료에 놀이 치료법을 도입했다. 아버지는 유대인 랍비였으나 유대교를 버리고 치과 의사가 되었으며 마흔이 넘은 나이에 15년 연하와 사랑에 빠져 결혼을 해서 둘 사이에 네 명의 아이가 태어났고 그 중 멜라니 클라인은 막내였다. 클라인의 가정사는 불행의 연속이었다. 언니, 오빠, 아버지, 어머니를 차례로 잃고, 결혼 후에는 사고로 아들을 잃었다. 결혼을 해서 세 아이를 낳았는데 행복하지 않아서 우울증을 앓았고 37세에 별거에 들어가 40세에 이혼했다.

　　클라인은 자기 문제로 프로이트의 정신분석을 받은 것이 대상관계이론을 창안하는 계기가 되었다. 프로이트가 꿈을 무의식의 발로라고 하였다면 클라인은 아이가 놀이를 통한 환상을 경험하면서 무의식을 반영된다고 생각했다. 이 문제로 프로이트의 딸 안나 프로이트와 대립하였다. 클라인은 어떤 성장보다는 (불안과 우울과 같은 어떤) 자리, 또는 입장을 바꾸어가면서 인생이 진행 된다고 믿었다. 클라인은 시기심이 질투나 탐욕보다 더 대상의 속성을 공격하고 파괴한다는 이론을 세웠다.

클라인이 생애후반에 도입한 투사적 동일시는 클라인학파의 중심이론이 되었다. 클라인은 투사적 동일시를 통해 프로이트의 역전이를 대상관계이론으로 재해석 하였다. 역전이는 상담과정에서 자신의 무의식이 자극을 받아 분석을 방해받는 것인데 후학들은 점점 피상담자의 무의식에 닿을 수 있는 긍정적인 도구로 인식하였다. 클라인 학파의 투사적 동일시에서는 좀 더 폭넓은 의미로 확장 되었다. 투사적 동일시는 내면에서 일어나는 감정을 좋은 부분과 부정적인 부분으로 분리한 다음 좋은 부분만을 자기 것으로 인정하고 부정적인 부분은 밖으로 투사한다. 이 때 상대방이 투사에 걸려들어 투사적 통일시가 일어나면서 상대방에게서 나타나는 불쾌하고 불편한 감정은 내가 회피한 것들이다. 어디를 가나 다투거나 까다로운 사람을 만나는 이유는 나에게 그런 요인이 있기 때문에 투사적 동일시가 일어난 것이다. 반대로 내가 타인의 투사에 걸려들면 이상하게 나의 이런 미성숙한 부분들이 자극을 받는 경향이 있다.

로널드 페어베언(Ronald Fairbairn)은 스코틀랜드 장로교회의 엄격한 캘빈주의 전통에서 성장했다. 목사가 되려고 신학을 공부하던 중 정신분석학을 접하고 전공을 바꾸어 정신의학자가 되었다. 1940년에 발표한 논문에서 그는 인간행동에 궁극적인 목표가 쾌락이 아닌 의미 있는 인간관계를 확립하기 위한 것이라고 주장했다. 그는 프로이트의 성욕이론을 정면으로 반박하고 대신 관계성에 대한 욕구를 제시한 최초의 인물이다. 이와 같은 생각을 바탕으로 1941년에 발표한 논문에서 프로이트의 리비도는 대상관계에 기초한 발달이론으로 대체해야 한다고 주장했다.[14] 페어베언은 이 논문에서 인간의 근본적인 동기는 타자와 접촉하고 그 관계를 유지하려는 것에 있다고 하였다. 그는 관계를 맺는 양상을 통해서 성숙과 성숙한 관계를 방해하는 장애물인 병리를 구별하였다.

도널드 위니캇(Donald Winnicott)은 캠브리지 출신의 소아과 의사였다. 위니캇은 6만 명의 영아, 아동 및 그들의 부모, 조부모를 만났다. 위니캇은 통합이 안 된 에고와 통합이 잘 된 셀프를 구분했으며 대상관계 안에서 셀프는 돌봄을 통해 형성된다고 믿었다. 위니캇은 0-6개월의 시기인 모성 몰두기에 충분히 좋은 엄마의(good enough mother) 역할이 중요하다고 여겼다.[15] 충분히 좋은 엄마는 완벽한 엄마가 아니라 관심과 돌봄, 즉 안아주고 반응하는 기본욕구를 채워주면서 동시에 아이의 독립욕구를 충족시켜주는 엄마를 말한다.

또한 위니캇은 "아기란 없다....단지 그 아기를 돌보는 누군가를 본다"는 명제를 남겼다. 이는 모성적 돌봄이 없으면 아이 역시 존재할 수 없음을 의미한다. 위니캇은 아이는 심리적으로 절대적 의존기, 상대적 의존기, 독립을 향한 시기로 성장하는데 각 시기에 맞게 일관성이 있는 돌봄이 없으면 여기서 자기애적, 또는 경계선 인격장애의 원인이 된다고 경고했다. 위니캇이 말하는 돌봄의 주된 특징은 유아에게 세상을 일관성 있게 제시하는 것이다(Winnicott, 1963). 이렇게 적절한 돌봄을 제공받은 아이는 보통의 인간으로 거듭나면서 좋은 대상관계 안에서 독립적으로 살아간다.

위니캇의 대상관계이론은 기독교 공동체가 가진 관계성, 즉 하나님과의 관계와 공동체적 관계에 대한 시사점을 가지고 있다. 위니캇은 자신만이 가진 비밀스런 부분의 조용한 증인이자 잠재적 동료며 자신의 기도에 즉시 응답해 주시는 하나님의 형상은 부모보다 더 좋고 강력한 대상으로 자리 잡을 수 있다고 하였다.[16] 만일 유아의 시기에 두려운 하나님의 형상을 가지면 제도적인 틀에서 제시하는 하나님을 감당하지 못하기 때문에 개인적인 표상과 형식적인 표상의 통합을 통해 극복해야 한다고 하였다. 대상관계이론에서 파생한 애착이론은 유아기의 애착이 성인기의 인간관계, 그리고 하나님과의 친밀감에 미치는 영향을 설명하는데 유용하다.[17]

5) 한계와 도전

우리는 하나님을 향하여 높아진 모든 사상을 검증하고 걸러내며 시세를 분별하고(대상 12:32) 시대정신을 가려냄으로 영적인 삼투압을 해야 한다. 삼투압은 바다의 물고기가 생존하는 방법이다. 짠 물에 절여 지지 않고 담수를 흡수하려면 반드시 삼투압을 해야 한다. 명의는 독을 잘 다루고 요리사는 복어의 독을 제거하여 맛있는 음식을 내 놓는다. 그리스도인은 이 세상에 대하여 분리적이고 적대적인 입장을 취하는 것보다 사탄적인 요소를 제거한 발견된 진리를 전리품으로 취해야 한다.

융은 목사의 아들이며 기독교적 배경에서 심리학을 했던 기독교 심리학자로 알려져 있다. 그러나 융이 접한 종교적 체험은 종교체험의 원형이기는 하지만 성경적이라고 말하기 어렵다. 그가 노년에 그리스도께 회귀했다고 하지만 그가 말하는 예수가 과연 성경이 말씀하시는 예수님인지 확신하기는 어렵다.

현대 심리학은 뇌과학, 뇌생물학, 진화생물학, 신경과학 등

자연과학의 영역이 대세를 이룬다. 현대 심리학은 진화론적인 자연과학과 마찬가지로 마음이나 영혼을 뇌의 시냅스, 뉴런 등으로 환원한다. 19세기에 로마네스는 동물 사이의 특성을 비교 연구하는 비교 심리학(동물 심리학)을 시작하면서 다윈의 자료에 자신이 수집한 동물에 관한 자료들을 조합해서 "동물지능"(1986)이라는 책을 썼다.[18] 그는 인간을 동물과의 연속선상에 놓고 동물 사이에 나타나는 신체 특성을 비교하듯 동물 상호간에 행동 특성을 비교할 수 있고, 동시에 인간의 심리적, 인지적 특성도 동물과 같은 선상에서 비교할 수 있다고 주장했다. 로마네스의 주장은 프로이트의 유아성욕이론에 영향을 주었다. 미국과 유럽에서는 기능주의가 탄생하는 배경이 되었다. 또한 행동주의 심리학의 형성과 확산에 영향을 끼쳤다.

    20세기에 들어오면서 신경과학과 생물학이 등장하였고 20세기 말에는 진화심리학이 본격화 되었다. 컴퓨터 기술의 발달과 함께 등장한 인지과학에서는 아메바의 마음에서부터 인간의 마음 그리고 미래의 슈퍼컴퓨터의 인공지능에 이르기까지 진화론적인 관점에서 연구한다.

    진화론과 무신론의 영향을 받은 프로이트는 인간의 두려움을 투사한 것에 불과한 종교는 인간의 정서적인 성숙도가 높아감에 따라 그림자처럼 사라져 버릴 환영에 지나지 않는다고 생각했다. 자신과 같은 정신분석가가 오히려 미성숙한 대중의 정신세계를 깨우는 목사와 전도사를 대신할 것이라고 생각했다. 두 살 때부터 프로이트를 돌본 유모는 프로이트를 교회에 데리고 다녔으며 친절하게 성경이야기를 해 주있다. 여기에 감동을 받은 프로이트는 종종 설교하는 흉내를 냈다고 한다. 그러나 그 유모는 동네 기게에서 물건을 훔친 죄로 기소되어 해고당했다. 프로이트의 종교에 대한 적대감은 이렇게 종교를 처음 그에게 소개했던 장본인에 대한 실망에서 비롯되었다.[19]

프로이트가 활동하던 19세기 말에서 20세기 초 교회는 문헌학과 고고학이 성서비평에 도입되면서 신학적 자유주의가 들불처럼 번져 나갔다. 신학계에는 이러한 도전에 대하여 근본주의 운동이 강력하게 대두되었다. 교회의 관심은 "무엇이 옳은가?" "무엇을 믿어야 하는가?"에 집중되었다.

공산주의의 혁명과 세계대전 등으로 세기말적 혼란과 정신적 고통을 겪던 사람들의 일부는 근본적이면서도 모든 것을 영적인 문제로 환원시키는 교회 대신 정신분석가를 찾아가 도움을 청했다. 정신분석가들은 종교적인 문제를 언급하지 않겠다는 원칙을 정했지만 사람들이 가져오는 문제들 가운데 사업, 가정, 직장, 가족, 장래 그 어느 것 하나도 종교적이지 않은 것은 없었다(Cramer, 1987). 정신분석가들은 자신들이 목사를 대신한다고 자부했지만 그들은 그들이 가진 근원적인 문제에는 접근조차 하지 못했다.

심리학은 문제를 발견하고 분석하고 인식하는 데에는 유용하지만 그 근원적인 문제를 해석하거나 해결책을 제시하지는 못한다. 잠정적인 평화를 주는 것은 사실이지만 분명한 한계를 가지고 있다. 근본적인 치료는 오직 하나님만이 하신다. 그리고 평화는 하나님과의 수직적인 관계가 회복되지 않으면 일시적인 것이며 때로는 회칠한 무덤처럼 위장된 평화로 전락한다. 그럼에도 불구하고 심리학의 분석과 치료를 위한 노력 자체를 거부하는 것은 환자가 병원을 거부하고, 학생이 학교를 거부하는 것과 같다. 심리학을 성경으로 조명하면 일반 계시의 영역에 나타나는 진리를 발견할 수 있다. 우리는 적극적인 통합을 시도하여 심리학이 그리스도의 주권에 무릎을 꿇게 해야(빌 2:10) 할 책임이 있다.

"그 날에는 말방울에까지 여호와께 성결이라 기록될 것이라. 여호와의 전에 있는 모든 솥이 제단 앞 주발과 다름이 없을 것이니 예루살렘과 유다의 모든 솥이 만군의 여호와의 성물이 될 것인즉 제사 드리는 자가 와서 이 솥을 가져다가 그것으로 고기를 삶으리라 그 날에는 만군의 여호와의 전에 가나안 사람이 다시 있지 아니하리라."(슥 14:20, 21)

제3부

성전론

1. 성전의 역사
2. 성전의 성취
3. 성전의 내면화

1. 성전의 역사

성전은 하나님의 궁전이다(W. J. Dumbrell). 하늘의 하나님이 땅에 머무르실 때 계시는 곳이며(시 26:8) 하나님의 이름과 눈과 마음을 두시는 곳이다(왕상 9:3). 어디에나 계시는 무소부재의 하나님은 하늘에 있는 보좌에 계시지만 지상에 계실 때에는 하나님의 집인 성전이 필요했다. 하나님이 어디에나 계시므로 어디든지 하나님의 성전이라고 하면 범신론이다.

성경에는 '성전'이라는 단어 대신 '집'으로만 되어 있다. 솔로몬이 지은 성전의 명칭은 '큰 집'이라는 뜻의 수메르어에서 발전했다(TWOT). 에덴은 하나님이 거니시던 최초의 성전이다.

에덴에서 추방당한 인류는 최초로 제단을 통해 하나님을 만났으며 언약이 유지 되었다. 모세언약의 중심에는 성막이 있었으며 솔로몬의 성전으로 나아갔다. 언약의 파기와 함께 성전이 파기되었는데 스룹바벨은 제2성전으로 재건했다. 예수님의 공생애 기간에는 헤롯이 중건 중에 있던 헤롯 성전이 있었다. 예수님은 이 성전의 파괴를 기정사실로 선포하심으로 유대인들과 마찰을 빚었다. 예수님은 싱전모독을 가상 큰 죄로 여기는 유대인의 반발에도 불구하고 이 성전과 자신을 동일시하시면서 성전을 헐면 삼 일에 다시 짓겠다고 하심으로 십자가와 부활을 통한 눈에 보이지 않는 성전의 출현을 예고하셨다.

예수님의 예언대로 옛 언약의 중심인 성전은 돌 위에 돌 하나 남지 않고 파괴 되었으며 그리스도는 십자가와 부활을 통해 자신의 몸이며 자신이 구원하신 새언약의 공동체인 교회를 세우시고 새 하늘과 새 땅에 이르는 성전의 궁극적인 완성을 이루고 계신다.

1) 제단

제단을 쌓는 것은 구약적인 예배를 의미했다. 제단은 자연석 그대로의 돌을 겹으로 쌓고, 위에 평탄한 돌을 놓은 모양이었을 것이다. 노아는 방주에서 나와 짐승을 잡고 제단을 쌓았다(창 8:20). 니므롯이 바벨탑을 쌓을 때 아브라함은 예배의 단을 쌓았으며(창 12:7, 8) 아들 이삭(창 26:25) 손자 야곱도 제단을 쌓았다(창 35:3). 특히 아브라함이 이삭을 바치기 위해 모리아의 한 지정된 산에 쌓은 제단을 통해서는 인류구원의 방식이 계시되었으며 이곳에 인류 구원의 십자가가 세워진다.

모세도 제단을 쌓았는데(출 17:15, 24:3-8) 시내산 언약 직후 토단과 돌로 된 제단(출 20:24, 25)이 있었고 성막에는 번제단과 분향단, 두개의 제단이 있었다. 엘리야는 제단을 쌓고 하나님의 불을 기다렸다. 다윗이 아라우나의 타작마당에 쌓은 제단은(삼하 24:15-25) 솔로몬 성전의 터가 되었다. 솔로몬의 성전에는 대형으로(대하 4:1) 된 놋 제단과 금 제단이 있었다(왕상 7:48, 8:64, 대하 4:1, 19). 죄를 범한 자가 이 제단의 뿔을 잡으면 죽음을 면할 수 있었다(출 21:13, 14, 1:50).

분열왕국시대 여로보암은 백성들의 이탈을 우려하여 솔로몬 성전이 가진 중앙 성소를 부정하고 벧엘과 단에 금송아지 제단을 만들었다. 솔로몬 성전이 파괴되고 이스라엘은 포로가 되었지만 포로 귀환 후에 유대인들은 먼저 무너진 제단을 수축해야 했다(스 3:1-3). 예수님은 예물을 제단에 드리다가 형제에게 원망들을 만한 일이 생각나거든 예물을 제단 앞에 두고 먼저 형제와 화목하고 그 후에 예물을 드리라고 하셨다(마 5:23, 24). 요한은 환상 중에 하늘의 제단을 보았다.

제단은 '들다'는 뜻을 지니고 있다. '들려지는 곳'인 제단은 바로 주 예수 그리스도의 십자가를 가리킨다(요 12:32, DeHaan, 1979). 그리스도는 제단과 자신을 동일시하였다.

"모세가 광야에서 뱀을 든 것 같이 인자도 들려야 하리니 이는 그를 믿는 자마다 영생을 얻게 하려 하심이니라."(요 3:14, 15)

2) 성막과 성전

성막은 회막, 장막이라고도 하며 시내산 언약의 징표로 지은 이동식 성전이었으며 가나안 정복기에는 성막이 길갈에 있었고(수 4:16, 5:10, 9:6) 정복이 일단락된 후에는 실로로 옮겨졌다(수 18:1) 이때부터 성막을 고정된 장소를 의미하는 '여호와의 전'이라고 불렀다(삼상 1:9).

사사 시대에는 각 지역에 예배처소를 만들고 개인적인 제사장을 고용하고 우상을 만들기도 하였다(삿 18:31). 예배의 타락과 함께 법궤는 실로에서(삼상 2:14) 블레셋에게 빼앗기고(삼상 4:11) 실로가 함락되었다(시 78:60, 렘 7:12).

왕국시대에는 성막을 다시 길갈로 옮긴 것 같다(삼상 10:8). 법궤로 인해 재앙이 일자 블레셋은 법궤를 벧세메스로 보냈다. 호기심으로 법궤를 들여다 본 벧세메스 사람들이 죽자(삼상 6:19) 기럇여아림 아비나답의 집에 옮겨져 20년 동안 있었다(삼상 7:1,2). 사울 시대에는 성막이 놉에도 머물렀을 것이다(삼상 21:1-6). 다윗 시대에는 성막과 번제단이 기브온 산당에 있었다(대상 21:29).[20] 솔로몬은 기브온 산당에서 기도하였다(왕상 3:2-4, 대상 16:39, 21:29, 대하 1:3, 13).

지방의 성소인 산당은 정치적인 목적으로 변질되거나 이교적인 요소와 혼합되어 히스기야와 요시야 시대에는 종교개혁의 주요 대상이 되었다. 다윗은 기럇여아림에 있는 법궤를 옮기기 위해(삼하 6:11) 시온에 성막을 새로 만들었으므로(삼하 6:17) 제단이 있는 기브온의 원래 성막과, 법궤가 있는 예루살렘의 새로운 성막이 병존 하였다(왕상 3:1-3). 다윗은 성전건축에 대한 강렬한 소망이 있었지만 하나님은 그의 아들이 전을 건축할 것이라고 나단을 통해 말씀하셨다.

"내가 네 몸에서 날 네 씨를 네 뒤에 세워 그의 나라를 견고하게 하리라. 그는 내 이름을 위하여 집을 건축할 것이요 나는 그의 나라 왕위를 영원히 견고하게 하리라."(삼하 7:12, 13)

나단의 예언은 다윗의 아들 솔로몬을 통해 일차적으로 성취되었고 예수 그리스도를 통해 이차적이고 본질적인 성취를 대망하는 메시아사상의 뿌리가 되었다. 다윗이 준비하고 솔로몬이 건축한 성전은 500년 가까이 존속하였지만 바벨론에 의해 약탈당하고 파괴되었다(왕하 25:9).

70년 바벨론 포로기가 끝나고 고레스 칙령에 따라 예루살렘으로 돌아온 유대인들이 제 2성전이라고 불리는 스룹바벨 성전을 건축한다(스 1장, 3:1 이하). 잃어버린 언약궤는 다시 찾지 못했으며 성전의 기명 가운데 구체적으로 보존된 것은 거의 없었다. 그럼에도 불구하고 이 성전 역시 500년 동안 유지되었다(Williams, 1989).

헤롯은 유대인의 환심을 사기 위한 정치적 목적으로 이 성전을 더 크고 화려하게 증축하기 시작했고 예수님의 공생애 기간에도 그 공사는 46년 째 진행 중에 있었다(요 2:20). 예수님은 이 성전을 정화 하시면서 장차 그가 죽으심과 부활을 통해 진정한 의미의 성전을 세울 분임을 예견하셨다. 80년에 걸친 헤롯 성전의 대역사는 주후 63년에 완공되었지만 눈에 보이는 모든 것이 주후 70년에는 돌 위에 돌 하나 남지 않고 파괴되었다(마 24:2).

3) 제2성전

성전이 파괴되고, 이스라엘은 이방인에게 포로가 되고, 민족의 정체성을 잃어가고, 아무런 희망을 발견할 수 없던 바로 그 짙은 어둠의 시기에 묵시문학이 일어났다. 묵시는 현실에 대한 회의와 갈등과 의문에 답을 주기 위해 종말론적 시각으로 기록되있나.

하나님의 백성들은 묵시에 나타난 궁극적 승리를 바라보며 불신앙과 염세주의를 극복해 나갔다.

구약의 에스겔도 성전의 재건을 통한 초월적이고 종말론적인 하나님의 나라를 소망한다는 측면에서 묵시적이다. 에스겔은 유다 왕 여호야긴(BC 593년, 3개월 10일 치세)과 더불어 바벨론에 사로잡혀 가기 전에는 제사장으로서 예루살렘 부근에서 살았다. 사로 잡혀간 지 5년 후부터 바벨론 그발강 가에서 유대인 거주지에 살면서(겔 1:1, 3, 3:15) 선지자로 활동을 시작하였고(겔 1:2) 결혼을 해서(겔 24:18) 자기 집도 있었다(겔 8:1). 유대인 장로들과 에스겔은 정례화 된 모임의 흔적이 있고(겔 8:1, 14:1, 20:1) 이것이 회당 예배로 발전 하였을 것이다. 장로들은 "… 여호와께서 우리를 보지 아니하시며 여호와께서 이 땅을 버리셨다"(겔 8:12) 며 항변하였다. 이 질문에 대한 대답으로 하나님은 에스겔에게 성소를 떠나신 이유를 보여 주신다(8장).

에스겔이 환상 중에 뜰 문에 이르자 담에 구멍이 있었다. 담을 헐었더니 한 문이 나타나서 들어가서 보니 각양 곤충과 가증한 짐승과 이스라엘 족속의 모든 우상을 그 사방 벽에 그렸고 이스라엘 족속의 장로 중 칠십 명이 그 앞에 섰으며 사반의 아들 야아사냐도 그 가운데에 섰고 각기 손에 향로를 들었는데 향연이 구름 같이 올라가고 있었다. 북문에 이르니 여인들이 담무스를 위하여 애곡하고 있었다(14절).[21] 여호와의 성전 안뜰, 여호와의 성전 문 곧 현관과 제단 사이에서 약 스물다섯 명이 여호와의 성전을 등지고 낯을 동쪽으로 향하여 동쪽 태양에게 예배하고(16절) 나뭇가지를 그 코에 두었다(17절).[22]

이스라엘의 지도자와 제사장들은 배은망덕한 우상숭배에 빠진 것이다. 히브리는 '강을 건너다'는 뜻의 '아바르'에서 온 말이다. 아브라함이 갈대아 우르에서 유브라데 강을 건너 가나안에 이른 역사적 사실을 담고 있다.

유진 피터슨은 '히브리'라는 단어가 원래는 인종학적 명칭이 아니라 중동 문화권의 사회적 주변 계층 즉 비천한 떠돌이들과 추방당한 자들을 가리키는 말이었다고 보는 것도 가능하다고 했다. 하나님은 이렇게 즉 피투성이가 되어 발짓하는 아기를 보시고[23] "너는 피투성이라도 살아 있으라."(겔16:6) 하시며 씻고 탯줄을 자르고 소금을 뿌리고 강보에 싸서 기르셨다. 잘 자랐지만 여전히 벌거벗은 아기를 위해 하나님은 지혜와 언약과 율법을 주셔서 아름다움으로 꾸미셨다. 중앙에 성소를 세우시고 하나님의 이름을 그 안에 두셨다. 그리고 화려함과 명성이 온 땅에 퍼져 나갔다(다윗과 솔로몬 시대에는 최고조에 이르렀다). 그런데 그것을 이용하여 행음하더니 도를 지나쳐서 심지어 자기 돈을 주어가면서 행음하였다. 이러한 영적 간음(우상숭배)의 축적으로 성전불패의 패러다임이 깨진 것이다. 하나님은 이미 경고하신 바가 있다.

"…너희가 만일 돌아서서 내가 너희 앞에 둔 내 율례와 명령을 버리고 가서 다른 신들을 섬겨 그들을 경배하면 내가 너희에게 준 땅에서 그 뿌리를 뽑아내고 내 이름을 위하여 거룩하게 한 이 성전을 내 앞에서 버려 모든 민족 중에 속담거리와 이야깃거리가 되게 하리니 이 성전이 비록 높을지라도 그리로 지나가는 자마다 놀라 이르되 여호와께서 무슨 까닭으로 이 땅과 이 성전에 이같이 행하셨는고? 하면 대답하기를 그들이 자기 조상들을 애굽 땅에서 인도하여 내신 자기 하나님 여호와를 버리고 다른 신들에게 붙잡혀서 그것들을 경배하여 섬기므로 여호와께서 이 모든 재앙을 그들에게 내리셨다 하리라.…"(대하 7:19-22)

에스겔이 지성소에서 도성의 동쪽 산으로 하나님의 영광이 단계적으로 떠나가는 장면을 본 후에 도성과 성전이 파국을 맞았다(9:3, 10:4, 18-19, 11:22-23). 그러나 갑작스런 반전이 일어났다. 천사가 측량줄을 들고 측량을 시작한 것이다(42:15-20). 측량을 마무리한 천사는 에스겔을 최초 출발점인 동문으로 다시 데려와(겔 40:3, 6) 하나님의 영광이 동편에서부터 다가오는 광경을 보여주었다(겔 43:1-12). 에스겔은 여호와의 영광이 성전을 가득 채우고 있는 것을 본다.

에스겔서에 기록된 성전 환상은 대략 세 가지로 해석한다. 첫째로, 역사적인 지상의 성전이라는 해석이다. 몇몇 주석가들은 이 환상을 포로생활에서 돌아온 후에 다시 지을 성전과 다시 세울 이스라엘 공동체에 대한 청사진으로 해석하였다(Blenkinsopp, 1990). 이 환상에 현실성을 부여하고 있는 것은 건축에 대한 상세한 설명과 정확한 수치들이다. 길이와 너비와 높이가 1만 2천 스타디온으로 상징화 된(계 21:16) 요한 계시록의 새 예루살렘의 규모와는 달리 에스겔은 실현 가능한 수치들이다(1990).[24]

둘째로, 하늘성전(4QSir, 5Q15)이라는 해석이다. 쿰란 문헌에서는 에스겔 성전을 하늘성소로 해석하였으며 계시록은 에스겔의 성전 모티프를 사용하여 하늘에서 내려온 새 예루살렘으로 묘사하였다. 요한계시록 21-22장에 묘사된 하늘의 예루살렘과 하늘성전도 에스겔 성전환상과 밀접한 관계를 가지고 있다. 신약에서 에스겔서가 직접 간접으로 인용된 횟수는 총 65회인데 그 중에서 48번이 계시록이다.

셋째로, 종말론적 성전이라는 해석이다. 에스겔의 성전환상은 근래에 1차적 성취를 염두에 둔 현실적이며 동시에 임시적이고 이상적인 성전은 아니라는 인식을 하고 있었기 때문에 종말론적인 메시지를 담고 있으며, 여호와 삼마의 예언으로 이어지는 것을 보아서 그것은 하늘의 성전이라는 초월적 의미를 담고 있다는 것이다.

이 세 가지 해석은 어느 하나만을 정답으로 볼 수 없고 상호보완적이다. 현실적으로 이 환상과 예언을 들은 이스라엘 공동체는 역사 속에서 에스겔의 환상이 실현될 것이라는 희망을 가졌다. 에스겔의 설교를 들은 학개와 스가랴는 백성들에게 새로운 성전에 대한 희망을 주었으며 에스겔이 은퇴하고 약 50년 후에 돌아온 유대인들은 다윗 왕가의 스룹바벨을 중심으로 실제로 제 2성전을 건축하였다(슥 1:16). 이 때 메시아사상이 일어났다(슥 3, 4, 6장). 그러나 솔로몬 성전과 마찬가지로 스룹바벨의 성전 역시 나단 예언의 성취는 아니라고 인식한 것으로 보인다.

또한 신약시대에 이르기까지도 나단 예언의 성취를 갈망하면서 메시아를 대망한 것으로 보아 에스겔의 예언이 교회를 통한 영적인 이스라엘의 회복과 연결되는 것으로 보인다(Hanson, 1975).

2. 성전의 성취

1) 다윗의 장막

사도행전 15장에 기록된 베드로의 설교는 아모스 예언을 그리스도 안에서 재해석하였다.

"이 후에 내가 돌아와서 다윗의 무너진 장막을 다시 지으며 또 그 허물어진 것을 다시 지어 일으키리니 이는 그 남은 사람들과 내 이름으로 일컬음을 받는 모든 이방인들로 주를 찾게 하려 함이라 하셨으니 즉 예로부터 이것을 알게 하시는 주의 말씀이라 함과 같으니라."(행 15:16~18)

아모스의 시대 북이스라엘은 최전성기를 맞았다. 마치 솔로몬 시대의 영광을 재현하듯 영토가 확장되고 다시스와의 교역이 재개되었다. 북 왕조는 남 왕조를 식민지배하면서 에돔을 아우르는 패권주의를 구상했다. 예루살렘이 이에 반발하자 공격하고 약탈하였다. 이 때 아모스는 예언하였다.

"이삭의 산당들이 황폐되며 이스라엘의 성소들이 파괴될 것이라 내가 일어나 칼로 여로보암의 집을 치리라 하시니라"(암7:9)

'이삭의 산당'은 북 왕조의 여로보암이 만든 거짓된 예배 장소를 가리킨다. 북 왕조의 왕들은 '이삭의 산당'에서 예배하면서 여로보암의 길로 행했다. '이삭의 산당'은 한 편으로 '웃음의 산당'이라고도 하였는데 이는 이방의 침략을 받아 훼파되면서 웃음거리로 전락할 것이라는 우회적 표현이다. 이삭의 산당이 파괴되는 것은 다윗의 장막의 재건을 위한 것이었다. 다윗의 장막은 장소나 건물을 의미하는 것이 아니다.

"그 날에 내가 다윗의 무너진 장막을 일으키고 그것들의 틈을 막으며 그 허물어진 것을 일으켜서 옛적과 같이 세우고 그들이 에돔의 남은 자와 내 이름으로 일컫는 만국을 기업으로 얻게 하리라 이 일을 행하시는 여호와의 말씀이니라"(암 9:11, 12)

다윗의 장막의 구성원을 아모스는 '에돔의 남은 자와 주님의 이름으로 일컫는 만국'이라고 하였다. 이 본문을 인용한 베드로의 설교에서는 그 구성원이 구체적으로 이방인이라고 했다. 이러한 정황을 유추해 볼 때 다윗의 장막은 다윗의 자손으로 오신 그리스도를 통해 구원받은 이방인들을 포함하는 '예수 공동체'의 실현을 의미한다. 로잔 선언에서 "교회는 어떤 기관이라기보다는 하나님의 백성의 공동체다"(Lausanne Covenant, 1974)라고 정의하였다. 아모스가 예언한 다윗의 장막은 "하나님께서 그의 백성 중에 거하시며 하나님은 그들의 하나님이 되시고 그들은 하나님의 백성이 된다"는 언약공동체의 실현과 함께 등장하게 될 새 성전으로서의 교회를 의미하는 것이 분명하다.

　새 성전이 될 신약의 교회란 예수를 그리스도로 믿는 메시아 공동체를 의미하며 예수님이 다윗의 자손(마 1:1-16)으로 나시고 세례 받으실 때 하나님의 아들로 소개된(요 1:31-34) 예수님이야말로 진정한 의미의 나단의 예언을 성취하는 자라는 결론에 이르게 된다(Kim, 1993). 성전에 대한 예수님의 관심은 특별했다(마12:4, 23, 17, 21). 주의 전을 향한 열심이 그를 삼켰으며(요 2:17), 성전의 앞날을 바라보고 우셨고(요 2:17), 자신을 성전보다 크다고 하셨다(마 12:6).

　예수님은 자신의 죽음이 성전의 진정한 의미와 목적의 성취일 뿐 아니라 그 죽음을 통해 하나님의 나라, 혹은 종말론적 하나님의 백성의 공동체가 실제화 될 것이었으므로 자신의 죽음은 곧 새 성전을 건축하는 일이라고 생각하였다(ibid). 예수님은 성전 청결을 통하여 자신이 하나님의 아들로서 성전을 새로 짓는 분이심을 상징으로 보여주셨다. 자신의 몸(성전)이 파괴 될 것이나 3일 만에 다시 일어날 것이라는 예언과 맞물려 그의 죽음과 부활로 인하여 새 성전 즉 이전 성전을 대치한 백성들의 공동체가 시작되었다(ibid, 마 18:20, cf. 요 2:19, 호 6:2).

　성전은 예수의 이름 앞에 모인 하나님 나라 백성의 공동체 즉 교회로 성취되고 실현되었다. 구약에서 '성전'이라는 이름으로 존재하던 보이는 지상의 건축물이 '하나님의 백성들의 공동체'인 '그리스도의 몸'으로서의 유기체가 되었다.

2) 에클레시아

'에클레시아'는 구약에서 '총회' 또는 '회중'을 의미하는 '카할'이 70인경(LXX)을 거치면서 신약에서 '교회'를 의미하는 단어로 확정되었다. '총회'나 '회중'이 '에클레시아'로 번역되었기 때문에 교회의 성격이 정해지는 것은 아니다. 이 단어는 신약성경의 저자들에 의해 '부르심을 받은 자들의 모임'으로 차용되었고, 초기 기독교 공동체는 의식적으로 유대교의 회당과 구별하기 위해 이 용어를 채택한 것으로 보인다(Banks, 1981).

신약의 교회는 자신들이야말로 참 이스라엘이요 하나님의 백성이라는 자의식을 가지고 있었기 때문에 기독교인들은 이 정체성 때문에 처음부터 유대교인 성전이나 회당 예배로부터 자신들을 의식적으로 분리시키지 않았을 것이다.[25] 사도행전에 따르면, 바울은 아마도 주후 55년경에 있었던 그의 마지막 예루살렘 여행에서 여전히 성전예배에 참석하였고 유대기독교인들은 그들 자신의 독립된 교회를 설립하기 전까지 상당한 기간 동안 예루살렘 성전과 유대인 회당에서 (동시에) 예배를 드렸다(Lee, 1994).

성전에 대한 초대교회교인들의 개념이 초대교회 공동체인 교회로 하루아침에 대치되어 초대교회가 단 번에 논란을 끝낸 것은 아니다. 예루살렘 공의회는 신약의 서신들에서 발견되는 교회는 하나님의 새 성전이라는 교리를 지지하는 경향이 있었다(행 15:14-21, ibid). 이러한 시각은 바울에게서 더욱 구체화되는데 바울은 너희(교회)가 '하나님의 성전'(고전 3:16)이라고 하였다.

'에클레시아'는 그리스 시대에 백성을 대표하는 의회나 민회를 의미했으며 오늘날 국회와 같은 역할을 하였다. 폴리스들의 연합체였던 '에클레시아'가 중요한 결정을 내리는 정치의 중심이고 통치권의 핵심이었다. 단어상의 일치가 의미상의 일치와 직접 연결되는 것은 아니지만 '에클레시아'는 지상에서 통치권을 대행한다.

"…너는 베드로라 내가 이 반석 위에 내 교회를 세우리니 음부의 권세가 이기지 못하리라. 내가 천국 열쇠를 네게 주리니 네가 땅에서 무엇이든지 매면 하늘에서도 매일 것이요 네가 땅에서 무엇이든지 풀면 하늘에서도 풀리리라…"(마 16:18, 19)

3) 바실레이아

그리스도가 임재하신 에클레시아에 이미 하나님의 나라, 즉 바실레이아가 들어와 있다(눅 17:21). 바실레이아는 에클레시아 앞에 오며(Ridderbos, 1962) 에클레시아를 흡수하여 에클레시아의 이후에도 존재한다. 리델보스는 하나님 나라에 관한 그의 저서에서 교회와 하나님의 나라, 에클레시아와 바실레이아의 관계를 다음과 같이 기술했다(ibid).

"바실레이아는 그리스도 안에서 성취되고 완성되는 하나님의 대 구속사역이며, 에클레시아는 하나님에 의해 선택되어 부르심을 받고 바실레이아의 축복을 누리는 백성들이다. … 에클레시아는 바실레이아를 기다리는 사람들의 한 공동체다."

브라이트(Bright)는 우리가 두 세계, 즉 바실레이아와 에클레시아, 하나님 나라와 교회를 동시에 살고 있으며 이때의 교회는 종말론적 공동체라고 하였다(1953). 바실레이아는 '이미' 에클레시아에 있으며 '아직' 완성되지 않았다. 산상수훈은 두 영역을 살아가는 하나님 나라 백성을 위한 윤리다(ibid).[26]

예수 그리스도는 바실레이아의 선포자며 담지자로서 그 자체로(auto) 바실레이아시기 때문에 그의 재림은 '파루시아'를 의미한다. 데살로니가전서 4, 5장에 등장하는 파루시아는 로마시대에 황제의 도착과 방문에 사용하는 용어였다. 그리스 시대에는 신의 현현을 의미하기도 하였다. 구약과 유대의 묵시문학에서는 여호와의 날에 하나님이 오시는 것과 관련이 있다. 신약성경에서 이 파루시아는 교회를 방문하시는 현재의 오심과 미래의 완전한 재림을 동시에 의도했다(살후 2:8; 딤전 6:14; 딤후 4:1, 8; 딛 2:13).

즉 그리스도는 파루시아를 통해 에클레시아를 바실레이아로 흡수하시며 지상의 성전은 새 하늘과 새 땅에 있는 천상의 성전으로 영원히 완성된다. 그러나 이는 장소나 건물, 제도를 다시 가지는 것은 아니며 에덴처럼 여호와 삼마의 성읍이 되고 하나님의 장막이 사람들과 함께 영원히 공존하는 것을 의미한다.

4) 개인적 의미

교회에 오신 성령 안에서 삼위일체 하나님이 상호 내주 하신다(Augustine, 1956). 성부 성자 성령은 상호 관계 속에서 하나가 되며 한 위격의 존재가 다른 위격의 존재 안에 관계적으로 동참하면서 존재하신다. 그러므로 성령의 강림은 교회가 삼위일체의 거소가 되어 진정한 성전으로 실현되었음을 의미한다. 우리는 여기서 성령이 교회에 임하였지만 동시에 우리 각 사람에게도 임하였다는 점에서 공동체성과 개별성을 동시에 추론할 수 있다. 분명히 구약에서는 하나님의 사람들에게 제한적으로 임했던 성령이 신약에서는 새언약에 들어온 모든 육체에 임했다.

계시록에서는 성전과 제단과 그 안에서 경배하는 자들을 동일하게 보고 있다(11:1). 성경에서 "너희가 하나님의 성전이다"고 할 때 '너희'는 교회라는 복수형이며 동시에 그리스도의 몸의 세포인 구원받은 개인 각 사람을 의미하는 단수이기도 하다. 교회의 공동체성과 구원받은 그리스도인 각 사람을 의미하는 개별성은 삼위일체와 유비관계에 있다. 삼위는 구별되지만 한 본질이며 혼합되거나 섞이지 않는다. 교회는 구원 받은 한 사람, 한 사람이 모여 교회라는 공동체를 이루기 때문에 거듭난 한 사람과 그들이 모여 이루는 공동체는 분리할 수 없다. 60조의 세포가 동일한 몸의 본질인 것처럼 구원받은 각 사람 역시 공동체로서의 교회와 동일한 본질이다. 바울이 에베소서에서 "너희도 성령 안에서 하나님이 거하실 처소가 되기 위하여 그리스도 예수 안에서 함께 지어져 가느니라"(엡 2:22) 하였을 때 교회의 공동체성과 개별성을 동시에 시사한다.

덴마크의 철학자 키에르케고어(Kierkegaard)[27]는 "불안의 개념"에서 "인간은 개인임과 동시에 인류다."고 하였다(1996). 박윤선은 고린도전서 3:16절을 주석하면서 "사람의 마음은 하나님의 최선한 성전이다"는 말에 대하여 "일고를 요한다"(1971)고 하였다. 캘빈은 기도론에서 이렇게 말했다(Calvin, 2006).

"우리 자신들이 참된 하나님의 성전들이므로 하나님의 거룩한 성전에서 하나님을 부르려면 우리 속마음에서 우러나와서 기도하면 되는 것이다. 또한 유대인들에게 성전을 주신 것도 하나님의 임재를 성전 벽 속에 가두어 두기 위함이 아니라 그들로 하여금 참된 성전의 모습을 바라보도록 훈련시킬 목적으로 그렇게 하신 것이다. 그러므로 이사야와(사 66:1). 스데반은(행 7:48-49) 어떤 식으로든지 하나님께서 손으로 만든 성전에 거하신다고 생각하는 것에 대하여 경계하였다."

마틴(Martin)은 "하나님이 거하시기에 적절한 곳은 단 한 군데인데, 그 곳은 바로 살아 있는 존재들의 영혼이다"(1986)고 하였다. 고린도전서 6:19절에서 바울은 분명히 그리스도인의 몸이 성령의 거처지, 즉 하나님의 (성)전이라고 말하고 있다(Kim, 2007). 앱(Epp)은 에베소서 2:21, 23절을 근거로 하여 "성막(성전)이 그리스도와 그의 사역을 예표하고 있기 때문에 이것은 또한 그리스도 안에 거하는 성도들을 묘사하는 것이 된다."(1976)고 하였다. 풀램(Fullam)은 "당신의 몸이 하나님의 전이라는 사실은 얼마나 놀라운 진리인가! 이 진리는 우리의 몸은 성령이 거하시는 곳이므로 우리의 것이 아님을 뜻한다."고 하였다(1984). 예컨대 교회를 의미하는 하나님 나라 백성의 공동체는 익명성을 가진 군중이나 집단이 아니며 개인을 무시한 전체도 아니다. 아담적 본성에 대하여 죽고, 두 번째 아담으로 오신 예수 그리스도의 몸이며 동시에 사망에서 생명으로 옮겨진 한 개인이다.

교회는 그리스도의 몸이며 우리는 지체의 각 부분이다(엡 5:30). 지체인 각 사람은 그의 안에서 서로 연결하여 주 안에서 성전이 되어 가고(엡 2:21) 성령 안에서 하나님이 거하실 처소가 되기 위하여 그리스도 예수 안에서 함께 지어져 간다(엡 2:22). 지체와 몸은 나눌 수가 없는 것처럼 각 사람이 성전이 되어가고 공동체가 성전이 되어가는 것은 분리할 수 없다. 두 세 사람이 그 이름으로 모인 곳에 계시는(마 18:20) 주님은 각 사람에게 내주하시려고(요 3:20, 갈 2:20) 각 사람의 마음 문을 두드리신다(계 3:20).

몸과 세포의 관계처럼 공동체뿐 아니라 공동체에 속한 구원받은 각 사람이 교회다. 교회의 충만은 채워지지 않은 각자를 합쳐서 충만해지는 총합으로의 충만이 아니라 그리스도께서 각 사람을 충만하게 하심으로(엡 4:10) 전체가 충만해진다. 개별성과 공동체성을 동시에 채우시는 이 신비로운 충만이 그리스도의 몸이다. 그의 몸인 교회는 만물 안에서 만물을 충만케 하시는 자의 충만함이다(엡 1:23). 그 충만함 안에서 개인은 부속이나 소모품이나 도구가 아니라 그리스도의 몸의 지체가 되어 충만함에 참여한다.

3. 성전의 내면화

1) 내면화의 의미

(1) 심리학적 의의

내면화는 외부의 신념이나 가치관을 나의 것으로 가져오는 자기화 과정이다. 마음에서 일어나며 긍정적인 것뿐 아니라 부정적인 것도 내면화 된다. 어린 시절의 거절과 학대의 경험은 자신이 무가치하다는 신념으로 내면화 된다. 사람은 누구나 어린 시절의 내면화 한 양육자의 이미지를 내면화 하여 사람뿐 아니라 하나님을 만난다. 융은 내면화 한 아버지를 아니무스로 내면화 한 어머니를 아니마로 가정했다. 유난히 익숙하고 친근한 이성은 내면화 한 부모의 이미지다. 건강하지 못한 이미지를 내면화 하면 하나님의 표상까지 왜곡한다. 지나치게 엄격한 부모는 심판하시는 하나님의 이미지를 제공한다.

대상관계이론에서 내면화는 유아시절부터 형성되는 내면의 변화과정이나 대상과의 상호작용을 내부로 가져오는 것을 말한다. 내면화는 나이가 들수록 복잡성을 띤다. 캔버그에게 있어서 내면화의 과정은 내사, 동일시, 자아정체성의 시기를 거친다. 내사는 자기표상과 타인에 대한 표상을 자기 내부로 가져오는 것이며, 동일시는 대상과의 상호작용을 통해 역할을 배우는 것이고, 자아정체성은 인지능력이 발달하고 자아가 형성되면서 자신이 누구인지 보다 분명하고 현실적으로 보게 되는 것을 의미한다. 이 과정에서 자아는 동일시와 내사를 조직하는 통합적 기능을 수행한다.

페어베언에게 있어서 심리학은 개인이 그의 대상들과 맺는 관계에 관한 연구며, 정신병리는 (부정적으로) 내면화 된 대상들과 맺는 관계를 의미한다. 페어베언에 따르면 유아는 긍정적인 경험을 제공한 부모를 내적인 대상으로 내면화 하여 자아상을 만들어간다. 긍정의 경험은 따뜻함, 보호, 만족, 안정감의 원천이다. 부정적인 경험은 분노, 불안, 초조, 염려 등의 원천이다. 어린 시절에 내면화된 병리적인 대상이나 부적절한 분리 개별화를 경험한 사람은 성인기의 적응에 어려움을 느낀다. 예를 들어 바람을 피우는 아버지 밑에서 자란 아들은 무의식 수준에서 아버지의 행동을 내면화 하여 은밀하게 아버지의 행동을 반복하면서 아버지에 대한 충성심을 드러낸다. 미워하면서 닮는 것이다.

갑작스럽고 자연스럽지 못한 어머니와의 분리를 경험하면 대상과의 초기관계가 '나쁜 것' 또는 '박탈적인 것'이 되면서 아동은 자신의 정신 내부에 환상으로 등장하는 대상을 만들어낸다. 현실에서의 대상과의 관계가 방해 받고 박탈당할수록, 즉 거절당한 아동의 자아는 환상으로 자리 잡은 내적 대상들과의 관계를 확립하려고 노력한다. 내면세계로 퇴행함으로 환상적인 내적 대상들과의 관계를 추구하는 것이다. 이러한 유아기적 퇴행은 죄책감으로 느끼기도 하며 성징이 나타나는 시기부터는 성적인 환상으로 이어지고 은밀한 관음증이나 성적 도착과 같은 증상으로 이어지기도 한다.

거절당한 기억이나 학대의 경험은 자격지심이나 죄책감과 맞물리면서 부정적인 자아상을 내면화 한다. 진리에 기초하지 않은 기능적 죄책감을 내면화하면 자기처벌을 부르고 자기처벌을 내면화 하면 수치심이 생긴다. 신경증적인 수치심은 단순하게 부끄러움을(shy) 타는 것과 다르다. 기능적 죄책감과 함께 내면화 된 수치심은(shame) 더 이상 여러 정서들 중 하나가 아니라 자기(self)의 핵심에 놓인다. 그래서 자기 자신에 대하여 느끼는 감정들의 기초를 형성하게 되고 정체성과 연결이 되며 그가 살아가는 가정과 교회, 그리고 국가를 수치심 위에 세운다.

내면화 한 상처는 시간이 지나면서 구조화가 일어난다. 더 이상 상처를 받지 않으려고 무의식적인 방어체계로 구조화되는데 이것을 정신분석에서는 '방어기제'로 톰슨은 '마음의 벽' 내적치유에서는 '견고한 진' 또는 '거짓의 피난처' 등으로 부른다. 상처의 내면화가 구조화 되면 처음에는 위안을 주고 안전하다고 느끼지만 시간이 지나면서 고립과 단절이 발생하기 때문에 결국 "자신이 자신을 가두는 교도관인 동시에 그 안에 갇힌 죄수가 된다."(Milton, 1983). 그 안에 고립된 자아는 벽에 막혀 미성숙한 상태에 머물며 몸은 성인이 되지만 내면은 아직 어린아이의 자아 상태에 머무르게 된다. 이를 학자에 따라서는 '성인아이'(child adult) 또는 '내면의 어린아이'라고 부른다.

내면의 어린아이는 어린아이 같은(childlike) 순수한 신앙이 아니라 유치한(childish) 유아기적 신앙에 머물기 때문에 자기중심적이며 쉽게 실족하고 다른 사람에게 의존되어 있으며 지배적이고 받으려고만 한다. 형식적인 신앙생활에 머물거나 성령충만이나 은혜가 간헐적으로만 있고 지속되지 않는다. 관계에서 자주 상처를 받으며 특히 권위자와 마찰이 있어서 공동체에 어려움을 주거나 적응하지 못한다.

게슈탈트 이론에서는 내면화 한 상처를 미해결 과제로 규정한다. 얼굴에 따귀를 맞은 것처럼 영혼에 상처를 받으면 그것이 미해결 과제로 남으면서 게슈탈트를 형성하는 데 실패한다. 그 상황에서는 사소한 말도 위협으로 다가오는데 사람은 본능적으로 의미를 만들어서 이 상황을 해결하고 싶어 한다. 무골호인이 되거나 강한 카리스마로 상대방을 지배하려고 하거나 의존하거나 거절하는 등의 행동으로 상황을 조종해 보려고 하는 것이다. 이러한 미해결 과제가 어떤 경험을 통해 의미를 완성하면 의식의 배경으로 물러나는데 자아가 하나의 과제가 성취되었다는 만족감을 느끼면서 인격이 성장하고 또 다른 변화에 대한 도전의식을 갖는다. 바르데츠키는(Wardetzki) 이런 과정이 순조롭게 진행되기 위해서 '내면의 어린아이'를 보듬고 돌보는 방법을 제시하였다(2000). 이를 통합적인 시각에서 다음과 같이 재해석하였다.

첫째로, 통찰과 대면을 하는 것이다. 상처 준 사람을 만나서 따지는 것이 아니라 혼자만의 공간에서 자기를 먼저 들여다보고 상황을 3인칭 관찰자 시점에서 객관적으로 인식해야 한다. 이때 모든 문제를 자기와 연관시키거나 남이 나에게 해를 입히려고 한다는 투사에 걸려들지 않아야 한다. 타인의 확신(암시)을 나의 것으로 고스란히 받아들이는 '내사'를 조심해야 한다. 책임을 망각하는 것은 아니지만 지나친 죄의식은 문제를 더 복잡하게 만든다. 동시에 문제해결의 열쇠가 나에게 있다는 것을 인식해야 한다.

둘째로, 상한 마음을 고백하는 것이다. 고백하고 나면 카타르시스가 일어나면서 새로운 인식과 자각이 일어난다.

셋째로, 관계를 끊지 말고 유지해 나가는 것이다. 이상적인 관계는 환상이다. 전부(all) 아니면 전무(nothing)를 택하지 말고 감정을 폭발하거나 아예 관계를 끊지 않아야 한다.

넷째로, 자기를 존중하는 법을 배우는 것이다. 나 자신의 연약함은 인류 보편적인 문제다. 양심의 가책은 보상 시스템을 작동시키며 그것을 상쇄하기 위한 역기능을 형성한다. 누군가 미운 이유는 그 사람에게서 나의 모습이 보였기 때문이다. 자신을 공감하고 위로할 줄 아는 사람이 타인을 공감하고 관용의 태도를 유지한다. 그러나 자기를 존중하는 것이 나르시시즘이나 자기연민, 과대망상과는 다르다는 점을 명심해야 한다.

"문제를 일으킨 시스템으로는 문제를 해결할 수 없다."(Albert Einstein) 내면화된 상처의 구조를 계속 가지고 있는 상태에서 진정한 성숙과 열매를 기대할 수 없다. 그러므로 내면화 된 상처가 만든 구조에 다림줄을 내려 어그러지고 거스르는 벽을 허물고 주께서 친히 세우시는 진정한 의미의 성전의 내면화를 통해 재구조화가 일어나야 한다.

(2) 율법의 내면화

그리스도가 오시기 전에 율법이 먼저 온 것처럼 성전이 내면화되기 전에 먼저 율법이 내면화 되어야 한다. 율법의 내면화는 "내가 먹는 양식은 따로 있다"는 예수님의 말씀과 인식을 같이 한다. 우리는 하나님으로부터 온 것들을 내용으로 내면을 재구조화하고 수축해야 한다. 그러나 문자적인 율법으로는 내용을 흡수할 수 없으므로 그 안에 있는 정신을 영적으로 내면화해야 한다.

이스라엘은 광야 성막의 시대와 가나안 성소의 시대를 지나서 솔로몬 성전을 지었다. 하나님은 솔로몬 성전은 언약이 깨지면 동시에 파괴된다고 경고했지만 이스라엘은 눈에 보이는 성전불패의 신화를 믿었다. 순종의 길을 버리고 이방의 우상을 숭배함으로 성전파괴의 위기를 맞았다. 하나님은 예레미야를 통하여 최후통첩을 하셨다.

"너희는 이것이 여호와의 성전이라, 여호와의 성전이라, 여호와의 성전이라 하는 거짓말을 믿지 말라."(렘 7:4)

마음은 멀리 있으면서 마당만 밟고 가는 사람들 때문에 눈에 보이는 성전은 파국을 맞았다. 동시에 성전을 내적으로 가져올 수 있는 율법의 내면화를 암시하는 말씀을 주셨다.

"그러나 그 날 후에 내가 이스라엘 집과 맺을 언약은 이러하니 곧 내가 나의 법을 그들의 속에 두며 그들의 마음에 기록하여 나는 그들의 하나님이 되고 그들은 내 백성이 될 것이라 여호와의 말씀이니라. 그들이 다시는 각기 이웃과 형제를 가리켜 이르기를 너는 여호와를 알라 하지 아니하리니 이는 작은 자로부터 큰 자까지 다 나를 알기 때문이라 내가 그들의 악행을 사하고 다시는 그 죄를 기억하지 아니하리라 여호와의 말씀이니라."(렘 31:33, 34)

예수로 인해서 시작되는 초림에서 재림의 종말론적 시간에

(날이 이르니) 율법을 내면화 하여(내가 나의 법을 그들의 속에 두며 그들의 마음에 기록하여) 마음의 법으로 삼으시겠다는 말씀이다. 이 말씀에는 눈에서 비늘을 벗기고 얼굴에 쓴 수건을 제거하여 문자가(letter) 아닌 영으로(spirit) 마음에 역사하시려는 의지가 담겨 있다(고후 3:6).

율법의 내면화는 마음에 할례를 행하는 것과 같다(신 10:16, 신 30:6, 렘 9:26, 롬 2:29). 비유적으로 율법을 "마음 판에 쓴 것"(고후 3:3)을 의미한다. 쉐마 본문에서는 "오늘 내가 네게 명하는 이 말씀을 너는 마음에 새기고"(신 6:6)라고 하였다. 다윗은 "주의 법이 나의 심중에 있나이다"(시 40:8) 하고 고백하였다.

예수님 당시의 바리새인들은 내면화에 실패한 전형이다. 그들은 율법을 내면화하여 그 정신에 기초해서 신앙을 세우지 않고 왜 식사 전에 손을 씻지 않느냐?(마 15:2) 왜 안식일에 밀 이삭을 잘라 먹었느냐?(마 12:1) 하는 등의 외적인 형식과 표현 양식에 치중했다. 하나님을 위한다는 명목으로 고르반을 내세워 교묘하게 물욕을 채웠다. 예수님이 보시기에 그들은 율법의 실체를 보고도 그 내적인 정신을 보지 못하는 소경이었다(마 15:14). 예수님이 "이 백성이 입술로는 나를 공경하되 마음은 내게서 멀도다"(마 15:8)하고 인용하신 이유는 그들의 신앙은 겉에 머물렀을 뿐 내면화 되어 마음에 이르지 못했기 때문이다.

(3) 성전의 내면화

성전의 내면화는 성경에 기록된 성전 또는 성막의 본문을 관찰하고 해석한 후 그것을 내적으로 자기화 하는 것을 말한다. 성전의 내면화는 성전(성막)이 하나의 제도나 기구에 머무는 것이 아니라 그것이 가리키는 구속의 전 과정을 내적으로 경험하는 것이다. 성전의 내면화는 성전(성막)이 예표 하는 그리스도의 구속사역이 한 개인의 속죄와 칭의, 성화를 실제로 결과해 내도록 허락하는 것이다. 성전의 내면화의 핵심은 옛사람이 십자가에 못 박히고 그리스도의 부활에 동참하여 내 안에 계신 그리스도와 연합하는 것이다.

예수님은 반복되던 성전의 제사가 궁극적으로 가리키는 의미와 상징성을 자신의 인격과 사역을 통해 완성하기 원하셨다. 예수님이 성전의 제사가 지향하던 바로 그 분이며 그 내용이었던 것이다. 새 술은 새 부대에 담아야 하는 것처럼 이전의 형식은 깨져야 했다. 즉 새로운 내용을 담기 위해 성전의 파괴는 필연적이었다. 그러나 성전의 파괴는 폐지를 의미하는 것이 아니라 예수 그리스도의 죽으심과 부활을 통해 완성되고 성취되기 위함이었다.

언약이 파기될 위기에 처했을 때 히스기야나 요시야 등은 개혁에 나섰지만 율법을 낭독하고 성전을 청소하고 제사형식을 복원하는 등의 외적인 개혁에 머물렀다. 솔로몬 성전이 훼파된 이후에 포로에서 돌아온 이스라엘은 스룹바벨 성전을 세웠다. 그리고 예수님 당시 헤롯은 정치적인 목적으로 성전을 크고 화려하게 재건하였다. 이 때 역시 외적인 모양에 치우쳤다. 예수님 당시에 성전은 강도의 굴혈이라고 할 정도로 편법과 거래가 가득했다. 성전에서 많은 제사와 격식으로 율법을 지켰지만 그들은 성전이 보여주는 그리스도를 보지 못하고 기구와 형식으로만 고수하였기 때문에 성전을 모독하는 자라는 죄목을 씌워 성전이신 그리스도를 거부하였다. 예수님은 껍데기만 남은 이 성전이 돌 위에 돌 하나 남지 않고 무너지리라고 하셨다. 동시에 성전에서 장사하는 자들의 상을 엎으시고 성전을 청결하게 하신 후에 말씀하셨다.

"… 너희가 이 성전을 헐라 내가 사흘 동안에 일으키리라."(요 2:19)

이 말씀 그대로 예수님은 자신의 죽으심과 부활을 통해 새로운 인류를 창조하시고 그들 가운데 거하심으로 그들의 공동체와 개인을 성전이 되게 하셨다. 훼파로 끝난 것이 아니라 예수 그리스도로 성취된 것이다. 그리스도는 우리 안에 영원히 거하시는 임마누엘이며 그가 임재하시는 거소인 교회는 눈에 보이지 않고 내면화 되어 나타난 진정한 의미의 성전이다.

성전이 예수 그리스도의 인격과 사역으로 내면화하면 매일 마음에 피 뿌림을 받고 사죄의 확신을 얻는다. 그의 보혈이 시공을 초월하여 우리를 덮어주시기를 간구하면 그가 오셔서 우리를 정결하게 하시며 영혼을 채우시며 빛 가운데로 이끄신다. 그의 십자가와 부활에 참여함으로 그와 연합하기를 구하면 우리는 더 깊은 예배의 지성소에서 현재형으로 임재하시는 하나님을 만난다. 거기서 말씀의 통찰력을 얻고 아직도 용서하지 못한 부분, 내려놓지 못한 부분, 하나님의 통치에서 멀어진 부분을 깨닫고 순종으로 나아간다.

성도의 구원은 칭의에서 멈추지 않으며 성화와 연결된다. "성화는 죄를 하나님께 나아가지 못하는 세상의 오염으로 보고 구원이 이를 해결하는 것으로 보는 제의적 뉘앙스다"[28] 그리므로 그리스도의 십자가를 통해 내적으로 칭의를 확신하는 수준에서 역시 영적인 물두멍과 영적인 성소와 지성소의 정신이 드러내는 경험을 통해 경건에 이르기를 연습하고 성화의 과정으로 나아가야 한다.

2) 내면화의 거소

(1) 마음

성전이 내면화 되는 거소는 마음이다. 성전이 내면화 되면 눈에 보이는 성전의 의미가 머리에서 가슴으로 내려와 머물게 된다.[29] 신앙은 마음에서 마음으로 영에서 영으로 전달되어야 한다. 마음에서 나오지 않으면 마음에 이를 수 없고 영에서 나오지 않은 것은 영에 이를 수 없다. 이러한 프로세스를 방해하는 것은 단호하게 찍어 내야 한다.

"만일 네 손이나 네 발이 너를 범죄 하게 하거든 찍어 내버리라 장애인이나 다리 저는 자로 영생에 들어가는 것이 두 손과 두 발을 가지고 영원한 불에 던져지는 것보다 나으니라 만일 네 눈이 너를 범죄 하게 하거든 빼어 내버리라 한 눈으로 영생에 들어가는 것이 두 눈을 가지고 지옥불에 던져지는 것보다 나으니라"(마 18:8, 9)

손과 발을 찍고 눈을 뽑으라는 의미는 방법을 바꾸지 말고 마음을 바꾸라는 것이며 마음을 새롭게 하여 먼저 변화를 받으라는 뜻이다(롬 12:3). 예를 들어 생식기의 표피를 베어내는 할례는 마음에서 하나님으로부터 오지 않은 불필요한 것을 제거하는 마음의 할례로 내면화해야 한다.

"무릇 표면적 유대인이, 유대인이 아니요 표면적 육신의 할례가, 할례가 아니니라. 오직 이면적 유대인이 유대인이며 할례는 마음에 할지니 영에 있고 율법 조문에 있지 아니한 것이라 그 칭찬이 사람에게서가 아니요 다만 하나님에게서니라."(롬 2:28, 29).

한글 개역개정 성경에서 '마음'은 약 1109회 기록되었다. 구약에서 마음으로 번역된 단어는 10여종이 넘고 그 중에서 '레브'또는 '레바브'가 가장 많으며 이 단어는 '지정의'(출 14:5, 신 28:47, 29:4) 또는 '내적 인격'을 의미했다. 신약에서는 '카르디아'(마 5:8, 12:34, 고후 4:6) '프뉴마'(마26:41, 막 2:8) 또는 '누스'(롬 1:28, 7:23, 고전 1:10)로 번역하였다. 신구약의 주요단어들을 종합하면 마음은 "지정의를 포함한 내적 인격의 총체"(Douglas(ed.) 1962)라고 할 수 있다.

자연인의 마음은 하나님과 단절되면서 만물보다 거짓되고 부패하였다(렘 17:9). 온갖 강박증, 불안장애, 우울증, 좌절, 무력감, 모멸감, 수치심 등은 죄와 그 죄가 일으키는 죄책과 오염과 간접적인 연관관계에 있다. 골목에 유리창 하나를 깨진 채로 방치하면 곧 그 골목은 쓰레기로 넘치고 여기저기 부서지고 고장 난 채로 방치되는 연쇄반응이 일어난다는 '깨진 유리창 이론'이 있다. 자연인의 죄는 씻기지 않은 채로 남아서 인간을 '퍼지 상태'에 빠뜨리기 때문에 짐승보다 더 짐승 같고 악마보다 더 악마다운 존재가 된다. 이것을 입증하는 데 오늘 아침 신문으로 족하다.

(2) 마음의 중심

인간의 기본적인 행동은 대부분 마음의 중심을 차지하는 무의식 상태에서 일어난다. 남녀가 서로를 판단하는 데 걸리는 4초 정도를 '초두효과'라고 하는데 합리적인 이성이 아닌 무의식이 이성을 선택한다. 무의식의 작용은 일상생활 전반을 지배한다. 전화를 하면서 장애물을 피하고, 습관적으로 운전을 한다. 나도 모르게 옛날에 먹던 과자를 사고 무의식에 이끌려 필요 없는 물건을 고른다. 뇌의 베타상태에서 무의식이 쇼핑을 한다.

성경에서 인간의 마음에는 깊은 내면의 중심을(삼상 16:7, 시 51:8) 갖고 있다. '중심'은 히브리어 '투하'인데 감추어진 내부를 말한다. '투하'의 어근은 동사 '투아흐'로서 '바르다', 특히 '석회로 회칠하다'는 뜻이다. 인간은 그 중심에 상처를 억압하고 묻어둔 다음 회칠을 한다. 신약에서 바울의 로마서에서 우리는 무의식에서 일어나는 내적 갈등을 심각하게 고민했다.

"내가 행하는 것을 내가 알지 못하노니 곧 내가 원하는 것은 행하지 아니하고 도리어 미워하는 것을 행함이라 만일 내가 원하지 아니하는 그것을 행하면 내가 이로써 율법이 선한 것을 시인하노니 이제는 그것을 행하는 자가 내가 아니요 내 속에 거하는 죄니라 내 속 곧 내 육신에 선한 것이 거하지 아니하는 줄을 아노니 원함은 내게 있으나 선을 행하는 것은 없노라 내가 원하는 바 선은 행하지 아니하고 도리어 원하지 아니하는바 악을 행 하는도다. 만일 내가 원하지 아니하는 그것을 하면 이를 행하는 자는 내가 아니요 내 속에 거하는 죄니라 그러므로 내가 한 법을 깨달았노니 곧 선을 행하기 원하는 나에게 악이 함께 있는 것이로다. 내 속사람으로는 하나님의 법을 즐거워하되 내 지체 속에서 한 다른 법이 내 마음의 법과 싸워 내 지체 속에 있는 죄의 법으로 나를 사로잡는 것을 보는도다. 오호라 나는 곤고한 사람이로다. 이 사망의 몸에서 누가 나를 건져내랴 우리 주 예수 그리스도로 말미암아 하나님께 감사하리로다. 그런즉 내 자신이 마음으로는 하나님의 법을 육신으로는 죄의 법을 섬기노라."(롬 7:15-25)

어거스틴, 루터, 캘빈, 브루스, 머레이, 핸드릭슨 등은 이 본문을 '거듭난 그리스도인의 고민'이라고 하였다. 리델보스나 로이드 존스는 거듭나기 이전의 고민이라고 하였다. 그러나 통합적인 시각에서 볼 때 이 본문은 이방인, 종교인, 그리스도인을 막론하고 인간이 처한 실존적 현실을 반영하고 있다. 사람은 누구나 알면서도 죄를 짓고 고민하면서 넘어진다. 우리도 역시 이미 구원을 받았지만(already) 아직(but not yet) 죄의 영향권에 있다.

그리스도인의 내부에서 충돌하는 갈등은 성령의 소욕과 육체의 소욕의 갈등이다. 승리는 결심과 의지가 아니라 성령의 소욕을 따라 성령께 맡기고 성령께 이끌림을 받아 은혜가 왕 노릇 하는 것으로 이루어진다. 즉 그리스도께서 자기 몸으로 드린 제사를 통해 이미 이루어 놓으신 승리를 마음에 자기화하고 주장해야 한다. 이것이 마음의 중심에서 일어나기 때문에 삶의 전반에 영향을 미친다.

3) 내면화의 실제

다윗은 하나님의 기름 부으심이 있었고 왕국언약의 당사자로서 위대한 삶을 살았다. 동시에 사울에게 쫓겨 블레셋으로 망명하였을 때, 침을 흘리고 수염을 뽑으며 미친 척을 하고 목숨을 구걸하던 수치스런 기억이 있다. 사울 왕이 그를 벽에 박으려고 창을 던질 때 그의 마음은 마치 따귀를 맞은 것처럼 심하게 다쳤다. 거절당한 상처는 자존감을 떨어뜨리고 마음을 불안정하게 하며 무력감과 분노를 느끼게 하였다(cf. Wardetzki, 2000). 사울의 딸인 동시에 자신의 생명을 구한 미갈에 대한 양가감정, 형제의 언약을 맺은 사울의 아들 요나단의 죽음으로 인한 상실감, 잊으려고 하면 할수록 또렷해지는 기억은 기름 부으심이 충만할 때는 잠복하고 있다가 자아의 통제력이 약해질 때 고개를 들었다.

다윗은 사울에게 쫓기던 긴 시간, 거절감과 불확실한 미래에 대한 불안으로 인한 억압된 상처가 내면화되었을 것이다. 이것을 어느 날 목욕하는 여인이 자극했으며 간음으로 이어지고 간음을 덮기 위해 살인을 교사했다. 다윗은 죄를 짓고 나단이 지적하기 전에는 전혀 감각이 없었던 점으로 보아 깊은 '부인'(denial)의 방어기제를 사용한 것으로 보인다.

다윗의 위대함은 나단이 그의 죄를 지적할 때 나타난다. 죄를 안 짓는 다윗보다 시편 51편을 통해 죄를 철저하게 인정하고 그 죄에서 떠나는 태도가 더욱 위대하다. 다윗은 즉시 빛 가운데 나와서 죄를 고백하였다(1, 2, 3, 4, 14절). 짐승의 가죽을 벗기고 각을 뜨고 피를 뿌리는 마음의 번제단에서 상하고 통회하는 심령으로 마음의 제사를 드렸다(17절). 그는 물두멍에 손을 씻고 자범죄를 회개하였다. 그는 떡상에서 떡을 먹고 내면의 공허를 채웠다. 분향단 앞에서 베개를 적실 정도로 통곡하며 기도하였다. 밧세바 사이에서 낳은 아들을 살려달라고 금식하며 간청했지만(삼하 12:16) 사실 다윗이 진정으로 원했던 것은 은혜의 회복이었다 (DeGraaf, 1978). 다윗은 단지 벌을 피하고 재앙을 면하기 위해 엎드린 것이 아니다. 그는 내적으로 하나님과의 사귐을 회복하고 하나님의 은혜가 다시 느껴지기를 원했다.

그의 내면에는 속죄의 피가 뿌려졌다(시 51:7). 하나님이 그를 속죄소인 피난처로 불러 그의 모든 정죄를 덮어 주시고 사죄를 확인해 주셨다. 거룩한 지성소에서 그는 다시 하나님의 임재를 느꼈다.

상처가 흉터를 남기는 것처럼 모든 죄는 용서받고 다시 회복되지만 어딘가에 자국을 남긴다. 죄는 용서 받아도 인간의 심리에 미세한 자국을 남겨서 방어적이 되거나 비판에 예민하거나 강박적이 되거나 불안장애와 같은 심리적인 문제를 남겨놓는다. 그 죄가 공개될 경우에는 (하나님께 용서를 받았다고 해도) 사회적인 비난을 감수해야 한다. 하나님의 일을 내려놓아야 하는 경우도 있다. 자존감이 떨어지고 하나님의 일에 합당하지 못하다는 생각을 하게 되며 결국 스스로 그 일을 중단한다.

다윗 역시 회개할 때 자신의 내부에 중대한 변화가 일어났음을 감각했다. 그의 죄는 용서를 받았지만 다윗 안에 있던 구원의 즐거움과 하나님으로 인한 기쁨(8절), 떳떳함(9절), 정한 마음과 정직한 영(10절), 성령충만(11절), 임재의식(11절), 자원하는 심령(12절)이 사라지고 양육(13절), 찬양(14절), 전도(15절), 예배(16절)의 환희를 상실했다.

하나님은 다윗 안에 내면화 된 싱처까지 나무섰다. 그의 회칠한 중심은 밧세바 사건과 그 후폭풍으로 더 철저하게 훼파되었다. 그의 집에서 떠나지 않은 자녀들로 인한 고통은 심판이나 징벌이나 보응이 아닌 다윗을 정화하시려는 성화의 과정이었다(De-Graaf,1978). 그는 다시 회복되어 이스라엘의 왕으로서 언약공동체를 통합하고 통솔하였다. 이렇게 다윗은 성전을 내적으로 경험하였으며 하나님의 사랑과 은혜를 내면화하고 양심의 자유를 얻었다.

제4부

성막의 모형론과 치유적 유비

1. 성막뜰
2. 성소
3. 지성소

1. 성막 뜰

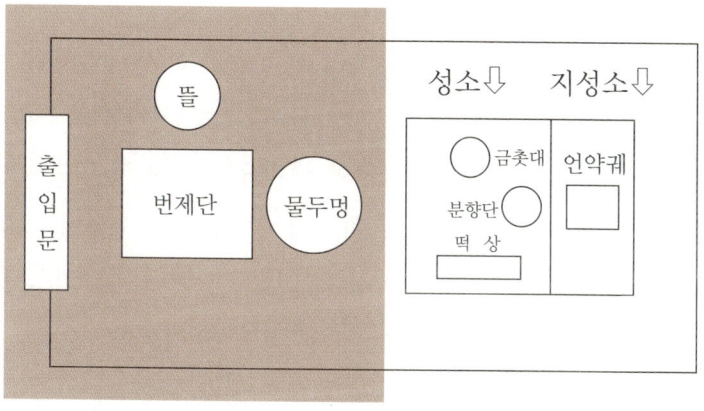

　성막은[30] 성전의 연장선에 있으며 언약을 유지하기 위한 모형론을 설명함에 적합하다. 동쪽이나 서쪽에서 보면 10개씩의 기둥이 보이고, 남쪽이나 북쪽에서 보면 20개씩 있다. 기둥의 높이는 2.5m정도가 되고, 동쪽에 있는 문 외에는 모두 세마포로 둘러쳐져 있다. 울타리의 56개의 기둥은 모두 놋으로 만들었으며 그 곁에 놋 받침과 은고리가 달려 있다. 출입문을 지나면 울타리로 둘린 뜰이 나오고 거기에는 번제단과 물두멍이 나온다.

1) 울타리

"너는 성막의 뜰을 만들지니 남쪽을 향하여 뜰 남쪽에 너비가 백 규빗의 세마포 휘장을 쳐서 그 한 쪽을 당하게 할지니 그 기둥이 스물이며 그 받침 스물은 놋으로 하고 그 기둥의 갈고리와 가름대는 은으로 할지며 그 북쪽에도 너비가 백 규빗의 포장을 치되 그 기둥이 스물이며 그 기둥의 받침 스물은 놋으로 하고 그 기둥의 갈고리와 가름대는 은으로 할지며 뜰의 옆 곧 서쪽에 너비 쉰 규빗의 포장을 치되 그 기둥이 열이요 받침이 열이며 동쪽을 향하여 뜰 동쪽의 너비도 쉰 규빗이 될지며 문 이쪽을 위하여 포장이 열다섯 규빗이며 그 기둥이 셋이요 받침이 셋이요 문 저쪽을 위하여도 포장이 열다섯 규빗이며 그 기둥이 셋이요 받침이 셋이며 뜰 문을 위하여는 청색 자색 홍색 실과 가늘게 꼰 베 실로 수놓아 짠 스무 규빗의 휘장이 있게 할지니 그 기둥이 넷이요 받침이 넷이며 뜰 주위 모든 기둥의 가름대와 갈고리는 은이요 그 받침은 놋이며 뜰의 길이는 백 규빗이요 너비는 쉰 규빗이요 세마포 휘장의 높이는 다섯 규빗이요 그 받침은 놋이며 성막에서 쓰는 모든 기구와 그 말뚝과 뜰의 포장 말뚝을 다 놋으로 할지니라."(출 27:9-19)

성막의 울타리는 경계를 상징한다. 하나님과 우리 사이에 친밀감도 있지만 동시에 넘을 수 없는 경계도 있다. 에덴동산에서 하나님은 모든 것을 주셨지만 선악과는 금하셔서 경계를 정하셨다. 그러나 인간이 선악과를 범함으로 하나님의 기준을 버리고 인간이 선악의 기준을 정하는 만물의 척도가 되기를 선언하였다. 선악과 사건은 쉐퍼의(Schaeffer, 1982) 표현을 빌려서 말하면 인간이 '

절망의 선'을 넘어 각자의 기준을 가진 것을 의미한다. 그것은 하나님의 보좌를 찬탈하는 하나님 되려는 의지의 발로다.

(1) 경계의 침범

선악과를 범함으로 인간은 하나님과 단절 되었고 하나님으로부터 오는 자원이 끊기고 결핍이 찾아 왔다. 결핍은 타인의 것을 빼앗아 나를 채워야 하는 착취의 구조로 이어졌다. 이 과정에서 필연적으로 타인의 경계를 침범하는 학대가 발생한다. 타인의 경계를 침범하는 학대는 소극적으로는 무관심과 방임과 같은 유기도 있다. 다음의 표는 산드라 윌슨(Wilson)이 정리한 광범위한 학대의 유형이다(1989).

	정서적 학대	신체적 학대	성적인 학대	영적인 학대
침범	-고함 -소리 침 -깔봄 -낙인찍기 -모욕적인 언행 -정신강간 -근친상간	-구타 -뺨을 때리기 -밀기 -뒤에서 떠밀기 -엉덩이 때리기	-성기를 만지거나 자극하기 -신체를 지분거리기 -성적인 농담 -잘못된 성 지식	-처벌하시고 분노하시는 하나님을 묘사하는 메시지 -자기 의 -성에 대한 부정적인 메시지 -건강한 삶의 모델을 보여주지 못함
유기	-경청하지 않음 -돌보거나 양육하지 않음 -애정표현을 하지 않음	-홀로 내버려 둠 -부적절한 음식 잠자리, 의복 -적절한 신체적 돌봄에 대한 모델의 부재	-친밀감의 모범을 보이지 못함 -성에 대한 적절한 정보의 부족	-건강한 영성의 모범을 보여주지 못하는 것 -영적 훈련의 결핍

학대는 적극적으로는 공격, 폭언, 추행, 폭력으로 나타나며 소극적으로는 거절이나 유기 또는 무관심과 침묵의 형태로 발생한다. 하나님의 부요하심보다 지나친 의무감과 강박적인 규율을 강요하는 영적인 학대도 있고 왜곡된 사랑에도 학대는 숨어 있다. 침묵하고 거절하고 외면하고 올바로 가르치지 않는 곳에도 학대가 있다.

부모의 방치와 학대를 받고 자란 3살 아이의 뇌는 다른 아이에 비해 더 작고 어두운 부분이 많다. 학자들은 유아 초기에 경험한 학대와 방임 때문에 뇌가 덜 자란 아이들은 전두엽이 균형 있게 발달할 수 있는 기회를 잃은 결과 충동을 조절하지 못해서 마약이나 폭력, 실직, 정신질환이나 건강에 심각한 문제가 생길 가능성이 있다고 경고했다.

학대 받은 마음의 상처는 상징의 형태로 꿈에 등장하며 어떤 말이나 사건, 또는 장소를 매개체로 하여 기억의 방아쇠를 격발하고(trigger) 당시의 사건에 동반된 감정을 느낀다. 그 감정이 때로는 너무 쓰리고 아파서 비명을 지르는데 의식의 표면에서는 그것이 분노, 일탈, 중독, 소유욕, 우울증, 지배욕, 배우기 싫어함, 완고함, 궤변, 자기기만 등의 형태로 표출된다. 소극적으로는 자존감이나 자기조절능력과 관계지능을 떨어뜨리며 자기학대, 수치심, 낙심, 좌절, 절망과 우울증을 일으킨다.

10년 이상 전국 각지의 교도소를 돌면서 범죄자들을 면담한 학자는 "그들은 왜 악마가 됐을까?"라는 질문에 자문자답 하면서 일반인과 다를 바 없는 그들이 흉악한 범죄자들이 되는 이유는 '순간적인 자제력'을 상실했기 때문이며 순간적인 자제력을 상실하는 가장 큰 이유는 어린 시절의 학대로 인한 상처 때문에 생긴 낮은 자존감이 원인이라는 결론을 내렸다.

학대를 당한 사람은 또 누군가를 학대함으로 연쇄반응을 일으키며 세대 간 전수 과정을 통해 대물림 된다. 매 맞는 아이의 70%는 학교와 군대 등의 사회적 관계에서 신체적, 언어적 폭력을 행사한다고 알려져 있다.

보건복지부의 보고서에 따르면 학대에 가장 많이 노출된 곳은 가정이며 학대와 관련하여 가장 위험한 사람은 부모를 포함한 가까운 친족이었다. 미국의 한 연구기관에서 성인을 대상으로 18세 이전, 학대와 같은 아동기의 부정적인 경험(ACE)에 대한 설문을 한 결과 신체적, 정서적, 성적학대, 부모의 이혼, 부재, 불화, 우울증, 잦은 다툼, 가정폭력, 투옥 등과 같은 항목에서 6개 이상을 경험한 성인의 자살률이 그렇지 않은 사람들에 비해 무려 5천 배가 높았다.

(2) 겸손을 통한 치유

강한 사람은 정말로 강한 것이 아니라 강한 척을 하는 것이다(Tournier, 1976). 모든 사람은 약하다. 약한 것이 인간이고 약하기 때문에 인간이다. 약한 것은 부끄러운 것이 아니다. 인간은 40일 금식 후에도 유혹을 받고 딴 생각을 한다. 내가 이런 생각을 하는 것을 보니 아직도 멀었다고 자책할 필요 없다. 이런 내 모습이 당연하다. 그 순간 그리스도가 오셔서 나의 삶을 다스려 주시기를 구하면 된다. 이것이 약한 자의 특권이다. 우리가 약하기 때문에 그리스도가 필요하다. 그리스도를 가질 수 있다는 점에서 약한 것은 축복이며 특권이다.

큰 은혜를 경험한 후에 더 잘 넘어진다. 왜냐하면 큰 은혜가 임했으므로 내 힘으로 유혹 정도는 이길 수 있다고 자신을 믿기 때문이다. 자신을 믿는 것과 자신감은 다르다. 자신을 믿는 것이 육체를 신뢰하는 것이며 자신을 믿지 않고 성령을 따르는 것이 영적인 삶이다. 자신의 힘으로는 작은 선도 행할 수 없으며 은혜가 와야 육체를 이길 수 있다고 믿는 것이 정직이며 겸손이다.

모든 인간은 인정하고 싶지 않은 내면의 그림자가 있다. 그림자는 상처를 통해 짙어지며 구조화 된다. 내면의 그림자는 방 안의 코끼리와 같다. 방 안에 커다란 코끼리가 있다면 모를 리가 없지만 서로 약속이라도 한 듯 쉬쉬하면서 말하기 꺼리는 것을 말한다. 우리가 방 안의 코끼리를 회피하는 것처럼 명백한 상처에 직면하기를 외면하고 잠재의식 깊이에 억압하고 방치하면 시간이 지나면서 각종 우울증이나 신경증, 인격장애가 생기고 나도 모르게 다른 사람에게 상처를 주고 상처를 받는다.

이런 사실을 인정하고 상처와 아픔을 더 이상 방어하지 않고 빛 가운데로 나오는 것이 겸손이다. 상처를 인정하지 않으면 방어적으로 변해간다. 방어적인 사람은 남의 충고나 피드백을 언짢게 생각하며 나 자신에 대한 공격으로 받아들인다. 그 중심에는 약점이 노출되지 않으려는 완벽주의, 거절당할 것에 대한 두려움, 낮은 자존감, 그리고 노출에 따른 피해의식이 자리 잡고 있다. 방어적인 사람은 자기를 고립시키고 깊은 교제를 원치 않으며 친밀감으로부터 스스로를 차단한다. 나의 실체를 상대방이 알면 실망할 것 같은 잘못된 가정 때문에 대화에 임하는 태도 역시 방어적이 되어 판단, 통제, 조작, 양비론, 우월의식, 단정적인 태도를 취하는 경향이 있다.

내면의 그림자를 인정하지 않는 것은 자기기만이다. 예레미야 시대에는 "평강하다, 평강하다"(렘 8:11) 하면서 직면을 회피했다. 라오디게아 사람들은 나는 "부자라 부요 하여 부족함이 없다"(계 3:18) 하면서 마음의 문을 닫았다. 예수님 당시의 바리새인들은 한 번도 종이 된 적이 없으며 병자도 죄인도 아니라고 억지를 부렸다(마 6:16, 23;13). 예수님의 이들을 위선자, 외식하는 자들, 겉과 속이 다른 자들(막 7:6), 회칠한 무덤(마 23:27)이라고 하셨다.

　　겸손은 일부러 자기를 낮추는 것이 아니다. 피조물이라는 사실, 그리고 타락하여 하나님의 형상이 훼손된 상태에 놓여 상처 입기 쉬운 인간 그 자체를 있는 모습 그대로 인정하는 것이다. 겸손은 정직이며, 정직은 거짓말을 하지 않는 것(honesty) 이상으로 자신의 상처와 고통, 그림자가 드리워진 부정적인 모습까지 통합하여 자신을 인식하는 것을 말한다(integrity).

　　역사적인 인물들의 품격을 결정한 것은 바로 이 겸손이었다.[31] 프로이트의 후학 에릭슨의 자아심리학에[32] 의하면 겸손이란 '자기 정체성'과 관련이 있다. 그가 말하는 자기 정체성은 나의 나됨을 인식하는 것을 말한다. 겸손은 인간이 인간 이하가 되는 것을 의미하지 않는다. 그것은 자기비하와 굴종이나 고행을 의미하는 것이 아니다(골 2:18). 죄인은 있는 모습 그대로 비루하다. 인간이 아무리 자기를 과시해도 폐차를 앞둔 중고차와 같다.

　　여기서 예배가 시작되며[33] 치유가 일어난다. 사람은 자신의 연약함을 숨길 때가 아니라 이와 같이 연약함을 시인할 때 진정으로 강해진다(Drakeford). 하나님은 상처를 통해시도 섭리하시며 성장하게 하신다. 우리가 받는 위로로 다른 사람을 위로할 수 있고

"아픈 의사만이 환자를 치료할 수 있다"(칼 융).

"우리는 장애물을 피해 도주함으로 성장하는 것이 아니라, 어려움을 직면함으로써 성숙해 간다. 우리는 신체적 감정적 고통을 직면할 줄 알아야 한다. 삶 자체나 불행한 일을 두려워 말고, 생활의 많은 부분을 차지하는 고통스러운 위험들을 겁내지 말아야 한다. 우리는 영아기 유년기 사춘기 장년기를 거치는 가운데 쓰라리고 고통스런 경험을 통해서도 발육하고 성장한다."(Cramer, 1987)

예수님은 의인이 아닌 죄인을 부르러 오셨다(마9:12,13). 군대 훈련소에서 "기독교 환자는 집합하라"는 방송을 매 주 들었다. 기독교를 비하하는 말이었지만 싫지 않았다. 지금도 "저는 환자입니다"하는 고백을 자주한다. 병든 자에게 의사가 필요한 법이다. 모든 치유의 시작은 자신의 병을 인정하는 것이다. 알코올 중독자를 치유하는 익명을 보장하는 알코올 중독자 모임(AA)의 첫 단계는 내가 중독자라는 사실을 인정하는 것이다(Friends in recovery, 1987).

"주님 저는 도움이 필요합니다...주님 제 힘으로는 저의 내적인 문제를 해결할 수 없습니다... 하나님께 도움 받기를 구합니다."

2) 출입문

"동쪽을 향하여 뜰 동쪽의 너비도 쉰 규빗이 될지며 문 이쪽을 위하여 포장이 열다섯 규빗이며 그 기둥이 셋이요 받침이 셋이요 문 저쪽을 위하여도 포장이 열다섯 규빗이며 그 기둥이 셋이요 받침이 셋이며 뜰 문을 위하여는 청색 자색 홍색 실과 가늘게 꼰 베 실로 수놓아 짠 스무 규빗의 휘장이 있게 할지니 그 기둥이 넷이요 받침이 넷이며"(출 27:13-16)

(1) 구원

성막의 출입문은 동쪽 50 규빗 중에 20 규빗이다. 출입문은 청색, 자색, 홍색, 가는 베실로 짜여 있었다. 문은 예수 그리스도의 유일성을 상징하며(요 10:7) 오직 예수로만 구원이 가능함을 예표 한다(요 14:6). 그리스도는 의인들이 들어가는 여호와의 문이다(시 118:20).

"내가 문이니 누구든지 나로 말미암아 들어가면 구원을 받고 또는 들어가며 나오며 꼴을 얻으리라."(요 10:9)

구원은 이중성이 있다. 그것은 단 한 번의 사건이지만 구원 이후에도 들어가며 나오며 꼴을(food) 얻는 반복적인 경험이다. 우리는 성소에 들어갈 때마다 구원에 감사하며 이 문을 통과한다. 이 문은 우리의 마음이 피 뿌림을 받고 하나님의 풍성한 구원의 은혜를 재경험하고 되새긴다는 점에서 감사의 문이다. 다윗은 이 문에 들어가면서 찬송하였다.

"감사함으로 그의 문에 들어가며 찬송함으로 그의 궁정에

들어가서 그에게 감사하며 그의 이름을 송축할지어다."(시 100:4)

이 문은 또한 하나님과의 관계 회복이 있어야 들어간다는 점에서 회개를 상징한다. 하나님은 상처 입고 결핍에 주리고 목마른 자들을 이 문으로 부르신다.

"오호라 너희 모든 목마른 자들아 물로 나아오라 돈 없는 자도 오라 너희는 와서 사 먹되 돈 없이, 값없이 와서 포도주와 젖을 사라. 너희가 어찌하여 양식이 아닌 것을 위하여 은을 달아 주며 배부르게 하지 못할 것을 위하여 수고하느냐 내게 듣고 들을지어다 그리하면 너희가 좋은 것을 먹을 것이며 너희 자신들이 기름진 것으로 즐거움을 얻으리라."(사 55:1,2)

(2) 회개를 통한 치유

캘빈에게 있어서 회개는 첫째로 회심이며 둘째로 진지한 경외며 셋째로 육에 대하여 죽고 영에 대하여 사는 세 가지 방향성이 있다(INST). 안톤(Anton)은 마태복음 3장 2절의 회개하라는 헬라어 단어 '메타노이아'를 떠올리며 자신의 마음과 태도를 바꾸라는 명령으로 해석하였으며 코페르니쿠스적 전환으로 설명한다. 그에게 있어서 회개란 자기의 기준을 버리고 하나님의 기준을 가지는 것이며 에고 중심에서 하나님 중심으로 전환하는 것이다. 크레이머(Cramer)는 인간의 모든 불행과 혼돈, 허무함이 생수의 근원이신 하나님과 맺고 있던 관계를 떠났기 때문이라고 하였다(1987).

"피조물이 스스로 자신의 주인이 되기 위하여 창조주에 의존하고 있는 자신의 위치를 거부하게 되면, 그 결과 창조의 질서는 깨지고 피조물과 창조주 사이에 금이 가게 되며 인간은 상대적이고 제한된 의존성만을 유지하게 된다. 인간이 임의로 스스로를 절대적이고 독립된 존재로 격상시키게 되면 그 사람 안에 있는 중추적인 무엇인가가, 즉 자신의 근원과 영혼의 주인과 맺고 있는 내적인 유대관계가 깨어진다. 그래서 인간은 하나의 거대한, 그러나 뿌리를 잃은 존재로 전락하는 것이다. 하나님께 대한 본래의 사랑과 믿음이, 악하고 파괴적이고 고삐가 풀린 이기주의로 바뀌게 된다."

하나님과의 관계를 회복하는 것이 회개다. 회개는 단회적인 것이지만 동시에 매일 우리의 삶에서 다시 소원해진 관계를 회복하는 반복적인 성격을 가진다. 치유적인 언어로 회개를 설명하면 그것은 자기집착을 버리고 신뢰의 대상을 자신에게서 하나님으로, 환경에서 하나님으로 옮기는 것이다.

인간의 불행은 자기 집착에서 온다. 자기에게 집착하는 사람은 모든 것을 자기를 중심으로 판단하고 해석한다. 이것이 오랜 습성으로 굳어지면 완고함을 부르고 완고함은 고집과 편견의 토대가 된다. 자기에게 집착하는 것은 지옥의 문고리를 붙잡고 있는 것과 같다. 자기집착에 따라오는 강한 자기중심성에 의한 교만은 고집불통, 타협하기를 싫어하는 것, 배우기를 싫어함, 지배욕으로 연결되면서 자신과 타인의 삶을 파괴한다. 회개는 이와 같이 자기를 파괴하는 자기중심성을 버리고 하나님께로 돌아가는 것이다.

"오라 우리가 여호와께로 돌아가자 여호와께서 우리를 찢으셨으나 도로 낫게 하실 것이요 우리를 치셨으나 싸매어 주실 것임이라. 여호와께서 이틀 후에 우리를 살리시며 셋째 날에 우리를 일으키시리니 우리가 그의 앞에서 살리라."(호 6:1, 2)

치유적인 의미에서 또한 회개를 설명할 때 그것은 권세의 출처를 바꾸는 것이다. 우리는 권세의 출처를 분명히 해야 한다. 누군가 상처를 주려고 할 때 그것을 받고 안 받고를 결정하는 것은 바로 나 자신이다. 하나님이 자녀에게 부여하신 나의 나 됨(I-AMness)을 먼저 생각해야 한다(Thompson). 감정에 휘둘리거나 타인의 말이나 평가, 그리고 시선에 지나치게 흔들리면 하나님의 말씀보다 세상의 암시를 더 믿은 탓이다.

상처가 나를 좌우하도록 허용하면 자기비하 열등감 자학과 자기증오로 드러나며 하나님이 부여하신 소중한 가치보다 자신의 느낌을 더 의존하는 불신앙을 낳는다. 또한 상처 받은 자아를 보상받기 위해 타인을 깔보고 무시하며 완고함과 고집불통, 배우기 싫어함, 공격적 태도, 궤변 등을 가지게 되며 종국에는 하나님의 자리를 찬탈하려는 교만으로 치우친다. 이러한 불신앙과 교만에 대하여 자신의 연약함을 핑계 삼거나 상처를 남의 탓으로만 돌리거나 하지 않고 먼저 회개의 자리로 나와야 하며 회개가 선행할 때 다음에 일어나는 용서 또한 의미가 있다.

3) 번제단

"너는 조각목으로 길이가 다섯 규빗, 너비가 다섯 규빗의 제단을 만들되 네모반듯하게 하며 높이는 삼 규빗으로 하고 그 네 모퉁이 위에 뿔을 만들되 그 뿔이 그것에 이어지게 하고 그 제단을 놋으로 싸고 재를 담는 통과 부삽과 대야와 고기 갈고리와 불 옮기는 그릇을 만들되 제단의 그릇을 다 놋으로 만들지며 제단을 위하여 놋으로 그물을 만들고 그 위 네 모퉁이에 놋 고리 넷을 만들고 그물은 제단 주위 가장자리 아래 곧 제단 절반에 오르게 할지며 또 그 제단을 위하여 채를 만들되 조각목으로 만들고 놋으로 쌀지며 제단 양쪽 고리에 그 채를 꿰어 제단을 메게 할지며 제단은 널판으로 속이 비게 만들되 산에서 네게 보인 대로 그들이 만들게 하라."(출 27:1-8)

성막의 동쪽 문을 통해서 들어가면 맨 처음에 맞이하는 것이 번제물을 드리는 제단이다. 조각목을 놋으로 싸서 만든 번제단(출 27:1-8; 출 38:1-9)은 짐승으로 제사를 드리고 속죄를 받기 위한 곳이다. 죄인을 대신하여 짐승이 죽임을 당하는 이 대속의 방식을 공식화하고 정례화한 것이 번제단이다. 번제단의 불은 끄지 않았고, 불씨를 따로 담아서 운반할 부삽과 대야와 고기 갈고리와 재를 담는 통 등을 올려놓고 그 위에 해달의 가죽으로 덮었다.

(1) 구약의 5대 제사

5대 제사에는 번제, 소제, 속죄제, 속건제, 화목제가 있다. 5대 제사는 속죄, 정화, 헌신, 화해의 성격을 가신다. 크게는 속죄를 위한 제사와 나눔을 위한 제사로 나눌 수 있다. 5대 제사에 바치는 예물은 '고르반'과(레 1:2) '화제'가 있다. 고르반은 예물이며 화제는 제사장에게 바치는 음식물(food offering)이나 봉헌물(gift offering) 의미한다.[34]

제사 드리는 방법에서 제사장의 몫으로 돌리기 위해 오른쪽 뒷다리를 들었다 내리면 '거제' 제사장의 몫으로 돌리기 위해 단 위의 제물을 상하좌우로 흔들면 '요제'로 불렀다. 우리는 여기서 하나님께 드린 것만이 온전히 나의 것이 되는 원리를 발견한다. 번제나 소제의 제물에 포도주를 부으면 '전제'라고 불렀다. 바울은 자신의 피가 관제(전제)와 같이 부음이 되었다고 하였다(빌 2:17, 딤후 4:6).

가. 번제(올라)

봉헌자가 가져온 고르반(짐승예물)을 제사장이 검사하여 합격이 떨어지면 봉헌자가 머리에 안수하고 목의 급소를 찌른다. 제사장이 그 피를 받고 봉헌자는 짐승의 가죽을 벗기고 각을 떠서 제사장에게 주면 제사장은 가죽을 제외하고(창 3:21) 제물을 번제단에서 완전히 태워서 드린다(레 1:3-17). 그래서 번제 앞에 '온전한'이라는 수식어가 붙는다. 번제는 본래 구체적인 죄를(자범죄) 용서받기 위해 드리는 제사였지만(욥 1:4) 속죄제, 속건제가 생긴 이후로는 원죄를 속죄하는 제한적 기능만을 수행하게 되었다(Milgrom).

번제는 아침과 저녁에 상번제로 항상 드리는 제사였다. 어린 양을 한 마리씩 드렸는데 소제와 전제를 곁들였으며 안식일에는 두 배로 드렸다. 하나님은 최초의 인간에게 가죽 옷을 입혀 주실 때(창 3:21) 아담에게 제사법을 가르쳐 주셨을 가능성이 있다. 후에 아벨도 이런 속죄를 위한 제사법을 따랐다(창 4:2-4). 홍수 심판 이후에 노아는 번제를 드렸고(창 8:20) 하나님이 그 향기를 받으시고 다시는 사람의 죄 때문에 물로 심판하는 일은 없을 것이라고 하셨다(창 8:21, 9:11). 번제가 죄에 대하여 불붙는 하나님의 진노를 누그러뜨린 것이다. 당시에는 특별히 임명된 제사장이 없었기 때문에 각자가 제사장이 되어 예배를 드리고 제물을 바쳤다.

번제를 근간으로 하는 제사법은 셈족 중심의 하나님의 백성에게 전수되었고 모세율법으로 명시되면서 의식법으로 전해졌을 것이다. 그러나 은혜의 영역에서 제외된 이방인들은 제사는 자연적 전파과정에서 조상숭배나 천신제사, 기우제 그리고 자녀를 불 사이로 지나게 하거나 인신제물을 바치는 등으로 왜곡된 것으로 보인다.

번제는 소제, 화목제, 속죄제 등과 같이 드렸다. 상번제 외에도 안식일, 절기, 임직식 등에도 드렸다. 나실인, 나병환자, 산모 등도 부정을 씻기 위해서 역시 번제를 드렸다. 번제는 헌신의 의미가 강하며 감사의 표시로 드리기도 하였다. 화목제와 함께 드리면 수직적으로 감사를 올려드리고 수평적으로 사람들을 초청해 그 고기를 먹으며 감사와 기쁨을 함께 나누었다(출 18:9, 10). 미드라쉬 레위기 주석에서 랍비들은 하나님께 올리는 희생 제물은 부서진 마음이라고 했으며 "오 하나님, 부서지고 회개한 마음을 멸시하지 마소서."라는 기도가 이어졌다.

ㅣㅏ. 소제(민하)

소제(레 2:1-16)는 향기로운 냄새의 제사로 주된 재료는 곡식을 빻은 고운 가루다. 일차적으로 다른 피 제사를 드린 후에 드리는 부속제사의 성격을 띠고 있지만 독자적으로 소제만 드릴 수도 있었다. 가난한 자의 경우, 소제만으로도 속죄 제사를 대신하기도 하였다(레 5:11, 12). 모세 율법 이전에는 가인처럼 농사꾼은 특별한 경우가 아니라면 소제를 드리는 것이 허용되었을 것이다. 극빈자를 위한 제도적 장치였지만(레 5:11) 반드시 그렇지는 않다(레 8장). 올리브유라면 몰라도 생밀가루, 더욱이 향기를 내기 위해 첨부하는 유향은 비쌌기 때문이다.

첫 소출을 감사의 표시로 하나님께 소제로 바쳤다(레 2:12-16, 23). 일부분만 태워서 화제로 드리고(레 2:9) 나머지는 제사장이 먹을 수 있었다. 또한 소제는 선한 뜻을 굳게 지키고 유지해 가려는 헌신의 제사인데 자신을 가루로 만드는 것과 같은 알레고리는 조심해서 사용해야 한다. 야곱은 에서에게 마치 소제를 드리듯 선물공세를(민하) 하였다. 에서의 분노가 상당부분 해소된 것은 사실이다.

예배자는 곱게 빻은 가루(주로 밀가루)를 반죽하여 기름을 바르고 정성스럽게 구워서 성전에 올라간다. (화덕에 굽거나, 철판에 부치거나, 냄비에 요리를 해도 된다). 밀가루를 준비하여 기름을 발라 먹음직한 빵을 구운 뒤 잘 싸서 성전에 올라갔다. 예배자가 소제의 빵을 들고 기도를 마치면 제사장은 빵 한 조각을 떼어 제단에서 태우고 하나님께 봉헌했다. 남은 빵은 규례대로 제사장의 몫이 되었다. 예배자는 하나님이 기뻐 받으신 향기로운 소제를 통해 다음에는 번제물을 가져올 정도로 복을 받을 것을 기대하였고 소망으로 다시 일어날 수 있었다.

가인은 하나님께 소제를 드렸지만 거절당했다. 그 이유는 소제 자체의 문제가 아닌 예배자로서의 가인의 태도에 문제가 있었음이 분명하다. 제사의 기본에는 죽음 외에는 답이 없는 자격 없는 인간이 있다. 당연히 제사에는 상한 마음, 통회하는 심정, 깨어진 마음이 있어야 한다. 그런데 가인은 소제를 드리면서 무슨 자격이 있는 것처럼 선심을 쓰듯이 나왔고 그 마음을 하나님이 받지 않으셨다.

소제에는 누룩을 넣지 않는 대신 소금을 반드시 넣어야 한다(레 2:13). 누룩과 소금은 정반대로 작용하는데 누룩은 부패하게 하며 소금은 부패를 방지한다. 제물에 넣은 소금을 '언약의 소금'(레 2:13), 영원하신 약속의 신실하심을 '소금언약'(민 18:19)이라고 하였다. 예수님은 "너희 사이에 소금을 두고 화목하라"고 하셨다(막 9:10). 소금을 넣은 이유는 피의 약정을 의미하는 피를 대신하여 불변하는 하나님의 약속을 상징하기 위함이었던 것으로 보인다.

다. 화목제(쉘라밈)

화목제(레 3:1-17)는 샬롬과 어원을 같이한다. 즉 화목제는 '평화' 또는 '친교의 제사'로서 수평적으로 교제와 화목을 위해 드리는 제사다. 화목제는 향기로운 냄새의 제사로 그 제물을 하나님께 바친 후 제사장과 제물을 드리는 자가 그 나머지 제물을 함께 취했다는 점에서 다른 제사와 다르다. 죄 없이 함을 받은 자만이 하나님과 화목할 수 있고 하나님과 화목한 자가 평안을 얻고 평안을 얻은 자가 다른 사람과 은혜를 주고받을 수 있기 때문이다.

화목제는 또한 향기로운 냄새의 제사로 그 제물을 하나님께 바친 후 제사장과 제물을 드리는 자가 그 나머지 제물을 함께 취했다. 또한 화목제는 교제를 위한 제사였으며 서원제와 구원에 대한 감사의 제사로 드리는 낙헌제였다. 예배자는 양과 소를 골라서 먼저 번제를 드리고 이어서 화목제를 드린다. 화목제의 수소는 내장의 기름과 콩팥, 간엽을 도려내어 태워서 하나님께 드리고 넓적다리는 제사장 몫으로 돌리고 몸통을 집으로 가져가서 친지들과 마을 사람들을 초대하여 잔치를 열었다. 이때 사이가 좋지 않고 관계가 서먹하거나 적대적이었던 사람도 같이 초대하여 마음의 응어리를 풀었다. 잔치의 절정은 예배자가 먼저 감사의 간증을 하면 여기저기서 서로 일어나 하나님의 은혜를 말하였다. 이것이 찬양과 기도로 이어지기도 하였다.

화목제물은 하나님이 택하신 곳에서 제사장과 자녀와 성중에 거하는 레위인이 함께 먹으며 즐거워했다(신 12:6-7). 주위에 있는 사람들도 초청했는데 이 자리에 하나님께서도 동참 하시는 것으로 믿었다. 용서와 화해가 화목제 식사에 나타난 것이다. 또한 화목제의 종류에는 구원에 대한 '감사제' 서원을 헌신하며 이미 행한 약속의 조건을 이행하는 '서원제' 자발적으로 드리는 '자원제'가 있다. 화목제사는 번제나, 그 외의 제사에 따라 다니는 마무리 제사의 특성을 보인다.

라. 속죄제(하타트)[35]

속죄제(레 4:1-5:13)는 고의가 없는 죄에 대한 속죄의 제사였다. 예배자가 부지중에 안식일을 어긴 경우처럼 사안의 경중에 따라 속죄제가 허용되거나 그 죄의 공개적인 자백이 요구되었다(레 5:1-6). 고의적인 죄는 일부를 제외하고(레 5:1-4) 속죄제를 드리지 못했고 하나님이 직접 벌하시거나(레 10장) 백성들이 대신 처형했다(레 24장). 다른 제사와 마찬가지로 번제와 화목제를 같이 드릴 수 있었다.

속죄제는 출산 후(레 12장), 유출병이 멈춘 후, 나병의 치료 후에 드렸다. 성경에서의 문둥병은 오늘날의 나병과는 다르다. 구약에서의 문둥병은 전염성 피부병의 통칭이다. 오늘날의 문둥병은 1971년 노르웨이 의사인 한센이 발견하였으며 우리나라는 2000년부터 이 병을 한센병으로 통일했다. 속죄제의 제사는 그 외에 제사장이나 레위인의 임직식, 나실인의 서원이나 국가적 절기에도 드렸다.

속죄제물의 피는 사람이 아닌 성소에 한정하였는데 죄인의 부정으로 오염된 성소의 성물을 정화했다. 특이한 점은 성소에서 피를 뿌린 짐승의 고기는 제사장이 먹을 수 없었고, 번제단에서 피를 처리한 속죄제 짐승의 고기는 제사장이 먹을 수 있었다. 이는 고기의 오염 여부에 관련된 것으로 보인다. 피를 뿌리는 방식도 다른 제사는 끼얹거나 양푼에 담아 뿌리는데 속죄제는 양푼에 담아서 (손가락으로 제단 주변에)뿌리거나 (손가락으로 제단 네 뿔에)바르거나 (제단 밑에) 쏟는다. 속죄제는 흠 없는 제물 전체를 진 밖으로 가져가 맨 땅의 나무 위에 올려 불살랐다. 이는 예수 그리스도께서 영문 밖에 나가 십자가를 지신 구속사역과 연관된다(Jukes, 1966).

족장이나 평민의 경우 제단의 뿔에만 '하다드'의 피를 바른다(레 4:30). 온 회중의 경우는 제단의 뿔에 피를 바르고 회막 안

휘장 앞에 일곱 번 뿌린다(레 4:17). 대속죄일에는 지성소까지 정결의 피를 뿌려야 했다(레 16장). 제사장과 회중은 수소를 바치고 족장은 숫염소, 평민은 암염소나 암양을 바쳤다. 가난한 사람은 비둘기 두 마리를 바쳤는데 한 마리는 번제단에서 태우고 한 마리의 피는 제단에 뿌린 후 제사장이 먹을 수 있었다. 극빈자는 밀가루 10분의1 에바를 소제의 속죄 제물로 바쳤다(레 5:11-13).

마. 속건제(아샴)

속건제의 히브리어는 아샴이며(레 5:14-6:7)[36] 물적 보상의 성격과 함께 바친다. 속죄제가 무심코 어긴 죄를 해결하기 위한 제사라면, 속건제는 재산상의 피해를 발생시킨 죄를 해결하기 위한 제사다. 속건제는 부지중에 죄를 범하거나, 성물을 범했을 때, 십일조나 소산물 제물에 대한 범죄, 부지 중 금령을 어긴 죄, 사람과의 사이에서 일어난 과실에 관한 죄 등에 해당한다.

속건제의 피는 제단에 쏟지 않고 단 사방에 뿌렸고(레 7:2), 제사에 앞서 피해자에게 원래의 5분의 1을 더해서 배상해야 한다. 이웃이 맡긴 물건이나 전당물을 속이거나 도둑질하거나 착취하고도 사실을 부인하거나 남의 잃은 물건을 줍고도 사실을 부인하여 거짓 맹세하는 등 사람이 이 모든 일 중의 하나라도 행하여 범죄하면 그 본래 물건에 5분의 1을 더하여 돌려보내야 하며 동시에 지정한 가치대로 양 떼 중 흠 없는 숫양을 속건 제물을 위하여 제사장에게로 끌고 가야 한다(레 6:2-6).

속건제가 동반되지 않는 일반적인 물적 배상에도 역시 '아샴'이라는 명칭을 썼다. 출애굽기의 민법에는 절도죄의 경우 원금의 4, 5배를 갚아야 한다(출 22:1). 삭개오가 예수님을 만나고 나서 토색한 일이 있으면 4배를 갚겠다고 한 것은 이런 법을 염두에 두고 한 말 같다. 속건제는 '양심청결'의 성격이 있었던 것으로 보인다. 누군가에게 피해를 입히고 입으로만 미안하다고 하거나 하나님께 용서받았으므로 피해보상을 할 필요가 없다는 변명이 속건제의 규례에서 통하지 않는다. 그래서 학자에 따라서는 발각되면 민법에 따라 4, 5배를 갚아야 했던 점에 비추어 속건제가 5분의 1만 보상하게 함으로 자수를 유도하기 위한 것이라는 견해를 내놓기도 하였다.

(2) 대속죄일(욤 키푸르)

대속죄일은 안식일 중의 안식일이다(레 16:31). 매년 7월 10일에(레 16:29) 대제사장이 지성소에 들어가는 날로 대속죄일에는 스스로 괴롭게 하고 아무 일도 해서는 안 되며 본토인이든지 나그네든지 예외가 없었다. 대속죄일의 순서가 단 하나만 꼬여도 무효가 되었으므로 철저하게 연습을 하였다. 다른 제사는 제사장들이 반차를 따라 섬겼는데 이때는 500여명의 제사장들이 대제사장을 도왔다. 혹시 모를 대제사장의 유고를 대비하여 후임이 대기하였다.

레위기 16장의 대속죄일의 규정에 따르면 대제사장이 지성소에 들어오려면 수송아지를 속죄 제물로 드리고 숫양을 번제물로 드려야 했으며 완전히 흰 세마포 속옷과 속바지를 입고 세마포 띠를 띠며 세마포 관을 썼다.

몸을 씻은 후에 속죄제의 수송아지로 자기와 집안을 위하여 속죄하고 두 염소를 회막 문 여호와 앞에 둔 다음 제비를 뽑았는데 여호와를 위하여 뽑은 염소는 속죄제로 드리고 아사셀을 위한 염소는 산 채로 여호와 앞에 두었다가 그것으로 속죄하고 아사셀을 위하여 광야로 보냈다.

대제사장은 향로를 가져다가 여호와 앞 제단 위에서 피운 불을 그것에 채우고 또 곱게 간 향기로운 향을 두 손에 채워 가지고 휘장 안에 들어가서 여호와 앞에서 분향하여 향연으로 증거궤 위 속죄소를 가릴 정도로 자욱하게 하였으며 수송아지의 피를 가져다가 손가락으로 속죄소 동쪽에 뿌리고 또 손가락으로 그 피를 속죄소 앞에 일곱 번 뿌렸다.

백성을 위한 속죄제 염소를 잡아 그 피를 가지고 휘장 안에 들어가서 수송아지의 피처럼 속죄소 위와 속죄소 앞에 뿌렸다. 즉 이스라엘 자손의 부정과 그들이 범한 모든 죄로 부정해진 지성소를 위하여 속죄하고 회중을 속죄했다. 또 여호와 앞 제단으로 나와서 그것을 위하여 속죄하고 수송아지의 피와 염소의 피를 제단 귀퉁이 뿔들에 바르고 손가락으로 그 피를 그 위에 일곱 번 뿌려 이스라엘 자손의 부정에서 제단을 성결하게 하였다.

그리고 그의 두 손으로 살아 있는 염소의 머리에 안수하여 이스라엘 자손의 모든 불의와 그 범한 모든 죄를 아뢰고 그 죄를 염소의 머리에 두어 미리 정한 사람에게 맡겨 광야로 보냈다. 염소가 그들의 모든 불의를 지고 접근하기 어려운 땅에 이르면 염소를 광야에 풀어놓았다. 서쪽의 지성소에서 동쪽의 광야로 백성의 죄를 지고 갔기 때문에 동이 서에서 먼 것처럼 우리의 죄과를 옮기셨다고 하는 가시적인 사죄의 확신을 얻었다(시 103:12). 간혹 아사셀 염소가 돌아오는 경우가 있었는데 이는 "너희 죄가 너희를 찾아내리라"는 말씀으로 형상화 되었다(민 32:23).

아론은 지성소에 들어가기 위해 입었던 세마포 옷을 벗어 거기 두고 거룩한 곳에서 물로 그의 몸을 씻고 자기 옷을 입고 나와서 자기의 번제와 백성의 번제를 드려 자기와 백성을 위하여 속죄하고 속죄제물의 기름을 제단에서 불살랐다. 염소를 아사셀에게 보낸 자는 그의 옷을 빨고 물로 그의 몸을 씻은 후에 진영에 들어갔으며 속죄제 수송아지와 속죄제 염소의 피를 성소로 들여다가 속죄하였다. 그 가죽과 고기와 똥을 밖으로 내다가 불사르고 불사른 자는 그의 옷을 빨고 물로 그의 몸을 씻은 후에 진영에 들어갔다.

(3) 한 영원한 제사

민수기 28, 29장의 공식적인 희생제사의 회수는 1273회 이상이고, 모세에서 그리스도까지 이르는 제사의 회수는 무려 1백만 번에 이르렀지만 예수 그리스도는 자신의 피(행 20:28)와 흠 없는 자기의 몸(히 4:15)으로 친히 대제사장이 되셔서(히 5:6 ; 6:20) 단 번에 한 영원한 제사를(once for all) 드리셨다(히 7:27, Sauer, 1994). 흠도 점도 없는 어린 양 같은 보배로운 피를 흘리셨던 (벧전 1:18, 19) 그 날 예수 그리스도는 우리의 유월절 제사의 희생양이 되셨다(고전 5:7).

요한은 예수 그리스도를 유월절을 위해 준비된(출 12장) "하나님의 어린양"(요 1:36)으로 명시하고 예수 그리스도께서 유월절의 어린양이라는 신학적 논증을 위해 십자가의 죽으심을 유월절의 희생제사와 대비하였다(cf, Brown). 그리스도께서 십자가에서 죽으신 시점을 유대인의 유월절인 닛산월 14일 정오, 어린양이 도살되는 시간으로 못 박은 것도 그 이유 때문일 것이다(cf. TDNT).

"유대인의 유월절이 가까운지라 예수께서 예루살렘으로 올라가셨더니"(요 2:13)로 시작하는 성전청결 사건에서 희생제사를 위해 준비된 제물을 내어 쫓으시고 "이 성전을 헐라 내가 사흘 동안에 일으키리라"(19절) 하고 선언하심으로 반복되는 희생제사를 한 영원한 제사로 완성하시고 이전과는 다른 눈에 보이지 않는 새로운 성전을 세울 분임을 예고하셨다.

요한복음 6장에 기록된 오병이어의 기적은 "마침 유대인의 명절인 유월절이 가까운지라"(4절) 하는 의도적인 명시와 함께 기록되었다. 떡을 가져 축사하신 후에 나눠 주시고(11절) 거두게 하심으로(12절) 새언약을 체결하는 성만찬의 모티프를 반영하였다. 하나님이 광야에서 이스라엘에게 만나를 먹여주신 것처럼 예수 그리스도는 새로운 백성에게 영원히 배고프지 않을 하늘의 양식을 주러 오신 분임을 시사한다. 마치 이스라엘이 바다와 구름 사이를 지나듯 물 위를 걸어오셨고 홍해 앞에 두려워하는 이스라엘을 안심시키듯 "내니 두려워 말라"(20절)고 하셨다(Beasley-Murray).

오병이어 설교에서는(요 6:22-59) 광야의 만나와 비유하시면서 자신이야말로 "하나님의 참 떡"(32절)이라고 하셨으며 "나는 생명의 떡이니"(35절, 에고 에이미) 라는 하나님의 자기계시 양식을 통해 모세와는 차원이 다른 분임을 시사 하셨다(ibid).

요한복음 12장에서 그리스도는 유월절 엿새 전에 나사로의 집이 있는 베다니에 가셨다(1절). 대제사장과 바리새인들이 나사로의 사건에 위협을 느끼고 성전모독의 죄를 씌워 예수님을 체포하라고 명령한 시점에 마리아는 지극히 비싼 향유 곧 순전한 나드

한 근을 가져다가 예수의 발에 붓고 자기 머리털로 그의 발을 닦았다(3절) 이는 닛산월 10일에 선택되어 14일에 도살되는 유월절의 양과 연관이 있다.

유월절의 준비일 제 육시에 빌라도는 예수님을 처형하라고 유대인들에게 넘겨주었다(요 19:14). 이 시간은 제사장들이 성전에서 유월절 어린양을 도살하는 시간이었다. 이사야는 이 사형선고로 인해 우리가 평화를 누리고(사 53:5) 여호와는 우리 무리의 죄악을 그에게 담당시키셨다고 예언했다(6절).

유월절 어린 양이 십자가 위에서 고난당하실 때 쓸개 탄 포도주를 해면에 적셔 우슬초에 묶어 올렸는데 이 우슬초는 이스라엘 백성들이 유월절 어린양의 피를 바를 때 사용하던 것이었다(출 12:22). 유월절 제사법에서 제사장은 피의 응고를 막기 위해 희생제물의 심장을 찔러 피를 뺐는데 로마의 군인이 예수님의 옆구리를 찌르자 창끝이 아래서 위로 심장까지 관통하여(혹은 고통으로 파열된 심장의 피가 고여 있다가 혈청이 분리되면서) 물과 피가 섞여 나왔다.

십자가에 처형당한 사형수는 다리를 꺾어 죽음을 확인하는데 예수님은 이미 운명하셨으므로 다리를 꺾지 않았다(요 19:33). 요한은 "이 일이 일어난 것은 그 뼈가 하나도 꺾이지 아니하리라 한 성경을 응하게 하려 함이라"(36절) 하고 구약의 예언과 연관 지었다. 그가 유월절을 위해 준비된 희생제물이기 때문에(Green) 그의 다리를 꺾어서는 안 된다.[37] 이러한 요한의 기록으로 볼 때 십자가에서 돌아가신 예수님의 죽으심은 한 영원한 제사를 드리신 유월절 어린양의 성취였다.

(4) 십자가를 통한 치유

십자가는 죄로 깨진 죄인과 하나님과의 모든 치유관계를 상징한다(Towns, 1991). 십자가는 영혼의 치료제며 인생을 고치는 명약이다. 스토트(John Stott)에 따르면 십자가에서 온전한 의미의 자아상, 즉 하나님이 인간을 창조하실 때 가졌던 그 이미지를 회복할 수 있다(1986).

"우리는 누구인가? 우리는 우리 자신을 어떻게 생각해야 하는가? 우리는 우리 자신에 대해 어떤 태도를 가져야 하는가? 이 질문들은 십자가와 관계를 맺지 않고는 만족스러운 대답을 얻을 수 없다. 우리는 자기혐오와 자기 사랑이라는 두 극단을 피하면서 우리 자신을 경멸하지도 않으면서 우쭐하지도 않을 수 있을까? 십자가는 우리에게 자기를 부인하면서 동시에 자기를 긍정할 것을 요청한다."

죄는 우리의 가슴에 큰 상처를 남긴다. 그리고 그 상처는 골수 깊은 곳까지 사무친다. 죄는 갈보리에서 예수님의 몸을 파괴했듯이, 어린아이를 포함한 만인의 심장을 파괴해 왔다(Arthur, 1989). 질병과 고통은 죄가 만든 사망의 그림자다(롬 6:23, 고전 15:56). 이 세상에 만연한 죽음과 슬픔, 좌절, 절망의 탄식은 지옥의 종착역을 향하는 중간 기착지의 절규와 같다. 죄는 창조주와 인간을 분리시켰으며 죄인은 더 이상 하나님께 나아갈 수 없게 되었다. 이것을 그리스도께서 십자가를 지심으로 단 번에 해결하셨다. 그의 죽으심은 죄에 대하여 단번에 죽으심이며 그의 살아나심은 우리를 의롭게 하시기 위한 부활이다. 그의 죽으심으로 우리는 죄와 옛사람에 대하여 죽었으며 그의 부활로 우리의 의로움은 철저하게 변호되고 보호받는다.

나를 위한 그리스도의 십자가가 있다면 내가 짊어져야 할 자기 십자가도 있다(마 16:24). 그리스도를 따르기에 합당하려면 자기 십자가를 피하지 않아야 한다(마 10:38). 스토트(Stott, 1986)는 말했다.

"우리의 십자가는 화를 잘 내는 남편이나, 성미 고약한 아내가 아니다. 대신에 그것은 자아에 대한 죽음의 상징이다. 우리 자신을 부인하는 것은 마치 베드로가 예수님을 세 번 부인했을 때, 예수님에 대해서 행동한 것처럼 우리 자신에 대해 행동하는 것이다. 베드로는 예수님과의 관계를 부인하고, 그를 거부했으며, 그에게 등을 돌렸다. 그것은 사실상 우리 자신이 가고 싶은 길을 가는 당연한 권리를 포기하고 우리 자신을 부인하고 거부하는 것이다. 자신을 부인하는 것은 자기중심성이라는 우상 숭배에서 등을 돌리는 것이다."

바울이 "육체와 함께 그 정과 욕심을 십자가에 못 박았느니라"(갈 5:24) 고 말했을 때 그는 똑같은 것을 언급하고 있었을 것이다. 실제로 망치를 집어 들어서 우리의 불안정한 타락한 성품을 십자가에 고정시키는 것이고, 그럼으로써 그것을 죽이기 위해 못을 박는 것이다(ibid). 자기추구, 자기만족으로 가득한 욕망은 적당히 채워준다고 해소되는 것이 아니며(Arterburn & Cherry, 2004, 잠 27:20) 그것에 대하여 죽을 때 비로소 그것으로부터 자유 할 수 있다. 이러한 죽음이 선언될 때 성령은 우리의 내면을 가득 채워 모조품에 목마르지 않게 하신다. 자기 부인은 자기멸절을 의미하는 것은 아니다. 그것은 열등감이나 일부러 겸손하게 되는 것을 의미하는 것도 아니다.

자기 부인은 옛 사람에 대하여 죽는 것을 의미한다. 하나님은 이렇게 죽은 옛 사람을 새사람으로 다시 살려 치유와 회복으로 이끄신다.

십자가 뒤에 부활이 오고 죽어야 다시 산다. 요단을 건너야 가나안에 이를 수 있다. 세례란 곧 요단에 육신이 수장되는 것을 의미한다. 물속으로 들어가며 죽은 옛사람 대신 위로 다시 올라올 때 우리는 부활한 것으로 여겨지며 그리스도와 연합한다. 죄와 결별하기 위해서는 죄의 숙주인 육신이 죽고 영으로 다시 살아야 한다.

죄가 우리를 사로잡으면 그것이 미움이나 음욕과 같은 단순한 문제일지라도 그것을 탐하고 그 죄에 동의하고 빠져드는 내가 죽었음을 선언하고, 내 안에 그리스도가 중심이 되어 새로운 욕구와 마음을 갖게 해 달라고 구해야 한다. 그 순간, 우리의 옛 사람이 십자가에 못 박히고 우리는 그리스도의 부활에 동참한 것이 되어 새사람의 행동패턴으로 회복이 일어난다.

어떤 청년에게 우울하고 부정적인 마음이 많았다. 얼굴이 항상 어두웠다. 그의 친구가 그의 집을 방문하고 비밀을 알았다. 그는 혼자 있는 동안 늘 포르노를 가까이 하였다. 그것이 하나님과 끊어지게 하지는 않았지만 그것이 부정적인 감정을 일으키고 자격지심에 빠뜨렸으며 하나님의 일에 부적절하다는 자괴감을 일으켰다. 뿐만 아니라 하나님으로부터 오는 매일의 공급을 차단하기 때문에 영혼이 빈들의 마른 풀처럼 시들해진 것이다. 청년은 자기도 모르게 빠져드는 포르노 중독을 끊을 수 없는 자신의 무능을 고백하고 그런 자신에 대한 죽음을 선언했다. 그리고 어두운 잡지를 치우고 그리스도 안에서 새 사람의 습관을 위해 말씀과 기도를 선택했다. 포르노로 향하는 정과 욕심을 십자가에 못 박는 마음의 작업이 실제의 욕구를 바꾼 것이다. 옛사람의 부정이 없으면 새사람을 향한 긍정이 일어나지 않는다. 정과 욕심을, 교만과 불신앙을 십자가에 못 박으면 눈부신 하나님의 형상이 내 안에 나타난다.

4) 물두멍

"여호와께서 모세에게 말씀하여 이르시되 너는 물두멍을 놋으로 만들고 그 받침도 놋으로 만들어 씻게 하되 그것을 회막과 제단 사이에 두고 그 속에 물을 담으라. 아론과 그의 아들들이 그 두멍에서 수족을 씻되 그들이 회막에 들어갈 때에 물로 씻어 죽기를 면할 것이요 제단에 가까이 가서 그 직분을 행하여 여호와 앞에 화제를 사를 때에도 그리 할지니라 이와 같이 그들이 그 수족을 씻어 죽기를 면할지니 이는 그와 그의 자손이 대대로 영원히 지킬 규례니라."(출 30:17-21)

(1) 정결

물두멍은 제사장들이 성전봉사를 시작할 때와 마칠 때, 희생제물을 드린 후에, 특히 성소에 들어가기 전에 수족을 씻기 위해 물을 담아두는 큰 대야를 말한다. 수족을 씻지 않으면 죽음이 뒤따랐다(출 30:20, 21). 다윗은 손을 씻고 비로소 무죄한 상태에서 제단을 활보했다(시 26:6). 물두멍은 여인들이 바친 놋 거울로 만들었다(출 38:8). 자기를 살피고 성찬에 참여하듯(고전 11:28) 성소에 들어가기 전에 먼저 자기를 살피라는 의미를 추론할 수 있다.

니드함(Needham)은 번제가 속죄(expiation)를 위한 것이라면 물두멍은 정화(purification)를 위한 것이라고 하였다(1958). 번제의 속죄와 물두멍의 정화는 한 번으로 완성되지만 동시에 두렵고 떨림으로 이루어야 하는(빌 2:12) 구원의 이중성을 설명한다. 속죄는 단 번에 이루어지는 신분의 변화를 말하며 정화는 성화, 정결, 성장, 성숙 등을 모두 포함한다. 우리는 속죄를 의미하는 목욕을 통해 이미 거룩해졌다. 그러나 매일의 삶에서 발을 씻듯이 정결해져야 한다(요 13:10).

  계시록에서 요한은 그 의미를 확장한다. "자기 두루마기를 빠는 자들은 복이 있으니 이는 그들이 생명나무에 나아가며 문들을 통하여 성에 들어갈 권세를 받으려 함이로다"(계 22:14) 두루마리를 빠는 자들은 그리스도의 사역을 통해 계속해서 정결함을 얻는 것을 의미한다. 요한은 앞에서는 이렇게 기록했다. "내가 말하기를 내 주여 당신이 아시나이다 하니 그가 나에게 이르되 이는 큰 환난에서 나오는 자들인데 어린 양의 피에 그 옷을 씻어 희게 하였느니라"(계 7:14) 이 구절에서 부정과거 시제가 사용되어 십자가를 통한 역사적이고 단회적이며 결정적인 그리스도의 속죄에 참여함을 시사한다. 그리고 계시록 22장 14절의 '빠는'의 헬라어 '플뤼논테스'는 현재시제로서 지속적인 행위를 나타낸다. 우리는 베드로처럼 이미 목욕을 하였으므로(어린 양의 피에 그 옷을 씻어 희게 하였느니라) 발만 씻으면 되는 자들(두루마기를 빠는 자들)이다(요 13:10). 그 발을 예수님이 씻으신 것처럼 두루마기도 예수님이 빨아주신다. 즉 정결의 주도권은 그리스도께 있다.

(2) 절제를 통한 치유

절제는 억압과 표출 사이의 억제와 가장 비슷한 개념이다. 억제가 자연인격의 훈련에서 비롯된 것이라면 절제는 성령의 열매다. 그러나 성령의 열매 역시 자기를 죽여 성령을 따르는 순종이 전제되므로 작동하는 원리는 다르지 않다. 단지 억제는 처음부터 끝까지 나의 책임과 습관, 훈련의 결과라면 성령의 열매는 성령이 최종적인 책임을 지고 이끄신다.

절제는 창조적 고통 뒤에 정결과 정화의 달콤함을 선물한다. 절제에는 고통이 따르지만 소중한 것을 지킨다. 십자가 뒤에 영광이 있는 것처럼 하나님이 부어 주시는 진정한 자유와 기쁨을 맛보려면 절제하는 고통의 능선을 넘어야 한다. 일시적인 만족을 미룬 채 자극에 물을 주지 말고 배고픔과 목마름을 견디는 힘을 길러야 한다. 인간의 가축화는 선택의 여지가 없이 물질적 욕구에 따르는 것이다. 인간의 자유의지를 동원하여 새로운 습관을 선택하면 인간의 가축화를 막을 수 있다.

"아직도 가야 할 길"에서 스캇 펙(Peck)은 진리를 거스르는 삶, 이것이 바로 정신병이라고 하면서 정신병이란 고통이라는 훈련대신에 얻어지는 반대급부를 선택하는 것이라고 하였다(1978). 반대급구란 인간으로서의 책임, 그리고 아버지, 어머니 사회 구성원으로서의 책임이 수반하는 고통을 회피하는 것을 말한다. 진정한 성숙과 치유는 만족을 미루고 훈련을 선택할 때 온다. 이 때 선택한 창조적 고통이 영혼을 자유로 이끈다.

미국 서던 캘리포니아대학교(USC)의 연구에 따르면 3일 이상 물과 함께 하루에 200칼로리 이하의 음식물을 섭취하는 정도의 단식을 하면 백혈구가 활발하게 생성된다. 백혈구는 외부 세균과 바이러스에 대항하는 면역세포의 핵심인데 백혈구의 생산이 촉진

된다는 것은 인체의 면역체계가 재생된다는 의미다. 배고픈 상태에서 운동을 하면 20분 후부터 체지방을 연료로 사용하는 것처럼 절제하면 몸은 내면에서부터 만족을 일으킨다. 물질을 통해 순간의 만족을 추구하는 강한 욕구가 일어날 때 그 순간을 절제하고 외부로부터 오는 당장의 보상을 거부하면 잠시의 고통은 따라오겠지만 곧이어 내적인 기쁨이라는 보상체계가 작동한다.

인간의 뇌는 보상체계를 가지고 있다. 어린 시절의 상처를 보상받기 위해서 약물이나 마약, 알코올, 부적절한 이성교제나 일탈적인 행동을 동원한다. 이는 당장의 고통을 잊어보려는 신 포도주(눅 23:36)와 같다. 예수님은 그것을 거절하시고 인류 구원을 위한 고통의 총량을 채우셨다. 우리가 신 포도주와 같은 물질의 힘을 거절하는 것은 인간의 가축화를 막고 우상숭배를 끊는 영적인 행동이다. 중독은 하나님이 아닌 물질이나 사람을 의존한다는 측면에서 우상숭배의 구조를 가진다. 지나친 게임, 알코올, 도박, 마약, 쇼핑, 절도, 성, 섭식, 음란물 등과 같은 물질에게 굴복하는 것은 우리가 사탄에게 손과 발이 묶이는 것과 같다.

물두멍에서 손을 씻듯이 그것과 결별하는 것은 물두멍이 상징하는 정결과 유비관계에 있다. 손을 씻는 정화는 또한 오염을 제거하는 행위다. 이것은 중독을 일으키는 물질과의 결별을 의미한다. 우리는 일정기간을 정하여 미디어, 음식, 약물, 만남, 외출, 말 등을 금식할 수 있다. 금식의 가장 기본적인 의미는 나의 모든 노력과 꾀를 포기하고 하나님이 일 하시기를 기다리는 것이다.

야곱은 인간의 가장 기본적인 욕구인 수면을 금식하고 얍복 나루터에서 하나님 앞에 나아갔다. 더 이상 피할 곳이 없었다. 진퇴양란의 상황에서 하나님께 나아갔으며 하나님은 야곱을 만나주셨다. 해가 돋을 때 고통을 겪은 야곱의 내면에는 커다란 변화가 있었고 속일 수밖에 없는 인격이 넉넉히 이기는 인격이 되어갔다.

회복사역자인 레이저는 영아 때부터 친족으로부터 부적절한 성적 접촉을 받았다. 그것도 존경 받는 목회자인 아버지로부터 그랬기 때문에 사랑과 성적인 느낌 사이에 혼란을 겪었다. 그는 11살 때부터 포르노를 보기 시작했고 점점 성적인 일탈로 이어졌다. 결혼을 해서 목사가 되고 상담 사역자가 되었음에도 불구하고 음란한 죄는 계속되었다. 목사가 되면 해결될 줄 알았지만 점점 심해질 뿐이었다. 결국 발각되어 조사를 받는 과정에서 회복 프로그램을 접하게 되었고 비로소 회복을 경험하기 시작했으며 자기의 과거와 똑같은 성 중독자를 치유하는 회복사역자가 되었다. 그는 자신의 경험과 연구를 바탕으로 하여 "아무도 말하지 않는 죄"라는 책을 썼는데 그 책에서 중독을 끊는 90일의 사이클에 대하여 다음과 같이 언급했다(Laaser, 1996).

"중독에서 빠져 나오려면 90일은 어떤 형태의 중독과 관련된 행동을 하지 말아야 한다. 중독자들의 뇌는 신경전달물질인 도파민을 좋아하기 때문에 도파민의 수준을 높이기 위해서 알코올, 니코틴, 코카인, 성(性)을 찾는다. 두뇌에 도파민이 많이 방출되면 신호를 주고받는 뉴런에서 신호를 받아들이는 신경돌기가 화학물질에 무감각해지므로 점점 자극의 양이 증가할 수밖에 없다. 이 내성을 역전시키려면 적어도 90일 동안은 금식을 하듯이 중독적인 활동을 완전히 중단해야 한다. 그러면 해독이 되면서 두뇌의 화학반응이 정상화된다."

2. 성소

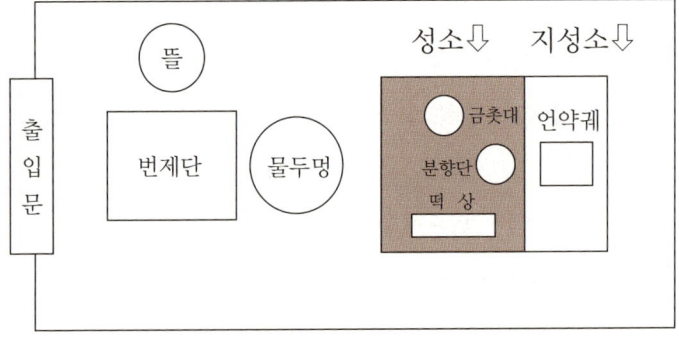

1) 떡상

"너는 조각목으로 상을 만들되 길이는 두 규빗, 너비는 한 규빗, 높이는 한 규빗 반이 되게 하고 순금으로 싸고 주위에 금테를 두르고 그 주위에 손바닥 넓이만한 턱을 만들고 그 턱 주위에 금으로 테를 만들고 그것을 위하여 금 고리 넷을 만들어 그 네 발 위 네 모퉁이에 달되 턱 곁에 붙이라 이는 상을 멜 채를 꿸 곳이며 또 조각목으로 그 채를 만들고 금으로 싸라 상을 이것으로 멜 것이니라. 너는 대접과 숟가락과 병과 붓는 잔을 만들되 순금으로 만들며 상

위에 진설병을 두어 항상 내 앞에 있게 할지니라."(출 25:23-30)

(1) 생명의 떡

성소에는 먼저 12개의 무교병이 진열된 떡상이 있다. 누룩 없는 빵을 구워서 매 주 안식일마다 새 것으로 바꾸었다. 무교병은 12개로, 떡 상위에 두 줄로 한 줄에 여섯 개씩 진설하고 정결한 유향을 그 매 줄 위에 두었다(레 24:5-9참조). 무교병은 제사장만이 성소에서 먹을 수가 있었다(삼상 21:4-6). 다윗은 사울을 피해 도망하는 동안 부하들과 함께 이 떡을 먹었다. 예수님은 다윗의 예를 드시면서 생명이 의식과 제도에 우선한다고 가르치셨다. 떡상에 진열된 진설병은 일차적으로 광야에서 내려주신 만나를 기념하고 있으며 이차적으로는 주기도문에 등장하는 일용할 양식의 표상이다.

다윗의 시편 중에 떡상의 진설병을 연상하는 구절이 있다. "사람이 권세 있는 자의 떡을 먹음이여 하나님이 식물을 충족히 주셨도다."(시 78:25). "모든 육체에게 식물을 주신 이에게 감사하라 그 인자하심이 영원함이로다."(시 136:25) 진설병을 통해 우리는 하나님이 모든 필요의 공급자시며 생명을 유지하도록 양식을 주시는 분임을 확인한다. 예수님은 이 떡을 새 언약의 식사와 연결 지으셨다. 예수님이 출생하신 베들레헴은 떡집(또는 빵집)이라는 뜻이다. 그리스도는 떡집에 오신 생명의 떡이다.

"내가 곧 생명의 떡이니라. 너희 조상들은 광야에서 만나를 먹었어도 죽었거니와 이는 하늘에서 내려오는 떡이니 사람으로 하여금 먹고 죽지 아니하게 하는 것이니라. 나는 하늘에서 내려온 살아 있는 떡이니 사람이 이 떡을 먹으면 영생하리라 내가 줄 떡은 곧 세상의 생명을 위한 내 살이니라."(요 6:48)

(2) 동기변화를 통한 치유

인간 존재의 결핍은 그리스 신화에 등장하는 에리직톤 이야기를 닮았다. 에리직톤은 영원히 채워지지 않는 배고픔의 형벌을 받았다. 모든 돈과 재산을 먹는 데 탕진하였고 나중에는 하인도 아내도 팔고 사랑하는 딸마저도 팔았으나 배고픔을 해결하지 못하고 결국 자기 몸을 뜯어 먹는다. 현실에서도 사람들은 심리적 허기 때문에 지나치게 먹고 지나치게 소유하며 파괴적인 행동도 서슴지 않는다. 돈을 위해 양심을 팔고, 사람을 잃고, 신앙과 건강까지 해치는 것은 자기 살을 뜯어먹는 것과 같다.

매슬로우(Maslow)는 욕구이론에서(1943) 생리, 안전, 소속, 자존감, 자기실현의 단계를 설정했다. 1-4단계는 박탈동기에 의해서 행동하고 자기실현의 단계에서는 성장하려는 메타욕구에 의해 행동한다고 하였다. 크랩(Crabb, 1977)은 1-4단계에는 안전과 중요성, 즉 인정받고 사랑 받기 위한 동기로 행동 한다고 하였다. 이를 가리켜 결핍의 동기라고 하였는데 결핍의 동기란 배가 고프면 음식을 얻으려고 행동하고 불안하면 사랑을 찾으려고 노력하는 것과 같이 인간의 필요가 충족될 때까지 자기를 채우려는 방향으로 행동할 수밖에 없다.

결국 인간의 모든 죄악 된 행위는 인간의 기본적인 필요를 잘못된 방법으로 채우려는 것이다(Anderson, 1990). 고통스런 감정들로부터 우리 자신을 보호하기 위해 알코올 중독, 극심한 낭비, 과식, 엉뚱한 일을 저지르는 것이다(ibid). 심신의 질병이나 정신분열증과 같은 많은 다른 행동들은 종종 무가치하다는 느낌이 주는 정서적 고통을 마비시키거나 보상하려는 시도다(ibid).

다오(give me), 다오(give me)를 반복하는(잠 30:15) 정욕의 구조는 모든 것을 사르는 불과, 모든 것을 삼키는 물과, 끝을 모르는 무저갱(스올)과 같다(잠 30:16). 인간의 내면에 채워지지 않는 공간은 무한하신 하나님이 계시던 자리다. 인간이 그 하나님을 떠나 독립을 선언한 순간 하나님의 부재는 영원히 채울 수 없는 공간이 되고 말았다. 그 자리는 무한하신 하나님의 임재 외에 그 어떤 것으로도 채울 수 없다. 세상을 욕망하는 내가 죽어야 그리스도로 채워진다. 크랩은 하나님 부재의 내적 공간이 불러일으키는 공허감에 대한 해답으로 예수 그리스도를 제시한다(Crabb, 1977).

"비난 받을 사건이 발생할 때 나의 중요성은 단지 나와 예수님과의 관계에 달려있다. 나는 이 비난을 즐기지는 않지만 나의 인격적 가치가 손상당한 것은 아니다. 나는 하나님께서 이 어려운 사건을 통해서 선을 이루신다는 것을 알고 있다. 그러므로 이 사건은 고통스럽긴 하지만 나를 파멸시키는 것은 아니다. 나는 하나님께서 이 어려운 사건을 통해서 선을 이루신다는 것을 알고 있다. 그러므로 나는 계속 그를 신뢰하고 성경적으로 응답해야 한다. 바울은 하나님의 전망으로 감옥을 바라보았다. 죽음도 바라보았다. 그는 하나님 안에서 자기의 중요성을 보았고 그의 사랑 안에 안전함을 누렸다."

그리스도로 내면이 채워진 사람은 결핍의 동기로 삶이 작동하지 않고, 풍성함이 삶의 동기로 작용하다. 즉, 인정받고 칭찬받는 것에서 내 안에 계신 그리스도를 통해 타인을 격려하고 용서하고 사랑으로 자신을 내어주는 것으로 살아간다.

2) 등대

"너는 순금으로 등잔대를 쳐 만들되 그 밑판과 줄기와 잔과 꽃받침과 꽃을 한 덩이로 연결하고 가지 여섯을 등잔대 곁에서 나오게 하되 다른 세 가지는 이쪽으로 나오고 다른 세 가지는 저쪽으로 나오게 하며 이쪽 가지에 살구꽃 형상의 잔 셋과 꽃받침과 꽃이 있게 하고 저쪽 가지에도 살구꽃 형상의 잔 셋과 꽃받침과 꽃이 있게 하여 등잔대에서 나온 가지 여섯을 같게 할지며 등잔대 줄기에는 살구꽃 형상의 잔 넷과 꽃받침과 꽃이 있게 하고 등잔대에서 나온 가지 여섯을 위하여 꽃받침이 있게 하되 두 가지 아래에 한 꽃받침이 있어 줄기와 연결하며 또 두 가지 아래에 한 꽃받침이 있어 줄기와 연결하며 또 두 가지 아래에 한 꽃받침이 있어 줄기와 연결하게 하고 그 꽃받침과 가지를 줄기와 연결하여 전부를 순금으로 쳐 만들고 등잔 일곱을 만들어 그 위에 두어 앞을 비추게 하며 그 불집게와 불 똥 그릇도 순금으로 만들지니 등잔대와 이 모든 기구를 순금 한 달란트로 만들되 너는 삼가 이 산에서 네게 보인 양식대로 할지니라."(출 25:31-40)

성소는 4겹의 덮개로 덮여있어서 내부가 완전히 암흑이다(출

40:34, 35). 제사장들은 순금등대에서 타오르는 불빛을 의지하여 행하며, 걷고, 하나님을 섬겼다. 성소의 빛은 자연의 빛이지만 이는 하나님이 갖고 계시는 진정한 빛을 예표 한다. 새 하늘과 새 땅에서는 하나님이 힘 있게 비치시므로 해와 달과 별이 필요 없다. 빛 가운데 계신 하나님께는 어둠이 조금도 없고(요일 1:5) 회전하는 그림자도 없다(약 1:17). 그리스도는 의로운 해처럼 떠오르는 치유의 빛이다(말 4:2).

(1) 치유의 빛

"예수께서 또 말씀하여 이르시되 나는 세상의 빛이니 나를 따르는 자는 어둠에 다니지 아니하고 생명의 빛을 얻으리라"(요 8:12)

사람들이 간음하다 현장에서 붙잡힌 여인을 데리고 왔다. 먹잇감을 둘러싼 하이에나처럼 돌을 들고 금방이라도 이 여인을 죽일 기세였다. 사탄의 참소를 당하고 있는 대제사장 여호수아의 더러운 옷을 벗기고 정결한 옷과 관을 쓰게 하시는 스가랴의 환상을 떠오르게 한다(슥 3:1-5).
예수님은 먼저 돌을 든 사람들에게 통찰의 빛(insight)을 주셨다. 그리스도께서 내면의 빛을 주지 않으시면 아무도 자신의 비참함을 보지 못한다. 예수님은 땅에 글씨를 쓰는 시간 동안 그들이 자신을 돌아볼 시간을 주시고 그들에게 내면의 빛을 비추어 자기를 보게 하셨다. 그들은 하나 둘 돌을 버리고 집으로 돌아갔다.
간음하다 현장에서 붙잡힌 여인에게는 치유의 빛을(healing

light)을 주셨다. 치유의 빛을 통해 여인은 그리스도가 준비하신 진정한 용서와 화해를 경험했다. 다시는 죄를 짓지 말라는 말씀은 명령이지만 더 이상 죄가 주관할 수 없는 새사람으로 바꾸어 두루 파고 물을 주면서 정결한 열매를 맺는 인생으로 바꾸시겠다는 의지의 표현이다.

그를 믿은 유대인들에게는 계시의 빛을 주셨다. "그러므로 예수께서 자기를 믿은 유대인들에게 이르시되 너희가 내 말에 거하면 참으로 내 제자가 되고, 진리를 알지니 진리가 너희를 자유롭게 하리라"(요 8:32) 사람은 빛을 통해 사물을 인식하고 이해한다. 보면 알고 알면 이해한다. 본다는 것은(see) 곧 '안다'(know) 또는 '이해한다'(understand)는 뜻이다. 에베소서에서 바울은 "마음 눈을 밝히사 … 알게 하시기를 구하노라"(엡 1:18, 19) 하고 기도했다. 밝히셔서 보게 해 주시기를 구한 것이 아니라 밝혀서 알게 해 주시기를 구한 것이다. 모르면 묶이고 속박 당한다. 우리가 보배롭고 존귀하며 속죄함을 입은 의인이라는 신분을 아는 즉시 우리는 자유 함을 얻는다. 그리스도를 알면 두려움과 낙심에서 자유함을 얻는다.

그리스도는 우리의 과거에 치유의 빛을 비추신다. 우리는 빛 가운데서 과거를 재조명함으로 전에 알지 못했던 새로운 사실을 깨닫고 자신의 과거를 다시 관찰하고 새로운 해석과 시각을 가져야 한다(Flynn & Gregg, 1993). 사건 자체가 바뀌지는 않지만 사건에 대한 해석과 태도를 바꾸어 주심으로 그 과거로 인해서 생기는 현재의 부정적인 감정이나 행동에 변화가 일어나게 하신다(ibid).

패턴(Patton)은 용서는 하는 것이 아니라 하나의 발견이라고 하였다(1985). 예를 들어 결코 용서할 수 없었던 사람이라 할지라도 빛 가운데 나오면 나를 비롯하여 누구든지 연약하고 불쌍히 여김을 받아야 할 존재며 그리스도께서 용서하시고 위하여 죽으신 형제자매라는 발견을 한다. 사람이 사람에게 상처를 주는 것은 대부분 미성숙함이나 인간적인 한계 때문이다. 일부러 상처를 주기 위해서 작정하고 그런 사람은 거의 없다. 이 사실을 발견하고 깨닫는 것만으로도 치유가 일어난다.

요셉은 자기를 죽이려던 형들의 손에 의해 인신매매의 희생양이 되고, 성폭행의 누명까지 썼으며, 잊힌 존재가 되었다. 그러나 상처를 내면화하는 대신 하나님의 빛으로 새로운 시각을 가졌다. 요셉은 과거의 기억 때문에 현재의 감정과 판단에 오류를 일으키지 않았다. 오히려 하나님이 그를 단련하시기 위해 동원하시는 일들을 통해 통찰력을 얻었다. 창세기 50장 20절에서의 고백이 바로 그것이다.

"당신들은 나를 해하려 하였으나 하나님은 그것을 선으로 바꾸사 오늘과 같이 많은 백성의 생명을 구원하게 하시려 하셨나니 당신들은 두려워하지 마소서."

개인의 역사를 섭리로 인식한 것이다. 버림받은 것이 아니라 하나님이 인도 하신 것이며, 팔린 것이 아니라 보내신 것이며, 잊힌 것이 아니라 말씀이 실현되기 위한 과정이었다는 시각을 얻었다. 요셉을 통해 야곱과 그 가솔 70명이 언약 백성으로 빚어지기 위해 고센 땅에 정착하였고 250만 명으로 성장하여 출애굽을 하였다. 요셉이 개인의 생애사에 몰입되어 복수에 눈이 멀었다면 하나님의 섭리와 경륜이 만들어 가시는 구속사의 큰 그림을 볼 수 없었을 것이다.

그리스도가 비추어주시는 과거를 재조명할 때 동시성 원리가 작용한다. 키에르케고어에게 있어서 동시성이란 상대적인 시간 속에 살아가는 인간이 시간의 절대성을 소유하신 그리스도를 신앙함으로 그의 빛 아래서 과거, 현재, 미래를 현재적으로 소유한다는 의미다. 동시성은 상상의 세계를 반영하는 시(詩)가 아니며 주체성이 결여되어 있는 역사도 아닌 현실이다.[38]

시간을 초월하신 예수 그리스도의 절대성 안에서 우리는 또 하나의 현실을 만나는데 이 두 번째 현실과 동시적일 때 인간은 그리스도와 동시적이 된다. 그리스도의 생애가 현실이 되어 그리스도와 동시성을 얻은 그리스도인은 하나의 눈을 더 가진다. 그 눈을 가지고 그리스도의 생애를 현실처럼 보게 된다. 이 눈은 기존의 하나의 눈이 본 현실에 새로운 현실을 부여하는데 하나의 눈으로는 볼 수 없는 시각의 다른 지점을 다른 눈으로 보는 것과 같다. 요약하면 동시성은 진정한 의미에서의 그리스도인이 되는 것이며, 그리스도의 생애와 하나가 되는 것이며, 그 분과 동시에 있다는 상황 속에 뛰어 들어 가는 것이다.[39]

우리는 무의식적으로 시간을 과거가 있고 현재가 있고 미래가 차례로 늘어선 직선으로 이해한다. 그러나 히브리인들은 다르다. 그들의 문화에서는 시간을 현재 과거 미래와 같이 선으로 이해하지 않고 (현재라는) 점으로 이해한다. 과거도 미래도 모두 이 현재라는 지점에서 존재한다. 이 지점을 어거스틴은 과거는 기억의 현재며, 현재는 지금의 현재며, 미래는 기다림의 현재라고 하였다. 예를 들면 유대인 아버지가 유월절에 "우리를 애굽 땅에서 건져내어 주심을 감사합니다" 하고 수 천 년 전에 일어난 그 일을 지금 여기서 회상함으로 현재로 체험한다(Ryu, 2009).

　　이사야는 바벨론 포로 이전에 포로에서 해방될 것에 대한 예언을 하면서 먼 미래에 일어날 사건을 과거로 기록하였다. 유다서에도 이러한 접근법이 있다. "아담의 칠세 손 에녹이 사람들에게 대하여도 예언 하여 이르되 보라 주께서 그 수만의 거룩한 자와 함께 임하셨나니 이는 뭇 사람을 심판하사 모든 경건치 않은 자의 경건치 않게 행한 모든 경건치 않은 일과 또 경건치 않은 죄인의 주께 거스려 한 모든 강퍅한 말을 인하여 저희를 정죄하려 하심이라."(유1:14-15) 여기서 '임하셨나니'는 결과동사로서 과거형이다. 미래에 일어날 일이 너무 확실하기 때문에 (예언적) 과거형을 쓴 것이다. 미래의 소망을 현재에 동시대적으로 경험할 때 고난을 이길 수 있다. 하나님은 밧모섬에 유배된 사도요한에게 장차 이루어질 교회의 승리를 소망으로 보여 주신다. 이 소망 때문에 로마교회는 이미 승리하신 그리스도와 하나며 결국은 최종적인 승리자라는 정체성을 가지게 되었다.

　　십자가는 동시성의 표본이다. 구약의 성도들은 짐승으로 제사를 드리며 속죄를 임시적으로 체험했으며 제사는 반복되어야 했다. 예수님이 한 영원한 제사로 이루신 속죄는 시간을 역행하여 그 제사에 동시적으로 적용된다. 아브라함을 비롯한 과거의 믿음의 조상들뿐 아니라 현재의 믿음의 백성들과 미래에 부르시는 모든 자들은 그리스도의 피로 시간을 초월하여 구원을 받는다. 예수님이 십자가에서 "다 이루었다"고 하신 선언은 완료형 수동태로서 과거, 현재, 미래의 모든 죄를 포함한다. 예수님의 십자가와 오늘의 나를 비교해볼 때 십자가는 나의 과거부다 과거며, 현재보다 과거며, 미래보다 과거다. 예수님은 나의 과거도 미래도 현재도 자유자재로 왕래하시면서 (Flynn & Gregg, 1993) 나의 현재와 과거뿐 아니라 미래까지 이미 용서하셨다. 권면적 상담학자인 애덤스(Adams, 1975)는 그리스어의 시제를 통해 동시성의 원리를 시사했다.

"과거의 상처가 헬라어 시제에서 부정과거도 되고 현재완료도 될 수 있다. 부정 과거형(eorist)으로 한 번 일어난 것으로 마무리가 된 것은 더 이상 현재에는 영향을 미치지 않는 사건이다. 그러나 현재완료처럼 과거의 고통이 현재에도 계속 영향을 미치는 것이 있다. … 이와 같이 현재의 삶에 동시성으로 영향을 주는 현재완료형의 사건은 현재뿐 아니라 미래지향적인 삶을 방해한다. 그리스도 안에서 성장하는 데에도 장애가 된다. 이 문제는 동시성의 원리에 따라 과거의 사건을 기억해냄으로 해결해야 한다."

(2) 빛 가운데 행하는 삶

국내 한 대학의 면역의학 연구소의 연구원이 서울대공원 동물연구실장으로 재직할 때 항문을 봉합한 5마리의 쥐를 이용해 100% 소탕한 적이 있다(2014.10.13. 연합뉴스). 쥐 한 마리를 잡아서 항문을 꿰매 놓으면 배설을 억제 당한 쥐는 발광 직전에 이른다. 그리고 다른 쥐들을 잡아먹거나 죽이는 등의 극단적인 행동을 한다. 배설이 억압되자 식욕이 극에 달하는 역설적인 상황이 벌어진 것이다.

예루살렘 성벽의 남동쪽에는 분뇨 쓰레기를 내다 버리는 분문(糞門, Dung Gate)이 있었다. 성을 재건할 때(느 3:14)에는 레갑 족속으로 하여금 관리하게 하였다. 만일 분문이 없다면 예루살렘은 쓰레기와 악취, 그리고 온갖 병균으로 우글거렸을 것이다.

고대 그리스 사회에서는 배변과 배뇨 그리고 땀을 배출하는 것, 고름이나, 콧물 가래가 나오는 것과 같은 생명과 직결된 배설 작용을 카타르시스라고 하였다. 마음을 토하며 빛 가운데 나오면 마음에 정화작용이 일어난다. 정화작용은 헬라어 '카타르시스'로서 전체 26장으로 구성된 아리스토텔레스의 시학 6장에 한 번 등장 한다.[40]

본래 카타르시스의 동사형은 염증이 밖으로 흐르는 것이나 설사와 배설에 사용되는 의학용어다.[41] 아리스토텔레스의 정치학 제 8장 7절에서는 카타르시스를 의술치료와 동등한 종류의 것으로 간주하면서 정서상의 균형을 복구해 주는 작용이라고 했다. 플라톤은 "파이돈"에서 철학을 의학적인 정화작용에 비교하여 영혼이 육체와 합쳐질 때 나오는 불순물을 제거하는 일종의 정화작용이라고 하였다.

정신병리 차원에서의 카타르시스는 우울증 환자에게 마음을 털어놓게 하여 정신적 위안을 주는 것을 말한다. 정신분석가들은 과거 무의식 속에 잠겨 있는 마음의 상처나 콤플렉스를 말이나 행위, 감정으로 발산시켜 신경증을 치료하려는 시도를 하였다. 종합하면 카타르시스는 도덕적인 순화, 종교적인 정화와 속죄, 의학적인 배출의 의미를 가진다.

기도하면서 마음의 응어리를 풀어내는 것 그리고 자신의 입으로 죄와 연약함을 고백하는 것도 영적인 카타르시스를 부른다. 이러한 기능이 정지되면 영혼에 독이 쌓이고 억제된 배설로 인해 다른 사람을 공격하고 소유욕과 탐심이 심화 된다. 반대로 하나님은 자신의 죄를 고백하고 빛 가운데 나오면(요일 1:9) 우리의 피난처가 되신다.

"백성들아 시시로 그를 의지하고 그의 앞에 마음을 토하라 하나님은 우리의 피난처시로다."(시 62:8)

심리학자 베너(Benner)는 신뢰와 수용의 분위기에서 고통스런 감정을 직면하고 상처와 이로 인한 고통을 재경험하면 정서적 상처가 치유된다고 하였다. 이 때 카타르시스와 고백적인 나눔(confessional sharing)이 치유를 촉발한다. '고백'(자복, 자백)은 헬라어 '호몰로게오'[42]에서 왔다. 문자적으로는 함께 말하는 것으로서 '진실을 말하다' '정직하다'는 뜻으로 의미를 확장할 수 있다. 70인경(LXX) 이후 유대교에서는 이 단어에 공적인 의미를 더하여(TDNT) 개인의 자백과 함께 공적으로도 죄를 고백하였다. 세례요한의 공동체 역시 공적으로 죄를 고백하는 것은 회개의 필수 요건이었다(TDNT).

특히 신약성경에서는 구약의 '야다'를 호몰로게오보다 강조적인 의미로 밖으로(ek)라는 의미를 더해서 '엑소몰로게오'를 사용하기 좋아했고(10회)[43] 공개적으로 죄를 고백한다는 의미가 한층 강화되었다. 구약에서 고백을 표현하는 원형은 '야다'인데 기본적인 의미는 죄를 고백하는 것, 하나님의 품성과 역사를 찬양하고 고백하는 것,[44] 혹은 인간의 특성을 칭찬하는 것으로 확장되었다. 여호수아 7:19에서 범죄에 대한 인정과 찬양의 고백이 연결된다. 시 107장의 15, 11절과 21, 17절을 각각 비교하면 죄의 고백과 구원에 대한 감사가 함께 등장한다. 특히 107편에서는 기도하는 자가 하나님의 의로우심을 감사하고 또한 자신의 과실과 이에 따르는 형벌의 공의로움을 인정할 때 그에 대한 (사탄의) 고소는 종결되었다(von Rad, 1975).

캐나다 출신의 의료선교사 하디는 1903년 8월 24일부터 30일까지 기도와 성경공부를 위한 모임을 인도하던 중에 수많은 동료 선교사들과 청중들 앞에서 자신의 실패와 그 원인을 고백했다. 민족적, 인종적 우월감, 자신의 의술과 능력을 의지한 자만심, 한국인을 무시하고 교만하게 대했던 태도를 공개적으로 고백했다. 또한 자신의 결점과 믿음의 부족, 그리고 선교비 유용에서 비롯된 실패를 토착교회 교인들 앞에서 고통과 수치로 자백하였다. 그 다음 주일, 역시 그는 수치와 곤혹스런 얼굴로 등장해서 자기의 교만과 강퍅했던 마음, 믿음 없었음을 자백하며 개개인과 회중 전체 앞에서 용서를 구하였는데, 그때 한국인 교인들은 처음으로 참된 의미에서 죄책과 회개가 어떤 것인지 목격하였다(Hardie, 1914).

이후에 선교사들과 토착교인들도 공개적으로 죄를 고백하기 시작하였다. 1907년 평양신학교를 졸업하던 그 해 평양 장대현 교회의 구정집회에 참석한 길선주는 사람들 안에 있는 무기력, 좌절, 자포자기를 보았다. 길선주는 자신이 먼저 잘못을 털어놓았다. 그는 친구가 세상을 떠나면서 미망인을 돌보아 주라고 맡긴 미화 100 불에 해당하는 금전을 사취했다고 고백했다. 순식간에 장내는 눈물바다가 되었다. 선교사를 원망한 죄, 친구의 재산을 질투한 죄, 가난과 집안을 비관한 죄를 고백했다. 이렇게 대부흥은 빛 가운데로 나와 자신의 죄를 공개적으로 고백한 사람들에 의해 시작되었다.

박윤선은 단 한 번이지만 신사참배 한 것을 회중 앞에서 고백했다(박윤선, 1974). 그는 퇴임하는 자리에서 "나는 83년 묵은 죄인입니다."라고 하였다. 한경직은 템플턴상 수상 소감에서 "먼저 나는 죄인임을 고백합니다. 나는 신사참배를 했습니다."(국민일보, 2000.4.20) 하고 말했다. 한국교회의 지도자로서 커다란 신뢰를 받았던 이들은 모두 공개적인 고백을 통해 자신의 숨겨진 내면을 빛 가운데로 드러냈다.

3) 분향단

"너는 분향할 제단을 만들지니 곧 조각목으로 만들되 길이가 한 규빗, 너비가 한 규빗으로 네모가 반듯하게 하고 높이는 두 규빗으로 하며 그 뿔을 그것과 이어지게 하고 제단 상면과 전 후 좌 우 면과 뿔을 순금으로 싸고 주위에 금테를 두를지며 금 테 아래 양쪽에 금 고리 둘을 만들되 곧 그 양쪽에 만들지니 이는 제단을 메는 채를 꿸 곳이며 그 채를 조각목으로 만들고 금으로 싸고 그 제단을 증거궤 위 속죄소 맞은편 곧 증거궤 앞에 있는 휘장 밖에 두라 그 속죄소는 내가 너와 만날 곳이며 아론이 아침마다 그 위에 향기로운 향을 사르되 등불을 손질할 때에 사를지며 또 저녁 때 등불을 켤 때에 사를지니 이 향은 너희가 대대로 여호와 앞에 끊지 못할지며 너희는 그 위에 다른 향을 사르지 말며 번제나 소제를 드리지 말며 전제의 술을 붓지 말며 아론이 일 년에 한 번씩 이 향단 뿔을 위하여 속죄하되 속죄제의 피로 일 년에 한 번씩 대대로 속죄할지니라. 이 제단은 여호와께 지극히 거룩하니라."(출 30:1-10)

분향의 제사는 근본적으로 그리스도를 통한 중보를 상징하며, 나아가 그리스도인들이 예수의 이름으로 드리는 기도의 근거와 기초를 제공한다(계 5:8. cf. 시 141:2). 하나님은 소멸하는 불이며, 가까이 못할 빛 가운데 계시기 때문에 죄를 범한 인간은 오직 대제사장인 예수 그리스도의 피를 힘입어서만 하나님을 만난다(히 10:19). 우리의 기도가(번제단에서 우리를 대신하여 희생 제물이 되신) 오직 예수 그리스도의 공로로 이루어짐을 사실적으로 설명하는 것이 번제단에서 숯불을 가져와서 분향하는 것이다.

　　아론의 두 아들은 이 명령을 가볍게 여기고 다른 불을 피우다 제단에서 나온 불에 타 죽었다(레 10:1, 2). 하나님은 가족들의 애도를 금하심으로 사건의 중대함을 상기시키셨다(레 10:6). 분향단에서 드리는 기도의 향연을 담아 대접을 쏟으실 때 심판이 시작된다(계8:5). 멀홀랜드는(Mulholland) 마치 영상을 보듯 생생하게 제사장의 분향을 묘사했다(1993).

"향기로운 제물은 매일 드리는 성전예배의 전례행위였다. 일반적으로 향기로운 제물을 바치기 위해 뽑힌 제사장은 은 향로에 약 200그램의 향을 취하였다. 그러나 하나님의 백성이 하나님과 충만하고 완전한 언약관계를 맺는 날인 속죄일에는 금향로에 한 움큼의 향을 취하였다. 그런 다음 제사장은 성소 앞뜰에 있는 제단으로 올라갔다. 제단 위에는 제물을 태우는 불이 항상 불타고 있었다. 제사장은 제단에서 피운 불에서 숯불을 담아서 내려왔다. 그리고 성소로 들어가 금 향단 앞으로 나아갔다. 제사장은 향단에 숯불을 넣고 그 위에 향을 쏟아 부었다. 그러면 향기가 지성소에서 하늘로 올라갔다."

반역한 고라자손을 땅이 삼킨 후, 불이 나와서 분향하던 250명을 살랐다. 불평하고 원망하던 백성들에게는 염병이 시작되었다. 아론이 향로를 가지고 회중에게 달려가 백성을 속죄하고 죽은 자와 산 자 사이에 섰을 때 염병이 그쳤다(민 16:48). 분향은 그리스도의 중보의 기도를 계시함과 동시에 성도들의 기도를 간접적으로 말하고 있으며, 또 기도가 어떠해야 할 것까지도 보여준다(Needham, 1958).

(1) 치유적 기도

기도는 하나님이 우리에게 치유를 포함한 은혜를 주시기 위해 마련하신 소중한 방편이다(WMC. SQ. A. 98). 우리는 기도로 그 보화를 파내야 한다(INST) 외과의사 카렐(Carrel, 1948)[45]은 신체조직의 재생과 상처의 치유에 대해 오랜 시간을 들여 실험실에서 행한 과학적인 연구를 기반으로 자신이 직접 확인한 것이나, 정직한 사람들에게서 들은 것이나, 엄밀한 관찰을 통해서 발견한 것을 "리더스 다이제스트"를 거쳐 과학적 잣대로 다듬은 원고를 "제네바 저널"에 기고하였다.

그는 얼굴의 낭창이나 암 콩팥이상 궤양 결핵 복막염이 기도를 통해 때로는 즉시 낫는 것을 확인했다. 또한 기도가 행동에 영향을 미치고 정신적 신체적 변화를 가져온다는 것을 확인했다. 무엇보다 기도를 통해 은혜의 세계가 열리며 조금씩 내적으로 충족되고 신경활동 및 도덕적 삶이 조화를 이루고 가난과 비방과 염려를 좀 더 잘 견디게 되며 사랑하는 사람을 잃거나 병이나 고통당할 때도 약해지지 않고 견디는 능력이 커진다는 것을 알았다. 그래서 기도가 결과해내는 고요는 강력한 치유의 도구라고 결론을 내렸다.

기도의 골방은 상처 입은 사람들의 피난처다. 이사야는 이스라엘이 골방으로 물러가서 하나님의 진노가 지나갈 때까지 있으라는 요구를 받는다(사 26:20, Strecker, 1988). 엘리야가 수넴 여인의 아이를 살리기 위해 문을 닫고 기도드린 곳도 골방이었다(왕하4:33). 영적인 의미에서 골방은 닫혀 있는 공간이 아니다. 그곳은 하늘의 지성소와 통하는 열린 공간이다.

누구든지 때를 따라 돕는 은혜를 얻기 위하여 은혜의 보좌 앞에 담대히 나아간다(히 4:14-16). 거기서 은밀한 중에 계시는 하나님이 은밀한 중에 우리의 호소를 들으신다(마 6:6). 형들에게 버림받고 보디발의 아내에게 모함당하고 은혜 베푼 자에게 잊힌 요셉의 토굴은 골방이었다. 그 골방의 창은 하늘을 향해 열려 있었다. 바울과 실라는 옥을 골방으로 바꾸었고 창살 너머로 찬송이 새어나갔다. 우리는 골방에서 새로운 통찰력을 얻는다.

골방에서 우리는 성소의 빛 가운데 행하며 상처를 재조명하고 용서하며 발견하여 세상이 줄 수 없는 평강으로 회복된다. 우리는 예수님의 공로로 골방에 전제 없이 들어갈 수 있다. 흙이 묻고 냄새가 나며 더러운 옷을 입고 있는 우리는 있는 모습 그대로 뛰어 들어간다. 거기서 하나님이 우리를 두 팔 벌려 안아 주신다. 에스더는 무려 1년 간 왕을 만나기 위해 준비했다. 그러나 우리는 지금 당장 아무런 전제 없이 그리로 들어갈 수 있다. 거기서 치유와 회복을 얻으며 뇌는 알파 상태가 되어 마음의 안정을 누리고 창의성과 담대함이 살아나면서 세상을 향해 다시 걸어 나긴다.

(2) 그리스도 테라피

최고의 소원은 그리스도를 구함이다. 그리스도는 우리가 기도를 통해 얻을 수 있는 보화며, 먼저 구해야 할 그의 나라며 그의 의다. 우리의 크고 작은 모든 소원은 그리스도를 구하도록 이끄는 몽학선생이다. 소원이 없다면 아무도 기도하지 않을 것이다. 그리고 우리의 소원이 일차원적인 것에 머문다면 아무도 성장할 수 없을 것이다. 우리의 작은 소원은 큰 소원을 부르고 물질적인 소원은 영적인 소원을 부르고 필요를 구하는 소원은 그리스도를 구하는 소원을 부른다.

그리스도는 치유자시며 동시에 치유를 일으키는 원동력이다. 티렐이 고안한 "그리스도 테라피"는 그리스도의 말씀과 사역 전체가 삶과 연결되면서 새로운 의미를 부여하고 회복의 희망을 준다는 의미에서 치유를 일으킨다.

그리스도가 주는 진리와 삶의 의미는 우리를 치유하고 진정한 자유로 이끈다. 우리의 고통은 누군가의 자리로 내려간 것이며 우리가 받는 위로는 누군가를 위한 위로의 자격증이다. 그리스도 안에서 삶도 죽음도 모두 의미가 생겼다. 숲은 보이지 않는 죽음이 전체의 반을 차지한다. 숲은 이 죽음을 거름삼아 생태계를 풍요롭게 유지한다. 그 숲에서 물이 흐르고, 그 물 속에는 물고기가 산다. 그리스도의 죽음은 인류를 살아 숨 쉬게 하였으며 인생도 삶도 죽음도 모두 새로운 의미를 가졌다. 그러므로 그리스도를 구하는 것은 진정한 치유의 원동력을 찾는 것이다.

세리는 멀리 서서 감히 눈을 들어 하늘을 쳐다보지도 못하고 다만 가슴을 치며 간구했다. "하나님이여 불쌍히 여기소서. 나는 죄인이로소이다"(막 18:13) 그의 기도는 들으심을 받았다. 소경 바디매오는 예수께서 지나가신다는 말을 듣고 죽을 힘을 다해 외쳤다. "다윗의 자손 예수여 나를 불쌍히 여기소서"(막 10:46) 절박한 외침을 들으시고 그리스도는 발걸음을 멈추셨다. 그는 눈을 떴고 그리스도를 통해 구원에 이르렀다.

세리와 바디매오의 기도는 이른 바 사막교부들에게 영감을 주었다. 로마가 전성기를 누리던 무렵, 동방교회의 수도사들은 세상과 단절하고, 고독과 침묵의 사막으로 들어갔다. 이들을 사막교부라고 부른다. 사막교부들은 고독과 침묵 속에서 하나님께 집중하는 방법으로 헤시카즘 기도를 드렸다. "주여 나를 불쌍히 여기소서... 하나님의 아들 예수여 이 죄인을 불쌍히 여기소서." 이 짧은 기도를 하루에 2,000번, 8,000번, 12,000번을 반복하면 자면서도 기도할 수 있었다.

그리스의 아토스 산에서는 지금도 수많은 수도자들이 이 기도를 드리고 있다. 헤시카즘 기도는 '예수기도'라고도 하며 이는 가난한 마음으로의 깨어짐 즉 절실한 회오의 느낌과 내적 슬픔을 수반하며 용서를 통한 치유를 기대한다. 헤시카즘 기도는 주문이나 거래가 아니라 그리스도의 현존이며, 또는 현존하심에 대한 체험이며 그의 이름을 부름으로서 실현되는 치유의 과정이다(Cabasilas, 1982).

교회 건물을 매각하는 과정에서 말로 표현하기 어려운 고통이 있었지만 새벽기도 시간에 일체의 소원을 내려놓고 오직 그리스도만을 구할 때 세상이 줄 수 없는 위로가 찾아왔다. 그리스도를 구하며 마음에 피 뿌림을 구하고 그리스도가 마음의 중심에 계시는 것을 느끼기 위해 집중했다. 그렇게 20여 분이 지나면 마음에 세상이 줄 수 없는 평화와 담대함이 생겼다. 그 시간에 주님께서 보혈로 덮으시고 성령으로 기름을 부으심을 느꼈다. 뒷골에서부터 등줄기를 타고 느낌이 신체에 전달되었다.

　　지금도 그 기도를 지속하고 있으며 가장 많은 시간을 그리스도를 구하는 데 할애한다. 그리스도를 구하는 기도는 영혼의 중심에 느낌이 전달될 때까지 계속한다. 그 때 마음이 빛으로 채워지는 느낌을 받으며 지혜와 기쁨이 샘솟는다.

3. 지성소

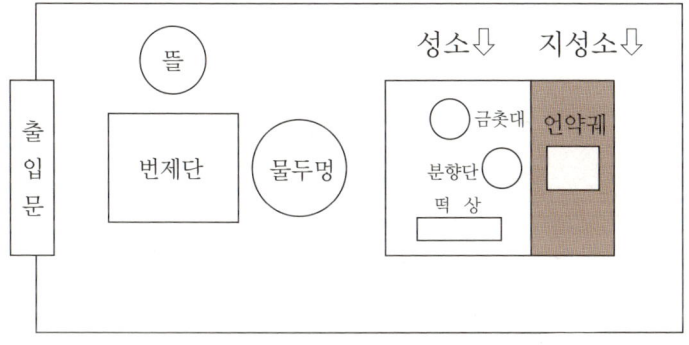

"그들은 조각목으로 궤를 짜되 길이는 두 규빗 반, 너비는 한 규빗 반, 높이는 한 규빗 반이 되게 하고 너는 순금으로 그것을 싸되 그 안팎을 싸고 위쪽 가장자리로 돌아가며 금테를 두르고 금 고리 넷을 부어 만들어 그 네 발에 달되 이쪽에 두 고리 저쪽에 두 고리를 달며 조각목으로 채를 만들어 금으로 싸고 그 채를 궤 양쪽 고리에 꿰어서 궤를 메게 하며 채를 궤의 고리에 꿴 대로 두고 빼내지 말지며 내가 네게 줄 증거판을 궤 속에 둘지며 순금으로 속죄소를 만들되 길이는 두 규빗 반, 너비는 한 규빗 반이

되게 하고 금으로 그룹 둘을 속죄소 두 끝에 쳐서 만들되 한 그룹은 이 끝에, 또 한 그룹은 저 끝에 곧 속죄소 두 끝에 속죄소와 한 덩이로 연결할지며 그룹들은 그 날개를 높이 펴서 그 날개로 속죄소를 덮으며 그 얼굴을 서로 대하여 속죄소를 향하게 하고 속죄소를 궤위에 얹고 내가 네게 줄 증거판을 궤 속에 넣으라. 거기서 내가 너와 만나고 속죄소 위 곧 증거궤 위에 있는 두 그룹 사이에서 내가 이스라엘 자손을 위하여 네게 명령할 모든 일을 네게 이르리라."(출 25:10-22)

"그 휘장을 갈고리 아래에 늘어뜨린 후에 증거궤를 그 휘장 안에 들여 놓으라 그 휘장이 너희를 위하여 성소와 지성소를 구분하리라, 너는 지성소에 있는 증거궤 위에 속죄소를 두고 그 휘장 바깥 북쪽에 상을 놓고 남쪽에 등잔대를 놓아 상과 마주하게 할지며 청색 자색 홍색 실과 가늘게 꼰 베 실로 수놓아 짜서 성막 문을 위하여 휘장을 만들고 그 휘장 문을 위하여 기둥 다섯을 조각목으로 만들어 금으로 싸고 그 갈고리도 금으로 만들지며 또 그 기둥을 위하여 받침 다섯 개를 놋으로 부어 만들지니라."(출 26:33-37)

지성소는 지상에서 가장 거룩한 곳이다. 거룩한 곳 중에 거룩한 곳을 구분하기 위해 성소와 지성소 사이에는 힘센 말 여러 마리가 양쪽에서 잡아 당겨도 찢을 수 없는 해달의 가죽으로 만든 휘장이 쳐져 있었는데(출 26:31-32) 청색, 자색, 홍색, 가는 베실로 짜서 그 위에는 정교한 솜씨로 두 그룹을 새겼다. 하나님은 지성소 안 속죄소의 그룹 사이에 좌정하시며(삼상 4:4, 시 80:1, 시 37:16, 히 9:5) 거기서 예배를 받으신다(사 6:2, 계 5:1). 유일하고 참되신 하나님의 신격은 이곳 지성소에 좌정하심으로 이스라엘에게 큰 위로가 되셨다.

제사의 막바지에 성막 위에 구름과 빛의 형태로 하나님의 영광이 나타났다(출 40:34). 요한은 이 때 나타난 하나님의 영광을 성육신하신 예수 그리스도께 사용하였다. "말씀(로고스)이 육신이 되어 우리 가운데 거하시매 우리가 그의 영광을 보니 아버지의 독생자의 영광이요"(요 1:14) 이는 예수 그리스도를 통한 하나님의 현현(theophany)의 완성이었다(Barrett, 1978).

하나님이 옛날 이스라엘 백성에게 나타내셔서 거하시고 나타나신 것과 같이 예수님이 자기 백성에게 하나님의 영광으로 오셨다. 그의 이름은 "하나님이 우리와 함께 계시다"는 뜻의 임마누엘이다. 그를 통해 하나님의 사랑이 계시되고 실현되고 성취되었다.

1) 속죄소

"순금으로 속죄소를 만들되 길이는 두 규빗 반, 너비는 한 규빗 반이 되게 하고 금으로 그룹 둘을 속죄소 두 끝에 쳐서 만들되 한 그룹은 이 끝에, 또 한 그룹은 저 끝에 곧 속죄소 두 끝에 속죄소와 한 덩이로 연결할지며 그룹들은 그 날개를 높이 펴서 그 날개로 속죄소를 덮으며 그 얼굴을 서로 대하여 속죄소를 향하게 하고 속죄소를 궤위에 얹고 내가 네게 줄 증거판을 궤 속에 넣으라. 거기서 내가 너와 만나고 속죄소 위 곧 증거궤 위에 있는 두 그룹 사이에서 내가 이스라엘 자손을 위하여 네게 명령할 모든 일을 네게 이르리라."(출 25:17~22)

(1) 화목제물

속죄소는 우리의 죄를 위한 화목제물이신 우리 주님의 모형이다(Needham, 1958). 속죄소는 법궤를 덮는 뚜껑이며(출 25:17) 법궤의 한 부분이다. 속죄소는 우리의 모든 죄를 보혈로 덮고 은혜를 베푸시는 은혜의 보좌(히 4:16)며 시은좌(레 16:14)다.

속죄소는 부속물로 취급하지 않고 하나의 독립된 성구로 분류한다. 속죄소는 히브리어 '카파르'에서 온 말로 노아의 홍수 때 방주에 발랐던 역청과 같은 어근이며 '덮다' '화해케 하다' '속죄하다' 등의 의미가 있다. 이 중에서도 덮는다는 의미가 가장 본질적인데 머레이(Murray)는 그 의미를 세 가지로 정리했다(1955) 첫째로, 죄를 덮는 것을 의미하고 둘째로, 그 죄를 덮음의 결과 깨끗함과 용서가 일어나는 것을 의미하고 셋째로, 덮음과 그 덮음의 결과가 이루어지는 장소는 하나님의 면전이다.

도피성은 속죄소의 은유를 갖고 있다. 도피성은 과실치사, 즉 실수로 사람을 죽인 사람이 사적인 복수를 피하기 위해 정식 재판이 열릴 때까지 머무는 성읍이다.[46] 도피성을 70인경에서는 '카타피곤테스'로 번역했고 신약에서는 이 단어를 '피난처'로 번역했다. 히브리서에서는 이 단어가 휘장 안에 있는 지성소로서 하늘로 통하는 문과 동일시되었다(히 6:18, 19).[47]

도피성은 하나님의 분노로 즉각적인 보복의 대상이 되어버린 인간을 구원하시고 변호하시는 예수 그리스도를 예표한다. 속죄소와 도피성의 피난처 이미지처럼 덮어주는 것이 사랑이다(잠 10:12, 17:9). 허물을 들추고 거듭 말하는 것은 관계를 깨뜨리지만(잠 17:9) 허물을 덮는 곳에 치유와 사랑이 있고 거기서 회복이 일어난다.

(2) 덮어주는 치유

아무리 작은 장기라고 해도 하나가 망가지면 몸 전체가 죽는 것처럼 율법의 단 하나만 범해도 전체를 범한 것이다(약 2:10, 11).[48] 이 허물을 덮지 않으면 아무도 하나님 앞에 설 수 없으며 율법의 정죄를 피해갈 수 없다.

다윗은 자주 하나님이 허물을 덮어주시기를 바라며 지성소의 피난처를 연상하며 기도하였다. "내가 영원히 주의 장막에 머물며 내가 주의 날개 아래로 피하리이다."(시 61:4) 하나님은 그룹의 날개로 (다윗의) 죄와 허물을 덮어주셨다. 다윗은 속죄소의 그룹을 연상하며 받은 복을 고백하였다. "허물의 사함을 받고 자신의 죄가 가려진 사람은 복이 있도다."(시 32:1) 그리스도의 보혈은 속죄소처럼 우리의 모든 죄와 허물을 덮는다. 우리는 이렇게 기도할 수 있다. "주여 우리의 부끄러움을 보혈로 덮어 주옵소서… 우리의 죄와 허물을 보혈로 씻어 주시옵소서. 우리의 마음에 피를 뿌려 정하게 하옵소서."

허물을 덮어주는 자는 사랑을 구하는 자다(잠 17:9). 덮어주는 것이 공적으로 정한 사법적인 책임을 면제해주는 것은 아니지만 사람 그 자체는 사랑으로 감싸고 품고 허물을 덮어주는 것을 말한다. 바울이 고린도전서 13장에 기록한 사랑은 오래 참고로 시작하여 "모든 것을 참으며, 믿으며, 바라며, 견디느니라."로 끝난다. 사람은 믿음의 대상이 아니라 사랑의 대상이므로 덮어주고 사랑해주어야 한다. 그 사랑을 먹고 향유하면서 사람의 영혼은 자라며 믿음이 성장한다. 왓슨은(우리의 허물을 덮는) 그리스도의 보혈이 주는 치유를 다음과 같이 묘사했다(Watson, 1978).

"상처는 그리스도의 피의 고약만큼 크지 못하다. 바다가 큰 암초를 덮는 것처럼 아버지의 연민의 바다는 큰 죄를 잠기게 한다."

2) 법궤

"여호와께서 모세에게 이르시되 너는 산에 올라 내게로 와서 거기 있으라. 네가 그들을 가르치도록 내가 율법과 계명을 친히 기록한 돌 판을 네게 주리라."(출 24:12)

(1) 하나님의 법

법궤는 조각목으로 만들었다. 번제단, 떡상, 분향단도 마찬가지다. 조각목은 아카시아 나무와 같은 싯딤나무의 일종으로 사막의 모래바람에 뒤틀리고 옹이가 지고 가시가 많은 보잘 것 없는 나무다. 하나님께서는 이 나무를 잘 가공하여 금으로 입히고 성전의 기구를 만들라고 하셨다.

조각목처럼 상처로 옹이가 생기고 뒤틀리고 또 남을 찌르는 가시를 가진 우리를 피로 씻고 은혜로 다듬고 성령으로 예수님의 성품을 입혀서 성전이 되게 하시려는 하나님의 의지가 들어 있다. 사막에서 살아남는 조각목의 비밀은 깊이 내려 간 뿌리에 있다. 조각목 같은 우리 인생은 생명의 근원에 뿌리를 내려 주 안에서 성전이 되어가고, 예수 안에서 함께 지어져 간다(엡 2:21-22).

법궤 안에 있는 십계명은 불변하는 하나님의 법을 상징한다. 법궤 안에는 모세가 시내산에서 받은 십계명 두 돌판, 아론의 싹 난 지팡이 그리고 만나 항아리가 들어있다. 히브리서 9장 4절에 법궤에는 만나 항아리와 십계명 두 돌비와 아론의 싹 난 지팡이를 넣어두었다. 그런데 열왕기상 8:9절에는 "궤 안에는 두 돌판 외에 아무 것도 없다"고 했다. 그리스도는 자신이 옛언약인 십계명을 푸는 열쇠가 되어(Needham, 1958) 그 안에 그리스도인의 풍성한 삶을 보장하는 산상수훈을 새언약의 백성들에게 내리셨다.

(2) 다림줄을 통한 치유

법궤 안에는 십계명을 기록한 두 돌 판이 있다. 십계명은 인간을 억압하기 위함이 아니라 행복을 위한 것이며(신 10:13) 생명과 사망의 갈림길이다(렘 21:8). 인간은 십계명에 계시된 언약적 기준을 따라 하나님과의 풍성한 관계 속으로 들어간다. 이 기준을 버리는 것은 선악과를 범하는 것과 같다. 선악과를 범하는 것은 죽음이듯이 사람이 하나님의 법을 떠나면 죽음에 이르고 현실에서는 고통과 역기능, 거절감, 상처, 신경증, 신경쇠약(노이로제), 인격장애, 공포증과 같은 죽음의 그림자를 겪고 살아간다. 하나님의 법에서 멀어진 인간은 자기가 누구인지를 모르며, 자기정죄와 자기집착에 매어 살 수밖에 없다. 그러나 겉으로는 멀쩡한 것처럼 회칠을 한 채 안과 밖이 다른 세계를 살아간다.

아모스의 다림줄은 하나님의 법을 은유 한다. 다림줄은 (율법과 마찬가지로) 불변하는 하나님의 법의 표상이다(Thompson, 1983). 일반적으로 다림줄은 납이나 철로 된 추를 매달아 벽이 똑바로 세위졌

는지를 알아보는 기구였다(Walton, 1993). 다림줄은 자기의 기준을 가지고 쌓은 어그러지고 거스러진 삶의 체계를 무너뜨리고(Brown-lee, 1986) 새로운 체계를 재건하는 양 날의 칼이다(히 4:12).

　인간은 상처를 받을 때마다 스스로를 방어하기 위해 거짓의 피난처를 만들고 도피한다. 이렇게 은폐된 마음의 상처는 부패하여 부정적인 감정을 드러낸다. 에스겔은 이 거짓의 피난처를 담으로 형상화했으며 에스겔이 담에 난 구멍으로 들여다보았을 때(겔 8:7) 그 안에서는 온갖 가증한 우상의 형상으로 가득했다. 겉으로는 아름답게 보이나 그 안에는 죽은 사람의 뼈와 모든 더러운 것이 가득한(마 23:27) 인간의 내면과 같았다. 하나님은 이 거짓의 피난처에 다림줄을 내리시고(암 7:7-9) 폭풍을 보내 열파하시겠다고 경고하셨다(겔 13:11-12). 그러나 파괴는 재건을 위함이며 현재 상태의 진단과 새로운 구축을 위한 준비과정이고 재구조화를 위한 것이다.

　한 번 선한 일을 하는 것이 중요한 것은 아니다. 좋은 나무에서 좋은 열매가 열리는 것처럼 선한 사람은 쌓은 선에서 선한 것이 나온다. 이렇게 존재 자체가 변하려면 다림줄을 통해서 옛사람을 허물고 그리스도의 손을 통해 새사람으로 지으심을 받아야 한다. 그리스도는 바로 이러한 목적, 즉 우리를 새사람으로 만드시기 위하여 이 땅에 오셨으며 십자가와 부활을 통해 그것을 이루셨다. 그리스도는 새사람이 된 우리와 언약을 맺으시고 새사람의 기준으로 산상수훈을 주셨다. 그리스도는 말씀이 육신이 되어 위에서 내려오신 하나님의 다림줄이다. 그리스도는 율법을 재해석하여 그것이 가리키는 진정한 의미를 십자가와 부활로 재창조하신 새로운 인류의 삶의 원리가 되게 하셨다. 그것이 산상수훈이다.

4. 화목제 식사

"모세가 여호와의 모든 말씀을 기록하고 이른 아침에 일어나 산 아래에 제단을 쌓고 이스라엘 열두 지파대로 열두 기둥을 세우고 이스라엘 자손의 청년들을 보내어 여호와께 소로 번제와 화목제를 드리게 하고 모세가 피를 가지고 반은 여러 양푼에 담고 반은 제단에 뿌리고 언약서를 가져다가 백성에게 낭독하여 들게 하니 그들이 이르되 여호와의 모든 말씀을 우리가 준행하리이다. 모세가 그 피를 가지고 백성에게 뿌리며 이르되 이는 여호와께서 이 모든 말씀에 대하여 너희와 세우신 언약의 피니라."(출 24:4-8)

모세는 열 두 기둥을 세우고 번제와 화목제를 드린 후에 화목제의 피를 반은 양푼에 담고 반은 제단에 뿌리고(6절) 언약문서를 낭독하자 백성이 동의하고 준행을 약속하였다(7). 그리고 양푼에 담은 피를 백성에게 뿌리며 "이는 여호와께서 너희와 세우신 언약의 피"(8)라고 하였다. 스롤리는 초대공동체에서의 (예수님이 화목제 식사를 통해 재정하신) 성만찬은 무엇보다도 주님의 살과 피의 희생을 경험하고 십자가의 의미를 재현하는데 그 주안섬을 두었나고 하였다(Srawley, 1947).

주님께서 성만찬 제정 시에 하나의 빵을 쪼개어 나누어 주시면서 "받아먹으라. 이것이 내 몸이니라(마26:26)"하신 말씀과, 잔을 부어 주시면서 "이것은 많은 사람을 위하여 흘리는바 나의 피 곧 언약의 피니라(26:28)"하신 것은 그리스도께서 인간의 죄를 대속하시기 위하여 단번에 드리는 희생제물이 되셨음을 뜻한다. 당시 언약에 참여한 이스라엘이 언약을 어기고도 정결함을 받지 않고 희생의 고기를 먹으면 백성 중에서 끊어진 것처럼(레 7:20) 주의 만찬에 참여하는 자들도 자기를 살피지 않고 떡이나 잔을 합당치 않게 먹고 마시면 주님의 몸과 피를 범하는 것과 같다(고전 11:27).

하나님과의 수직적인 관계회복을 경험한 구약의 예배자들은 언약 백성들과의 수평적인 용서와 화해를 위해 공동체 식사를 하였다. 공동체 식사는 관계회복을 통한 새로운 만남을 상징한다. 예수님은 세리와 죄인들과 함께(마 9:10-11, 막 2:15-16) 자주 식사를 하셨는데 이는 그들이 예수를 통해 하나님의 가족이 되었음을 의미한다.

당시에 세리와 죄인들은 사회적으로 멸시를 받거나 경제적으로 빈곤한 사람들을 가리키는 말이었다. 그들의 생활은 수 백 가지의 율법 조문들을 암기할 정도로 정신적, 경제적 여유를 가지고 있지 않았다. 하루하루 살기에 바쁜 그들을 지배자들은 율법 없는 자들 곧 죄인들로 지칭하였다. 그러나 예수님은 이들과 친구가 되셨고 그 표시로 자주 함께 먹고 마셨다. 그리스도는 식탁교제를 그가 선포하는 하늘나라의 '잔치'에 비유하시고 자신을 '잔치집의 신랑'(마 9:14)에 비유하셨다(마 9:14).

예수님이 잔치 집의 신랑이라면 예수가 세리들, 죄인들과 함께 가지는 식탁교제는 하나님 나라에서 이루어질 화해의 만찬이 앞당겨 일어나는 것이었다. 그것은 단순히 먹고 즐기기 위한 것이 아니라, 안식년과 희년의 법이 실현되어 모든 사람이 한 형제로서 한 자리에 앉아 평등하게 먹는 하나님 나라가 앞당겨 일어남을 뜻한다(Bornkamm, 1956). 즉 하늘의 식탁에서 벌어지는 풍성한 식탁을 지상에서 미리 맛보는 사랑의 향연이었다(love feast).

화목제의 제사를 통한 공동체의 회복과 함께 그 결과로서 여호와 앞에서 함께 기뻐하고 감사하는 잔치(축제)의 성격을 또한 내포하고 있다. 주의 만찬은 주님의 부활과 재림을 소망하는 일종의 잔치로서 예루살렘 교회 공동체는 화해와 회복의 특성이 종말론적 기쁨으로 나타났다(Murray, 1955). 화목과 화해 그리고 회복은 공동체를 하나로 묶는 하나 됨을 이룬다. 하나 됨은 주님의 성찬과 함께 누리는 하나님의 선물이다(White, 1983).

탕자의 비유에서는 그 화목과 화해가 송아지를 잡아 잔치를 하는 것으로 나타난다. 탕자가 돌아왔을 때 아버지는 맨 발로 뛰어나가 안고 입을 맞추며 살진 송아지를 잡아 잔치를 하였다.

하나님은 그리스도의 피로 회복된 공동체에 희락의 기름을 부으셔서 공동제적 유희를 경험하게 하신다. 십자가를 통한 번제가 있어야 화목제가 있고 진정한 화목제가 있어야 번제가 있다. 하나님과의 관계회복은 수평적 관계회복의 전제조건이며 수평적 관계 회복은 수직적 관계회복의 증언이었다. 즉 예배가 관계의 회복과 연결되지 않으면 그 예배는 의미가 없다. 예수님은 이 점을 분명히 하셨다.

"그러므로 예물을 제단에 드리려다가 거기서 네 형제에게 원망들을 만한 일이 있는 것이 생각나거든 예물을 제단 앞에 두고 먼저 가서 형제와 화목하고 그 후에 와서 예물을 드리라"(마 5:23, 24)

누군가를 용서하고 또는 용서를 구하고 관계가 회복되었을 때 얼굴에 빛이 난다. 그 때 성령이 기름을 부으시면서 하나님의 생명이 영혼을 가득 채워 기쁨을 방출한다. 사람의 모든 고통은 관계가 깨졌을 때 오며 치유는 그 관계가 회복되었을 때 일어난다. 화해는 용서보다 깊고 구체적이다. 화해까지 가지 못하는 용서는 있어도 용서가 없는 화해는 없다. 하나님과의 화해는 모든 인간의 화해에 기초와 근거와 능력으로 작용하여 모든 관계를 샬롬으로 이끈다. 그리스도께서 자격 없는 나를 용서하시기 위해 번제물이 되어 피를 흘리셨는데 만일 우리가 타인을 용서하고 교제를 회복하여 화목제가 상징하는 식탁교제에 참여하지 못한다면 그것은 반쪽 예배를 드리는 것과 같다.

제5부

산상수훈의 치유적 유비

1. 치유적 기초
2. 팔복의 치유적 유비
3. 주기도문의 치유적 유비

1. 치유적 기초

산상수훈은 새언약의 당사자인 교회가 현재형으로 순종하며 살아가는 하나님 나라의 윤리다. 산상수훈은 인간성의 개조를 위한 실존적인 설교가 아니며(Jones, 1974) 하나님 나라의 백성이 되는 조건이나 입문과정이 아니라, 하나님의 은혜로 초대를 받은 하나님 나라 백성이 감사함으로 갖는 기준이며 실현된 종말론과 미래적 종말론 사이를 살아가는 그리스도인의 생활원리다(DeGraaf, 1978).

산상수훈은 율법에 대한 재해석이고, 율법의 폐지가 아닌 완성을 의미한다(마 5:17). 산상수훈은 새언약으로 형성된 하나님 나라 백성의 헌법이다. 그 백성은 이 법의 통치를 받으며 이미 하나님의 나라에 들어가 있다.

산상수훈은 진정한 의미에서 정신건강을 지키며 상처를 치유한다. 파이퍼는 말했다. "산상수훈과 십계명은 고용주의 직무 설명서가 아니라 의사가 처방한 건강계획서다." 크레이머(Cramer)는 산상수훈의 치유적 기능을 발견한 제임스 피셔를 인용하여 설명하였다(1987).

"근 2000년에 걸쳐서 기독교계는 그 손 안에 끊임없이 쉬지 않고 찾아 헤매는 인간의 추구에 대한 완벽한 해답을 쥐고 있었다. 여기에 최상의 정신 건강과 만족을 누리는 성공적인 인생을 위한 청사진이 놓여있다."

피셔는 50년 간 인간의 감정적 정신적 신체적 문제를 연구하면서 이 주제에 관한 권위 있는 책과 강연과 종교적 모범을 다 찾아 본 결과 2천 년 전에 그것이 이미 산상수훈에 공개된 것을 알고 깜짝 놀랐다. 그는 최고의 정신의학자, 심리학자, 권위 있는 책의 엑기스를 뽑아도 산상수훈에 형편없이 뒤지게 될 것이라고 단언했다.

1) 존재와 되어짐

"너희는 세상의 소금이니 소금이 만일 그 맛을 잃으면 무엇으로 짜게 하리요 후에는 아무 쓸 데 없어 다만 밖에 버려져 사람에게 밟힐 뿐이니라. 너희는 세상의 빛이라 산 위에 있는 동네가 숨겨지지 못할 것이요 사람이 등불을 켜서 말 아래에 두지 아니하고 등경 위에 두나니 이러므로 집 안 모든 사람에게 비치느니라. 이같이 너희 빛이 사람 앞에 비치게 하여 그들로 너희 착한 행실을 보고 하늘에 계신 너희 아버지께 영광을 돌리게 하라."(마 5:13-16)

빛과 비춤, 소금과 짠맛은 존재와 되어짐, 됨과 함의 관계다. 됨은 존재론과 인식론이고 함은 윤리와 실천에 관한 것이다. 자연

종교의 됨은 성인군자, 신선, 초인, 성불을 의미하며 함은 희생, 비움, 자비, 진실, 도덕, 계율의 수행을 의미한다. 사회적인 됨은 그 인격의 됨됨이를 함은 그 사람의 쓸모와 효용을 말한다.

그러나 성경의 됨과 함은 신분과 수준, 인격(being)과 행함(doing), 구원과 성화, 생명(life)과 삶(living), 관계와 사귐(교제)을 의미한다. 기독교의 됨은 이전의 존재와 전혀 다른 존재 즉 새로운 피조물이 되었음을 의미한다. 그리고 함은 그리스도의 생명으로 태어난 사람들이 그리스도와 연합함으로 맺는 열매를 말한다. 오직 열매로만 그 존재와 됨을 알 수 있는 것이다.

"그들의 열매로 그들을 알지니 가시나무에서 포도를, 또는 엉겅퀴에서 무화과를 따겠느냐? 이와 같이 좋은 나무마다 아름다운 열매를 맺고 못된 나무가 나쁜 열매를 맺나니 좋은 나무가 나쁜 열매를 맺을 수 없고 못된 나무가 아름다운 열매를 맺을 수 없느니라. 아름다운 열매를 맺지 아니하는 나무마다 찍혀 불에 던져지느니라. 이러므로 그들의 열매로 그들을 알리라."(마 7:16-20)

성경에서의 함은 열매로서의 되어짐을 의미한다. 됨과 함은 씨앗이 땅에 떨어져 싹이 나고 줄기가 자라고 잎이 나오고 꽃이 피어 나무가 열매를 맺는 생명의 순환과정이다. 나무가 열매를 맺으려면 물관과 채관을 통해 상호작용이 일어나야 하듯이 그리스도인의 함은 생명의 근원과의 사귐을 통해 성장하고 사귐의 과정에서 흘러 들어온 하나님의 성품을 내면화하는 과정에서 열매로 나타난다.

사귐을 통해 나타나는 열매와 자력적인 함은 생화와 조화의 차이로 설명할 수 있다. 생화는 향기가 있고 수정을 해서 열매를 맺지만 조화는 생화보다 더 아름답고 화려하며 꽃이 오래가는 것은 사실이지만 향기도 없고 열매가 열리지 않는다. 하나님이 없이 이루어지는 애국이든지 혁명이든지 아니면 빈민의 구제라든지 종교와 선행 도덕 윤리든지 그 자체는 매우 훌륭하고 위대하며 인류에 기여하고 칭찬할 만하지만 성경이 말하는 열매로서의 함을 대신하지 못한다.[49] 열매로서의 함은 사귐을 통한 하나님과의 회복된 관계에 기초하기 때문에 그것은 그 기초가 반석 위에 있는 것처럼 견고하다.

"그러므로 누구든지 나의 이 말을 듣고 행하는 자는 그 집을 반석 위에 지은 지혜로운 사람 같으리니 비가 내리고 창수가 나고 바람이 불어 그 집에 부딪치되 무너지지 아니하나니 이는 주추를 반석 위에 놓은 까닭이요 나의 이 말을 듣고 행하지 아니하는 자는 그 집을 모래 위에 지은 어리석은 사람 같으리니 비가 내리고 창수가 나고 바람이 불어 그 집에 부딪치매 무너져 그 무너짐이 심하니라."(마 7:24-27)

예수님은 포도나무 비유에서 "나를 떠나서는 너희가 아무 것도 할 수 없느니라"고 하셨다. 가지가 열매를 맺는 유일한 방법은 나무에 붙어있는 것이다. 열매가 없다면 그 원인은 열심의 부족이 아닌 나무를 떠났기 때문이다. 그러므로 우리는 매일 십자가에서 자신을 들여다보고 (영적으로) 피 뿌리심을 받으며 사귐을 유지해야 한다. 우리는 매일 정결하게 하는 샘에서 물을 마신다. 이것이 매일 발을 씻어 정결함을 얻는 것이 성전의 내면화를 통한 회복의 메커니즘이다.

우리는 매일 "내가 과연 구원을 받을까?" "하나님이 과연 나를 사랑하실까?"하는 불안에 의해서 살아가는 것이 아니라 하나님의 자녀라는 신분에서 수준을 끌어내며, 됨에서 함을 창출하고 자기의심에서 벗어나 자존감이 회복되고 자아상이 고침 받는다.

2) 율법과 복음

산상수훈을 통해 드러난 율법의 정신은 하나님 나라 백성을 위한 제 3의 삶의 원리로 작용한다(DeGraaf, 1978). 캘빈은 복음으로서 율법의 제3의 기능을 이야기하였고(INST) 루터(Luther)는 로마서 주석에서 (직접 그 단어를 언급하지는 않았지만) 성령으로 말미암아 율법적 요구를 감당할 수 있게 된다고 하였다(1954). 예컨대, 율법은 폐지된 것이 아니라 복음으로 성취된 것이다(마 5:17, Carson, 2005).

유대인들은 십계명의 확장인 모세오경의 토라를 613가지로 정했다. 그 중에서 '하지 말라'는 계명이 365가지인데 1년의 날 수와 같다. '하라'는 계명은 248가지로 인간의 뼈와 모든 장기의 수와 같다. 매일 하지 말아야 할 것이 있으며 우리 몸의 모든 지체를 동원해 해야 할 것이 있다는 의미다. 전자를 범하면 작위적인 죄(commission)를 짓는 것이며 후자를 행하지 않으면 비작위적인 죄(omission)를 행하는 것이다. 유대인들은 율법을 지키는 것이 현실적으로 어렵다는 것을 알고 인간의 수준에서 가능하도록 실정법으로 현실화하였다. 거기에 미치지 못하는 사람들을 비판하고 정죄하고 손가락질하는 것으로 자신들의 신앙적 우위를 착각하고 자만하였다.

예수님은 율법이 가진 원래의 수준과 정신을 회복하신 다음 자신이 그 율법을 준수하심으로 순종을 통한 적극적인 의를 확보하셨다. 그리고 그에게 속한 자들을 율법의 정죄에서 해방하시고 율법의 현실적 요구, 또는 문자적인 실천 그 이상의 율법을 주신 정신을 따라 살게 하셨다. 산상수훈은 이러한 율법의 수준과 정신을 살려 그리스도인의 삶의 원리로 주신 복음이다(Jeremias, 1963). 그 중에서 핵심을 차지하는 것이 사랑이다. 위의 613가지의 계명에서 365개와 248가지의 계명을 더 확장하면 사람의 손가락과 발가락이 10개씩인 것처럼 십계명으로 요약되며, 손과 발, 눈과 귀가 둘씩인 것처럼 하나님 사랑과 이웃사랑으로 요약된다.

예수님은 율법의 배후에 있는 사랑의 정신에서 시작하셨다. 사랑은 단지 남을 죽이지 않는 것 이상이다. 적극적으로 언어부터 친절하고 행동에서 배려해야 한다(마 5:21-26). 미워하는 것이 이미 살인이며 부적절한 성적 판타지 역시 간음이다. 사랑해야 할 사람을 이혼증서 한 장으로 버리는 것은 있을 수 없다(마 5:26-32). 구제를 떠벌리고 하면 그를 지으신 분을 모독하는 일이다(잠 17:5). 우쭐대는 마음이나 공로주의에서 나오지 않도록 구제하는 사람 자신도 그것에 관하여 모를 정도가(마 6:3) 되어야 한다. 사람의 칭송을 듣고자 하는 구제는 칭송을 돈을 주고 사는 것과 같다(마 6:2).

"옛 사람에게 말한바 살인하지 말라 누구든지 살인하면 심판을 받게 되리라 하였다는 것을 너희가 들었으나 나는 너희에게 이르노니 형제에게 노하는 자마다 심판을 받게 되고 형제를 대하여 라가라 하는 자는 공회에 잡혀가게 되고 미련한 놈이라 하는 자는 지옥불에 들어가게 되리라 그러므로 예물을 제단에 드리려다가 거기서 네 형제에게 원망들을 만한 일이 있는 것이 생각나거든 예물을 제단 앞에 두고 먼저 가서 형제와 화목하고 그 후에 와서 예물을 드리라 너를 고발하는 자와 함께 길에 있을 때에 급히 사화하라 그 고발하는 자가 너를 재판관에게 내어 주고 재판관이 옥리에게 내어 주어 옥에 가둘까 염려하라 진실로 네게 이르노니 네가 한 푼이라도 남김이 없이 다 갚기 전에는 결코 거기서 나오지 못하리라."(마 5:21-26)

율법주의는 해야 하는 것과 하지 말아야 할 것에 대한 계율 그 이상으로 인과율이라는 철학적 구조를 가진다. 율법주의는 내가 원인이 되어 보상을 결과로 기대한다. 예수님은 맹세함으로 내 쪽에서 원인을 가져 하나님을 움직이려는 율법주의적인 시도를 금하셨다(마 5:33-27). 하나님께는 순종이 필요할 뿐 내 쪽에서 서원과 맹세를 동원하여 하나님을 흔들 생각을 버려야 한다.

어떤 부인이 외도에 대한 죄책감 때문에 매일 전도를 하기로 서원을 하였다. 전도하는 동안에는 마음이 가벼워졌다고 한다. 어떤 부인은 다른 여자와 살림을 차린 남편이 돌아오게 하려고 하나님께 남편이 돌아올 때까지 전도를 하겠다고 서원을 하였다. 이런 서원이 과연 상황을 바꿀 수 있을까? 내가 원인이 되어 하나님을 움직이려는 발상은 안타깝지만 상달되지 않았다.

"또 옛 사람에게 말한바 헛맹세를 하지 말고 네 맹세한 것을 주께 지키라 하였다는 것을 너희가 들었으나 나는 너희에게 이르노니 도무지 맹세하지 말지니 하늘로도 하지 말라 이는 하나님의 보좌임이요 땅으로도 하지 말라 이는 하나님의 발등상임이요 예루살렘으로도 하지 말라 이는 큰 임금의 성임이요 네 머리로도 하지 말라 이는 네가 한 터럭도 희고 검게 할 수 없음이라 오직 너희 말은 옳다, 옳다, 아니라, 아니라 하라 이에서 지나는 것은 악으로부터 나느니라."(마 5:33-37)

　　십자가를 외면한 인간의 공로는 모래 위에 지은 집과 같다. 관계가 빠진 종교적 행위들은 모두 불법을 행하는 것과 같다. 그들의 공로는 마치 지푸라기가 불에 타 버리듯이 사라질 것이며 비가 내리고 창수가 나고 바람이 불어 그 집에 부딪칠 때 심하게 무너진다(마 7:22-27).

　　"그 날에 많은 사람이 나더러 이르되 주여, 주여 우리가 주의 이름으로 선지자 노릇 하며 주의 이름으로 귀신을 쫓아 내며 주의 이름으로 많은 권능을 행하지 아니하였나이까? 하리니 그 때에 내가 그들에게 밝히 말하되 내가 너희를 도무지 알지 못하니 불법을 행하는 자들아 내게서 떠나가라 하리라　그러므로 누구든지 나의 이 말을 듣고 행하는 자는 그 집을 반석 위에 지은 지혜로운 사람 같으리니 비가 내리고 창수가 나고 바람이 불어 그 집에 부딪치되 무너지지 아니하나니 이는 주추를 반석 위에 놓은 까닭이요 나의 이 말을 듣고 행하지 아니하는 자는 그 집을 모래 위에 지은 어리석은 사람 같으리니 비가 내리고 창수가 나고 바람이 불어 그 집에 부딪치매 무너져 그 무너짐이 심하니라."

3) 콤플렉스

"비판을 받지 아니하려거든 비판하지 말라. 너희가 비판하는 그 비판으로 너희가 비판을 받을 것이요 너희가 헤아리는 그 헤아림으로 너희가 헤아림을 받을 것이니라. 어찌하여 형제의 눈 속에 있는 티는 보고 네 눈 속에 있는 들보는 깨닫지 못하느냐 보라 네 눈 속에 들보가 있는데 어찌하여 형제에게 말하기를 나로 네 눈 속에 있는 티를 빼게 하라 하겠느냐 외식하는 자여 먼저 네 눈 속에서 들보를 빼어라 그 후에야 밝히 보고 형제의 눈 속에서 티를 빼리라. 거룩한 것을 개에게 주지 말며 너희 진주를 돼지 앞에 던지지 말라 그들이 그것을 발로 밟고 돌이켜 너희를 찢어 상하게 할까 염려하라."(마 7:1-6)

선지자들은 타락한 사회를 비판하면서 회개를 촉구했다. 예수님도 바리새인을 향해 독사의 자식들이라고 하셨다. "비판하지 말라"는 전문적인 비평가나 평론가가 되지 말라거나 분별을 하지 말라는 뜻이 아니라 존재를 규정하고 낙인을 찍어 배제하고 판단하거나 정죄하지 말라는 뜻이다. 우리가 인간으로 태어난 이상 너나 할 것 없이 죄인이다. 죄인인 줄 아는 죄인과 모르는 죄인, 들킨 죄인과 들키지 않은 죄인, 감옥 안에 있는 죄인과 밖에 있는 죄인이 있을 뿐이다.

우리는 자신 안에 있는 들보를 볼 수 있어야 한다. 내 안의 들보는 융의 심리학에서 말하는 콤플렉스를 말한다. 콤플렉스는 유난히 신경이 쓰이고 예민한 부분이며 건드리면 과도하게 마음이 상하고 오래간다. 이것에 가려 자신의 참 모습을 보지 못할 뿐 이니라 감추고 방어하는 데 에너지를 모두 사용하기 때문에 우울증을 유발한다. 그러나 콤플렉스를 만나주면 오히려 참된 자아를 발견하는 이정표 역할을 한다.

　사람은 누구나 일생을 두고 추구하는 깊은 욕구가 있다. 여기에 좌절하면 콤플렉스로 남는다. 하지만 이런 부분까지도 나의 일부로 만나주면 당장은 아프지만 묻어두고 인정하고 싶지 않았던 이면의 내가 보인다. 준 것이 없어도 미운 사람, 유난히 눈에 거슬리는 사람이 나의 콤플렉스다. 그 사람과 관계를 차단하지 않고 그에게 투영된 나의 콤플렉스를 보면 나에게 어떤 상처와 아픔이 있는지를 알게 되며 동시에 다른 사람의 어두운 면(shadow)을 이해하고 공감하며 품고 사랑하는 힘이 생긴다.

　콤플렉스는 셀 수 없이 많다. 외모, 고향, 군대, 학력, 직업에 대한 콤플렉스가 있다. 살리에르와 같은 2인자 콤플렉스, 성공을 두려워하는 요나 콤플렉스, 어디를 가나 가시를 만나는 에돔 콤플렉스도 있다. 유대인들이 유독 예수님을 미워하고 무슨 말을 하면 꼬투리를 잡고 지적하고 판단하고 정죄하기에 바빴다. 그들이 갖고 싶은 것을 예수님이 가지고 계셨기 때문이다.

　콤플렉스가 병적인 것과는 무관함에도 불구하고 노이로제, 히스테리와 같은 병리적인 특성을 가지는 이유는 콤플렉스를 드러내지 않으려는 강한 노력과 억압 같은 잘못된 방식 때문이다(Jung, 2002). 심리학자 아들러는 열등감과 열등 콤플렉스를 구분하였다. 열등감은 그것을 극복하는 과정에서 창조적 에너지를 제공하고 열등 콤플렉스는 열등감을 일으키는 원인에 대하여 좌절하는 것이다. 혁신적인 기업가들 중에 난독증을 가진 사람이 많다는 통계가 있다. 그들이 겪은 사회적 소외가 오히려 기존의 질서와 고정관념을 바꾸는 계기로 작용했기 때문이다.

"킹스 스피치"라는 영화의 주인공 영국의 조지 6세는 심한 말더듬이였다. 1925년 당시 요크공작이었던 그는 국제 박람회의 폐막연설을 말더듬이 습관 때문에 망쳤다. 게다가 왼손잡이 콤플렉스와 차남 콤플렉스까지 있었다. 아버지가 세상을 떠나면서 황태자인 형이 이혼녀인 심슨 부인과 염문을 뿌린다는 이유로 동생인 그에게 왕위가 계승 되었다. 울면서 거부했지만 어쩔 수 없었다. 대신 그의 말더듬이를 치료하기 위해 호주에서 온 언어치료사가 그의 친구가 되어 주었다. 언어치료사 로그는 그의 이름을 가족명 버티로 부르며 그의 말에 귀를 기울였다. 마음의 소리를 노래와 춤으로 표현하게 하고, 창문을 열고 욕도 하게 했다. 이렇게 왕의 마음에 응어리로 남아있던 감정이 쏟아져 나오면서 차츰 자신을 찾아가게 되고 치유가 일어나기 시작했다. 그는 오히려 더 진실하고 호소력 있는 연설을 하게 되었고 포탄이 쏟아져도 국민들을 위해 궁을 떠나지 않았다.

석유는 바다에 가라앉은 유기물이 퇴적되면서 생긴 것이라는 이론이 지배적이다. 콤플렉스도 상처 입은 감정의 덩어리지만 그것을 거름으로 삼으면 석유처럼 창조적 에너지원이 된다. 현대 성형수술의 창시자인 플래트(Harry Platt)는 선천적인 약체로 뼈와 관절에 장애를 가지고 있었다. 그가 장애를 극복하고 100세의 나이로 세상을 떠나기까지 외과의사로 성공적인 삶을 산 것은 "너의 상처를 별로 만들라"는 아버지의 한마디 말 때문이었다. 콤플렉스는 잘 극복하면 '나의 힘'으로 작용한다.

4) 온전함

"그러므로 하늘에 계신 너희 아버지의 온전하심과 같이 너희도 온전하라."(마 5:48)

'온전함'은 우리의 구원이 칭의에서 끝나지 않고 성화되어야 함을 시사한다. 성화에 이르는 과정에 대한 견해는 하나로 통일되어 있지 않다. 급진적 성화를 말하거나 성령세례와 같은 은사로 수렴하기도 하며 때로는 칭의의 확장이나 열정과 실천적 영성으로 이해는 경향이 있는데 산상수훈에서 말하고자 하는 '온전함'으로서의 성화는 그리스도와의 연합을 의미한다(요 15:5). [50]

'온전함'은 완벽주의를 말하는 것이 아니다. 윌슨(Wilson)은 내가 완벽해야 사랑 받을 것이라는 잘못된 가정과 신화 때문에 생긴 수치심 때문에 섭식중독에 빠졌던 경험을 통해 '완벽주의'의 위험성을 경고했다(1989). [51]

완벽주의는 정상적(기능적) 완벽주의와 신경증적 완벽주의(Hamacheck, 1978)로 나누거나 적응적 완벽주의와 부적응적 완벽주의로(Slade & Owen, 1998) 구분한다. 미켈란젤로는 건축과 조각과 회화에서 완벽을 추구했으며 성 베드로 성당과 다비드상, 시스틴 성당의 천정화는 그가 추구한 기능적 완벽주의의 결과물이다. 기능적 완벽주의자였던 칸트는 11년 동안 순수이성 비판의 저술에 매달려 57세가 되어서야 완성했다. 기능적인 완벽주의는 인정받고자 하는 동기에서 출발하지만 그것이 내적 동기로 전환되면서 더 열심히 살고자 하는 자기향상의 수단으로 작용한다.

문제는 신경증적 완벽주의인데 실수에 대한 염려와 내가 완벽하면 사랑 받을 것이라는 잘못된 신념의 산물이다. 신경증적 완벽주의는 이른 바 좌절, 자기회의, 탈진에 이를 수 있다. 우울증, 불안증, 강박증, 섭식장애, 일중독, 불면증, 자살, 결혼생활의 갈등, 할 일을 꾸물거리며 한없이 미루는 습관 외에도 정신질환의 원인이 된다.

신경증적 완벽주의는 첫째로 자신이 사랑과 인정을 받기 위해 완벽하기를 원한다. 둘째로 타인 특히 부모의 지나친 기대와 간접적인 주입이 그것을 원한다. 셋째로, 사회는 완벽을 원한다. 성과사회는 조금의 실수도 용납하지 않기 때문에 여기서 살아남으려는 어느 한 개인은 완벽주의를 자기 삶의 한 부분으로 받아들이게 된다.

완벽주의의 성향은 크게 사고, 행동, 정서의 세 가지 측면으로 나누어 살펴볼 수 있다. 첫째로 매우 높은 기준이나 실수에 대한 지나친 염려, 수행에 대한 의심과 자기비난과 같은 왜곡된 사고다. 둘째로, 대인관계의 어려움과 행동의 지연으로(미루기) 나타나며, 셋째로, 불안, 우울과 낮은 자아존중감과 같은 정서로 드러난다(Hamacheck, 1978).

여러 이론을 종합해 볼 때 완벽주의는 몇 가지 신념체계를 가지고 있다. ① 내가 더 열심히 하면, 내가 더 잘하면, 내가 더 완벽해지면 사랑 받을 것이라는 생각이다. ② 추구하는 수준은 도달할 수 없는 패배자 각본이다. ③ 흑과 백, 실패 아니면 성공 등 중간이나 연속성의 가능성을 배제하고 완벽한 성공, 전적인 실패로 간주하는 이분법적 사고다. ④ 작은 일에도 너무 포괄적인 결론을 내리는 과잉일반화가 있다. 의견의 거절을 자신을 거절한 것으로 받아들이거나 세상 사람들이 다 나를 버렸다고 생각하는 것과 같은 것이다. ⑤ 이래야 한다, 또는 저래야 한다는 식으로 타협의 여지가 없는 당위적 사고가 있다. ⑥ 성공을 했다고 해도 어쩌다 한 번 운이 좋았다고 생각하는 과소평가가 있다. ⑦ 현실적 자기와 자기가 바라는 이상적 자기, 그리고 사회가 불문율처럼 요구하는 의무적 자기 사이에서 갈등하는 자기불일치 현상이 있다. ⑧ 일이 안 되었을 때 벌 받은 느낌을 오히려 편하게 느끼는 자기 처벌적 사고가 있다.

산상수훈에 대한 문자적인 접근은 영적인 완벽주의를 부른다. 산상수훈을 문자적으로 보면 마치 모든 군대를 해산하고 일체의 이익추구를 위한 활동을 해서는 안 되는 것으로 생각하기 쉽다. 톨스토이는 산상수훈을 문자적으로 실천하려고 자신의 영지를 가난한 사람들에게 나누어주고 저작권도 포기하고 어떤 신분에 대한 혜택도 거부하려다 아내와 심한 마찰을 빚었다. 다음 구절을 문자적으로 이해하면 사지가 멀쩡한 사람은 없을 것이다.

"나는 너희에게 이르노니 음욕을 품고 여자를 보는 자마다 마음에 이미 간음하였느니라. 만일 네 오른 눈이 너로 실족하게 하거든 빼어 내버리라 네 백체 중 하나가 없어지고 온 몸이 지옥에 던져지지 않는 것이 유익하며 또한 만일 네 오른손이 너로 실족하게 하거든 찍어 내버리라 네 백체 중 하나가 없어지고 온 몸이 지옥에 던져지지 않는 것이 유익하니라 또 일렀으되 누구든지 아내를 버리려거든 이혼 증서를 줄 것이라 하였으나 나는 너희에게 이르노니 누구든지 음행한 이유 없이 아내를 버리면 이는 그로 간음하게 함이요 또 누구든지 버림받은 여자에게 장가드는 자도 간음함이니라."(마 5:28-32)

교회사에서는 실제로 문자적인 완벽주의로 해석하여 거세를 하거나 손을 자르는 일이 있었다. 그러나 이 말씀은 온전함을 가르치시기 위해 사용하신 예수님의 화법이다. 보통 남성은 시각을 통해 자극을 받고, 여성은 부드러운 말과 분위기, 접촉에 자극을 받는다. 자극은 도파민을 분비하고 몸에서 화학반응을 일으키면서 점점 통제 불능의 상태에 이른다. 자극을 방치하면 점점 예민해져서 반복과 습관과 내성을 거쳐 중독을 일으킨다.

이런 현상이 반복되면 자존감이 약화되고 죄책감에 시달리며 자포자기가 되어 더 큰 죄로 이어질 수도 있다. 그러므로 자극의 임계량을 잘 관리해서 통제 불능으로 빠지지 않도록 해야 한다. 죄를 부르는 자극은 가지고 놀만한 장난감이 아니다. 은근히 그것을 즐기려는 마음은 포도원을 허는 작은 여우와 같다(아 2:15). 그러므로 눈을 빼고 손을 찍어내는 각오로 불필요한 자극을 차단하라는 의미로 이 말씀을 받아들여야 한다.

5) 죄책감과 수치심

"거짓 선지자들을 삼가라 양의 옷을 입고 너희에게 나아오나 속에는 노략질하는 이리라."(마 7:15)

요한의 환상 중에 개구리 같은 세 더러운 영이 용의 입과 짐승의 입과 거짓 선지자의 입에서 나오는데(계 16:13) 용과 짐승과 거짓선지자를 악의 삼위일체라고 한다. 용은 하나님을 대적하는 사탄을, 짐승은 그리스도를 대적하는 적그리스도를, 거짓선지자는 성령을 대적하는 악령을 형상화한다. 거짓선지자는 양의 모습을 하고 용의 말을 하기 때문에(계 13:11) 분간하기 어렵다.

사탄은 존경 받는 종교인, 위대한 사상가, 심지어 애착관계에 있는 광명의 천사로 가장한다. 나에게 성경적인 하나님 이미지와 하나님의 형상으로서의 자아상을 보여주지 못할 뿐 아니라 왜곡하는 모든 대상관계는 거짓선지자와 유비관계에 있다. 이런 거짓선지자에 의해 내 안에 수치심이라는 존재를 규정짓는 느낌과 감정이 만들어지면 거기에 결박을 당한다.

나를 양육했던 부모라 할지라도 자신의 상처와 무지 때문에 나의 참된 모습을 잘 반영하지 못하여 자아상이 잘못 형성되었다면 유비적으로 거짓 선지자의 역할을 한 것이다. 목사가 율법주의를 주입하고 고행이나 이원론을 가르치면서 종교적 완벽주의를 강요했다면 그것은 영적인 학대일 뿐 아니라 하나님의 형상을 왜곡하고 자아의 이미지를 훼손한 거짓 선지자의 역할을 한 것이다. 또래 친구나 선후배, 심지어 네 살짜리 어린아이도 유비론적으로 거짓선지자가 될 수 있다.

하나님의 형상이 왜곡되고 자아의 이미지가 훼손되면 마음에 수치심이 내면화 된다. 수치심은 단순한 부끄러워하는 기질(shy)과 다르며 존재 자체에 대한 수치(shame)를 의미한다. 진리에 기반을 두지 않은 병적이고 비성경적이며 신경증적인 수치심은 존재에 관한 느낌이다. 수치심은 우리의 인성과 자기의 자질에 관한 고통스러운 감정이며 그것을 해결할 수 있는 손쉬운 체계가 존재하지 않는다(Nathanson, 1994).

수치심은 태어나면서부터 세포 하나 인격 자체에 문제가 있다는 느낌이다. "나는 사랑받을 자격이 없다" "나는 태어날 때부터 뭔가 부족하게 태어났다"는 것과 같은 실존적 느낌이다. 미운 오리 새끼 감정, 부러진 다리 의식, 나비들 속의 애벌레 의식, 하나님은 모두를 사랑하시지만 나를 사랑하지 않는다는 자기의심, 주변에서 아무도 믿을 수 없다는 회의적 의심증이 여기에 속한다.

수치심은 고립감, 버림받는 것에 대한 두려움, 절망감의 감정으로 연결되며 부적합하다는 감정, 거절감, 자기의심, 죄책감, 인간으로서 사랑받을 만하지 못하다는 감정, 스며드는 외로움 등의 감정을 일으킨다(Kaufman, 1992). 그 동안 수치심은 종종 분노, 경멸, 우울, 부인, 우월감 (죄책감) 등의 변장된 감정으로 변형되어 나타나기 때문에 외면되어져 왔다(Morrison, 1996).

수치심의 구별		
	(기질적인, 도적적인) 수치감	(신경증적) 수치심
범 위	소심한 성격, 수오지심	전체의 자기(entire self)
동 기	기질, 도덕적 일탈	잊으려고 할수록 뚜렷해짐
인 식	행동을 수정하면 됨	존재 자체가 문제
결 과	수치심에서 벗어남	중독, 완벽주의, 자기과시, 타인의 시선을 의식, 인격장애로 퇴보

수치심을 가지면 모든 삶을 거기에 기반을 두게 된다. 산드라 윌슨에 따르면 '수치심에 근거한 교회'도 있고 '수치심에 근거한 국가'도 있다. 전후 일본을 분석한 "국화와 칼"에 따르면 일본을 지배하는 정신의 뿌리는 수치심이다(Benedict, 1946). 일본

은 과거사를 인정하고 반성함으로 손가락질을 받는 것을 수치스럽게 생각한다. 우리나라 사람들이 체면을 중시하고 허례허식이 많은 이유 또한 타인의 눈을 의식하는 수치심에 근거한 문화 때문이다. 이렇게 수치심에 기반을 둔 삶은 마치 모래 위에 집을 짓는 것과 같다.

"그러므로 누구든지 나의 이 말을 듣고 행하는 자는 그 집을 반석 위에 지은 지혜로운 사람 같으리니 비가 내리고 창수가 나고 바람이 불어 그 집에 부딪치되 무너지지 아니하나니 이는 주추를 반석 위에 놓은 까닭이요 나의 이 말을 듣고 행하지 아니하는 자는 그 집을 모래 위에 지은 어리석은 사람 같으리니 비가 내리고 창수가 나고 바람이 불어 그 집에 부딪치매 무너져 그 무너짐이 심하니라."(마 7:24-27)

수치심은 기능적 죄책감과 이란성 쌍둥이다. 논리적인 순서로 보면 기능적 죄책감이 수치심보다 먼저 온다. 성경적인 가치 죄책감은 회개로 인도하는 몽학선생이다. 그러나 비성경적인 기능적 죄책감은 수치심을 불러일으킨다. 투르니에(Tournier, 1962)는 기능적 죄책감을 다음과 같이 설명했다.

"기능적 죄책감이란 사회적 암시에서 기인한 것으로서 금기에 대한 두려움, 혹은 타인의 사랑을 잃게 될 것에 대한 두려움이다. 가치죄책감은 확실한 기준을 저버린 것에 대한 자각이다. 이런 가정을 볼 때, 이 두 가지 죄책감을 불러일으키는 시스템은 반대. 하나는 사회적 암시에 의해 움직이며, 다른 것은 도덕적 확신에 의해 움직인다."

투르니에의 설명에 근거해서 성경적인 가치 죄책감과 비성경적인 기능적 죄책감을 다음과 같이 표로 분류할 수 있다. 가치죄책감과 감정으로서의 수치심은 같은 맥락이고, 신경증적 수치감과 기능적 죄책감은 같은 선상에 있다. 동시에 수치감과 죄책감은 그 현상학적 경험이 다르고 이후의 후속적인 행동경향이나 대인관계, 그리고 정신건강과의 관련성이 다르지만 죄책감을 방치하게 되면 수치심의 촉매 역할을 할 수 있다.

죄책감의 구별		
	기능적 죄책감 (거짓된, 비성경적인)	가치 죄책감 (참된, 성경적인)
범위	금기에 대한 두려움 타인의 사랑을 잃을지도 모른다는 두려움	확실한 기준을 저버린 것에 대한 자각
동기	사회적 암시	도덕적 확신
인식	인간의 판단과 암시	거룩한 판단, 성경적 기준
결과	신경증, 노이로제	회개

알코올중독 아버지 밑에서 성장한 샌드라 윌슨(Wilson)은 그의 박사학위논문에서 이렇게 기술했다. "복음주의적 신앙을 따르는 성인아이들은 건강한 가정에서 성장한 성인에 비해 더 우울하고 지나친 죄책감을 보이며 불인하고 인정받기를 구하며 타인을

신뢰하지 못하는 것 같다"바버라 에런라이크는 "긍정의 배신"에서 오늘날 미국을 병들게 하는 맹목적인 긍정주의의 뿌리는 강박적인 청교도주의에 대한 반대급부라고 주장했다.

막스 베버의 표현처럼 서릿발 아래 벌벌 떨고 있는 것이 복음의 전부가 아니다. 우리는 하나님의 부요하심을 먼저 알아야 내적 가난을 해결 할 수 있다. 우리가 자격을 갖추어 하나님의 은혜와 거래하는 것은 불가능하다. 우리가 무엇을 드려 주게 갚으심을 얻겠는가? 하나님은 명하시고 명하신 것을 자신의 책임과 의지로 받으신다. 펠라기우스처럼 많은 사람이 은혜를 강조하면 교회가 타락할 것이라고 걱정하는 것은 기우다.

"그런즉 우리가 무슨 말을 하리요 은혜를 더하게 하려고 죄에 거하겠느냐 그럴 수 없느니라 죄에 대하여 죽은 우리가 어찌 그 가운데 더 살리요"(롬 6:1, 20)

오히려 은혜가 왕 노릇 할 때 우리는 보다 나은 인생으로 부르심을 받는다. 하나님의 사랑은 은혜와 긍휼로 나타나는데 은혜는 연인을 방문하는 왕자와 같고 긍휼은 환자를 방문하는 의사와 같다. 하나님은 은혜를 통해 우리의 수치심을 치유하시고 긍휼을 통해 죄책감을 고치신다. 두려움을 기반으로 하는 수치심과 죄책감은 사랑을 기반으로 하는 은혜와 긍휼로 대체되어야 한다. 두려워서 섬기는 것은 진정한 신앙이 아니다. 오직 주님의 사랑에 매어 자발적 선택을 하는 것이 신앙이다.

2. 팔복의 치유적 유비

1) 복의 개념

복은 한국인을 비롯하여 유교 문화권에서 가장 친근한 단어다. "복에 대한 담론"라는 책에서 저자는 한국인들이 추구하는 복을 '수' '부' '귀' '다남자'[52]의 순환구조로 말했다(Choi, 2010). 그리고 신에게 바치고자 술을 가득 담은 '술통'에서 유래한 '복'이라는 낱말에는 기본적으로 빌어야 받을 수 있다는 의미가 내포돼 있다고 하였다.[53] 한국인의 복은 '복을 기른다' 또는 '복을 심는다'는 권선징악적 성격도 가진다(ibid). 한국인의 복의 개념에 공적 개념이 없으며 한국의 설화 민담 등에 친구개념이 등장하지 않는다. '수'는 나의 복이며, '부'는 내 집의 복이며, '귀'는 우리 집안, 가문의 복이다. 공(公)의 개념 즉 타자가 없다(ibid). 이러한 영향을 받은 기복신앙은 윤리와 공동체, 역사의식이 생략되고 현세적이고 세속적이며 물질적이다.[54]

4가지 복 중에서 으뜸은 '귀'로서 성공하고 출세하여 높은 지위에 오르는 것은 우리사회의 가장 높은 목표로 되어 있다(ibid). 이러한 복의 개념 때문에 나아가 한국사회는 원칙과 정의의 개념이 약하고 가문과 국가를 빛내기 위해 성공을 향해 매진하는 피로사회, 우울사회가 되었다(Han, 2012).55) 지상 과제인 출세를 위해 자신이 스스로를 착취하는 가해자인 동시에 피해자가 된 것이다.

　　성경의 복은 언약적이며 언약적인 것은 공동체를 지향하며 또한 하나님의 뜻을 명시하고 있다는 점에서 윤리적이다. 예수님이 하나님과 새언약이라는 평화조약에 서명하고56) 새언약의 백성들에게 선포하신 팔복은 새언약의 백성들이 가진 복을 선포하는 '마카리오이'로 시작한다. 언약관계 아래서 복을 받은 사람을 바라보며 감탄하는 성격의 복은 시편에서 주로 '아슈레'(신약의 마카리오스)를 사용한다.

　　크라우스(Kraus)는 시편에서 말하는 부귀영화나 건강 장수 같은 가시적인 복은 그것을 부러워하거나 또는 그것을 빌거나 어떻게 그 복을 받을 수 있는가를 묻는 것이 아니라 복 있는 사람을 보고 감탄하고 축하하는 노래라고 하였다(1988). 팔복은 후자의 아슈레와 연결되며 복을 받은 사람을 감탄하는 일종의 감탄사로 시작한다. "복 있는 사람은…"으로 시작하는 시편 1편과 원어에서 "복되도다…"로 시작하는 팔복은 의미가 일치하고 문학적 구조 역시 비슷하다. 즉 복은 그리스도인의 존재론이다.

　　"이스라엘이여 너는 행복한 사람이로다. 여호와의 구원을 너 같이 얻은 백성이 누구냐 그는 너를 돕는 방패시요 네 영광의 칼이시로다. 네 대적이 네게 복종하리니 네가 그들의 높은 곳을 밟으리로다."

팔복에서 "마음이 가난한 자는 복이 있나니 천국이 저희 것임이요"라고 조건을 달고 있는 것처럼 보이지만 원어에 가깝게 해석하면 "마음이 가난한 너희는 행복한 자들이다. 이미 천국이 너희 안에 있다"라고 할 수 있다. 그리스도인은 복을 좇는 자들이 아니라 복을 세는 자들이다. 바울의 표현에 의하면 그리스도인은 속이는 자 같으나 참되고(고후 6:8) 무명한 자 같으나 유명한 자요 죽은 자 같으나 살아 있고 징계를 받는 자 같으나 죽임을 당하지 아니하고 근심하는 자 같으나 항상 기뻐하고 가난한 자 같으나 많은 사람을 부요 하게 하고 아무 것도 없는 자 같으나 모든 것을 가진 자들이다(고후 6:9, 10).

팔복은 은사와 달라서 새언약에 속한 한 사람의 백성에게 8가지 복이 모두 나타난다(Stott, 1992). 팔복의 특징은 객관성에 있다. 즉 개인이 주관적으로 느끼지 못한다고 해서 복이 없어지지 않는다. 또한 그 복의 수여는 완료형이다. 이미 주어졌기 때문에 은혜 안에 거하면서 그것을 펼치면 된다. 즉 조건으로 복을 받는 것이 아니라 이미 복을 속성으로 가진 사람들에게 그것을 펼치도록 알려주는 것이다. 즉 이미 하나님의 은혜를 받은 사람이 감사해서 지키게 되는 살아있는 신앙의 발로다(Jeremias, 1963).

팔복에는 보편적 해석학의 이면에 공동체와 개인을 치유하는 유비가 잘 드러난다. 크레이머(Cramer)는 "예수님의 심리학과 정신건강"을 통해 팔복의 관점에서 예수 그리스도의 심리학과 정신건강을 기술하였다(1987).

2) 가난한 부자

"심령이 가난한 자는 복이 있나니 천국이 그들의 것임이요."(마5:3)

가난은 실제의 가난과 이로 초래되는 사회적 억압과 소외를 모두 포함한다. 당시 그리스도인들은 예수를 따르는 이유로 실제로 물질적 가난을 겪었을 것이다. 그러나 부자의 경건이나 가난한 자의 탐욕이 존재하는 현실 또한 부정할 수 없다.

가난한 마음은 상하고 통회하는 예배자의 마음이다(시 51:17, 시 34:18, 시 61:1). 이 복은 다른 모든 복과 연결될 때(Lloyd-Jones, 1974) 그 의미가 풍성해진다. 그것은 애통함이며 의에 주리고 목마름이며 온유함이다. 그들은 자신의 극단적인 절망과 무능함을 깨닫는 것이며 그리고 하나님을 완전히 신뢰하는 사람이어서 하나님의 뜻을 그대로 받아들이는 사람이다(Barclay, 1991).

가난한 마음은 오직 하나님으로만 채울 수 있는 마음이며 하나님만이 해결할 수 있는 비참함의 자각이다. 인간의 비참한 실존을 접하고 나면 "오호라 나는 곤고한 사람이로다."(롬 7:24) 하고 고백할 수밖에 없다. 파스칼(Pascal)은 팡세에서 "자기의 비참함을 모르고 하나님을 아는 것은 오만을 자아낸다. 하나님을 알지 못하고 자기의 비참함을 아는 것은 절망을 불러일으킨다."(1987) 고 하였다. 어거스틴은 자신의 비참함을 인식하고 펠릭스 쿨파를 외쳤다.

"오 경사스런 죄여, 그대로 인하여 구세주를 알게 되었도다."

사람은 젊어서 아는 것을 나이가 들어 이해한다. 젊어서는 알지 못했던 마음의 빈 공간을 인식한다. 바울은 스데반이 순교할 때(AD 약 32년경) 청년이었다(행 7:58). 여기서 '청년'이라는 헬라어 단어 '네아니아스'는 보통 24-40세의 청장년을 가리킨다. '네아니아스'는 바울이 로마로 압송되기 직전인 사도행전 23장 17절의 바울에게 붙어 있었다. 스데반의 순교할 때 증인들이 옷을 벗어서 사울의 발 앞에 두었는데 이 때 사울이 산헤드린 공의회의 중요한 직책을 맡고 있었고 그러한 중요한 직책을 맡을 수 있는 연령으로 보아 최소 30세는 넘었을 것이다.

바울이 빌레몬서를 기록하면서 나이 많은 나 바울(9절)이라고 한 '프레스뷔테로스'는 우리나라의 환갑인 60세 정도 되는 사람에게 붙이는 단어다. 그러니까 빌레몬서를 기록할 당시 바울의 나이는 대략 60세에 해당한다. 빌레몬서는 바울이 로마에 도착하여(AD 60년 3월경) 감옥에만 2년 동안 있을 때 기록한 서신이다. 바울의 출생년도는 주후 1년경이라고 추정이 가능하고 그가 바울 서신을 기록한 나이는 자신의 나이와 거의 일치한다.

연도의 계산을 고려할 때 그는 50대 중반에 '사도 중에 가장 작은 자"(고전 15:8, 9) 라고 자신을 묘사했으며 50대 후반에는 '모든 성도 중에 지극히 작은 자보다 가장 작은 나'(엡 3:8) 그리고 순교하기 직전에 잠시 가석방 상태에서 디모데에게 편지하던 60대 초반 정도의 나이에는 '죄인 중에 괴수'(딤전 1:15)라고 하였다. 나이가 들수록 그의 마음이 점점 가난해졌음을 의미한다.

마음이 가난한 자는 천국이 그를 채우기 때문에 진정한 부자다. 예수님의 비유에 등장하는 나사로는 천국으로 채워진 가난한 부자였다.

3) 애통하는 위로자

"애통하는 자는 복이 있나니 그들이 위로를 받을 것임이요."(마 5:4)

"고아는 울지 않는다" 울어도 들어주는 사람이 없기 때문이다. 우리는 영적인 고아가 아니므로 마음껏 울 수 있다. 우리가 울면 하나님 아버지께서 우리의 눈물을 보시고 애통하는 소리를 들으시며 위로를 주신다. 하나님은 애통하는 히스기야에게 "내가 너의 눈물을 보았노라"(왕하 20:5) 하셨다. 영어성경에서 가장 짧은 구절은 "예수께서 우셨다"(요 11:35, Jesus wept)인데 그가 우셨기 때문에 우리가 웃을 수 있다.

그 눈물이 우리의 눈물을 대신했다. 예수님은 예루살렘을 보시고 "평화에 관한 일을 알았더라면" 하고 우셨다(눅 19:41). 십자가의 길에서 가슴을 치며 슬피 우는 여자의 큰 무리를 보시고 "나를 위하여 울지 말고 너희와 너희 자녀를 위하여 울라"고 하셨다(눅 23:28). 인도 속담에 "눈에 눈물이 없으면 그 영혼에 무지개가 없다"고 하였다. 애통은 이사야 61장의 마음이 상한 자와 정확하게 일치한다(Hagner, 1987).

유진 피터슨에 따르면 눈물의 선지자 예레미야의 성격은 매력 있는 심리학적 문제다(Peterson, 1983). 그는 타인의 고통을 헤아리고 자신의 고통은 하나님께 가져가서 쏟아놓은 생득적인 심리학자였으며 고통과 비난이 일으키는 부정적인 감정을 하나님과 해결할 줄 아는 놀라운 수준의 영혼이었다(ibid).

주기철 목사의 유언 설교에 이런 애통함이 있었다. "평양아!

평양아! 한국의 예루살렘아, 영광이 너에게서 떠나는도다. 우뚝 솟은 모란봉아 통곡 하여라, 대동강아! 대동강아! 나와 같이 울자." 하나님은 애통하는 민족을 돌아 보셨으며 치유하시고 역사적으로 가장 번성한 시대를 주셨다. 하나님은 애통하는 어머니의 기도를 들으신다(Augustine, 1995).

"바람이 일어서 우리의 돛을 가득 부풀게 하자. 해변이 우리들의 눈에서 저 멀리 사라져 가는데, 그 해변에서 어머니는 아침 햇살을 안고서 극에 달한 슬픔으로 흐느꼈다."

눈물은 윤활유와 같이 정화작용을 하면서 눈에 산소를 공급하고 눈알을 세척하며 영양을 공급하고 비강의 건조를 막고 면역을 증강시키고 살균작용을 한다. 애통은 상처를 치유하는 수리적 반응(reparative response to hurt)이다. 눈물을 흘리는 것과 상실을 슬퍼하는 애도과정은 치유를 일으킨다. 영혼의 눈물은 그것을 흘리는 자에게 평화를 주며 그의 마음을 정화한다.

눈물은 탈선한 자식의 발걸음을 돌리고 절망의 나락에서 일어나게 한다. 위로를 받아본 적이 없는 사람은 타인을 위로할 수 없다. 바울은 "우는 자들과 함께 울고 웃는 자들과 함께 웃으라."(롬 12:15) 고 조언한다. 우리가 위로를 받는 것은 우리가 받는 위로로 다른 사람을 위로하기 위함이다.

"찬송하리로다 그는 우리 주 예수 그리스도의 하나님이시요 자비의 아버지시요 모든 위로의 하나님이시며 우리의 모든 환난 중에서 우리를 위로하사 우리로 하여금 하나님께 받는 위로로

써 모든 환난 중에 있는 자들을 능히 위로하게 하시는 이시로다"(고후 1:3,4)

4) 통제된 힘

"온유한 자는 복이 있나니 그들이 땅을 기업으로 받을 것임이요."(마 5:5)

니체는 온유함은 약자의 덕이며 노예의 덕이라고 했다. 팔복의 온유함은 약하다는 의미보다 부드러움에 가깝고 소극적이고 소심하고 소외된 뉘앙스가 아니다. 그것은 '통제된 힘'(controlled power)을 의미하며 절제된 자유를 뜻한다.

국제질서에서는 힘이 발언한다. 팍스 로마나는 로마가 강력한 힘을 바탕으로 추구한 힘의 평화였다. 미국은 군사력과 경제력을 바탕으로 하는 하드 파워와 학문이나 예술 또는 문화적인 요소를 통해 영향을 미치는 소프트 파워를 활용하여 영향력을 행사하며 21세기에는 이 두 가지를 결합한 스마트 파워를 가지고 세계를 주도하려고 한다. 로보캅이나 슈퍼맨 같은 영화에 미국인의 집단 무의식이 드러나 있다. 스타워즈 시리즈에서 제다이 기사들에게 통용되는 인사말이 있다. "힘이 당신과 함께 하기를"

그러나 온유한 자는 힘이 아닌 힘의 근원이신 하나님을 신뢰한다. 온유한 자가 땅을 차지하고 풍부한 화평을 즐긴다(시 37:11). 모세가 가진 온유함은 지도자의 자질 중 중요한 부분이었다.

온유함은 부드러운 힘이다. 운동선수는 힘을 빼는 것부터 연습한다. 수영은 온 몸에서 힘을 빼고 물을 타듯이 하지 않으면 물과 싸우게 되고 부상이나 익사의 위험이 있다. 노련한 가수는 소리를 지르지 않는다. 편하고 부드러워야 사람이 모이고 음악을 즐긴다. 영감 있는 설교는 고함이 아니라 진정성에 있다. 세상을 바꾸고 싶다면 조용하게 말하는 법부터 배워야 한다. 생명은 유연하고 부드러우며 잘 휘고 쉽게 구부러진다. 수양버들은 강한 바람에 맞서지 않고 부드럽게 휘기 때문에 자신의 쓸모를 유지한다.

핑크(Pink)는 성경에 기록된 온유의 의미를 겸손(lowness) (마 11:29, 엡 14:1,2) 관용(고후 10:1, 딛 3:2) 성내지 않는 것 (약 1:20, 21). 약속이 있는 성품(시 25:9)의 세 가지로 요약했다 (2001). 온유함은 순교자의 영성이다. 온유함은 털 깎는 자 앞에 있는 어린 양처럼 입을 열지 않으셨던 예수님의 인격적 특성이다.

"나는 마음이 온유하고 겸손하니 나의 멍에를 메고 내게 배우라 그리하면 너희 마음이 쉼을 얻으리니 이는 내 멍에는 쉽고 내 짐은 가벼움이라 하시니라."(마 11:29, 30)

레게음악의 본고장 자메이카 원주민들은 온유함을 "사나운 물음에 부드럽게 대답하는 것"이라고 인식한다. 부드러운 대답이 노를 쉬게 하며(잠 15:1) 과격한 말은 노를 격동한다. 죽음에 가까울수록 차갑고 완고하며 타협을 모른다. 반대로 온유함은 생명에 가까우며 성령의 열매며 사랑의 표징이다(약 3:13). 노하기를 더디 하는 자는 용사보다 낫고 자기의 마음을 다스리는 자는 성을 빼앗는 자보다 낫다(잠 16:32).

누군가 나의 의견에 반대하고, 나를 비난하고, 나를 오해하고, 믿어주지 않을 때 내가 보이는 반응이 나의 온유함을 결정한다. 온유한 부모는 자식의 그릇을 크게 한다. 다윗은 "주의 온유하심이 나를 크게 하셨나이다."(삼하 22:36)고 하였다. 하나님은 온유함으로 다윗의 연약함을 참아 주시고 기다려 주시고 덮어 주시고 격려해 주시고 치유하셨다.

5) 갈망

"의에 주리고 목마른 자는 복이 있나니 그들이 배부를 것임이요."(마 5:6)

랍비 전승에 따르면 아담이 하나님께 독립을 선언하는 순간 인류는 여섯 가지를 잃었다. 얼굴과 해와 달과 별의 광채(혼돈과 무지), 지상과 나무의 열매(결핍), 영원한 열매(죽음과 허무) 그의 똑바로 선 자세 혹은 키(무능) 등이다(Kim, 1994. 재인용). 이러한 6가지의 상실은 '결핍'으로 요약된다. 혼돈과 무지는 온전한 지식의 결핍을 의미하며, 죽음과 굶주림은 생명의 결핍을, 키와 무능은 신체의 결핍을 의미한다. 에너지의 결핍을 보충하기 위하여 대홍수 이후에 단백질의 보충을 위해서 동물을 식용으로 먹기 시작하였다(창 9:3). 그리고 인간이 인간을 착취하여 자기를 채우는 '만인의 만인에 대한 투쟁'(홉스)이 보편화되었다.

이렇게 싸우고 다투어도 근원적 결핍을 해결할 수는 없다. 탄탈루스처럼 감질날 뿐이다(Bulfinch, 1981). 영원히 배가 고픈 형벌을 받은 에리직톤처럼 자기를 파괴하면서까지 채우려고 하지만 영원히 빈 공간은 채워지지 않는다. 라캉의 욕망이론에 의하면 인간의 욕망은 타자의 욕망이다. 즉 인간은 타자가 욕망하는 것을 욕망하기 때문에 그 욕망은 절대로 채워지지 않는다.

만족을 얻으려면 욕망하는 대상을 바꾸어야 한다. 의에 주리고 목마른 자는 배부름을 얻는다. 배부름은 그 원형이 '코르타조'로서 목자가 양에게 '꼴'을 배부르게 먹이는 것을 의미한다. 이렇게 예수님은 당신에게 속한 양 무리를 배부르게 먹이셨으며(마 15:35) 빈 배를 만선으로 채우셨다(눅 5:7).

산상수훈에서 의는 하나님과의 관계에서 오는 보상이다 (Bornkamm). 그런 의미에서 의에 주리고 목마름은 하나님과의 관계에 대한 갈망을 의미한다. 또한 그리스도는 하나님의 의가 되시므로 의에 주리고 목마름은 그리스도에 대한 갈망을 동시에 말한다. 고라 자손이 "하나님이여 사슴이 시냇물을 찾기에 갈급함 같이 내 영혼이 주를 찾기에 갈급 하니이다"(시 42:1) 라고 했던 갈망 역시 의에 주리고 목마름과 같은 관계에 대한 갈망이다.

고라 자손은 성전에서 문지기와 찬양하는 일을 맡은 레위 자손이다. 이들의 조상 고라는 모세의 종형으로서 모세의 자리를 탐하다 땅에 삼킴을 당했지만 그의 자손들은 궁정에서 천 날보다 성전의 문지기로 하루를 사는 것을 갈망했다. 갈망이 지나쳐 상사병에 걸릴 지경이었다. "내 영혼이 여호와의 궁정을 사모하여 쇠약함이여 내 마음과 육체가 생존하시는 하나님께 부르짖나이다."(시 84:2) 성전 처마에 집을 짓고 사는 제비를 부러워하는 그 마음에 시온의 대로를 주셨다. 그들이 처한 눈물의 골짜기는 샘이 터져 계곡물이 되어 흐르고, 이른 비와 늦은 비가 내려 풍성해졌다. 나아가 가문의 수치를 가문의 영광으로 바꾸셨다. 이와 같이 오직 만족은 하나님으로부터만 온다(고후 3:5).

"그가 사모하는 영혼에게 만족을 주시며 주린 영혼에게 좋은 것으로 채워주심이로다"(시 107:9)

6) 공감의 뇌

"긍휼히 여기는 자는 복이 있나니 그들이 긍휼히 여김을 받을 것임이요." (마 5:7)

긍휼은 이성이나 감정보다 먼저 창자에서 느끼는 감정이다. 과학자들은 최근 사람의 장기에 제2의 뇌가 있다는 사실을 발견했다. 중국의 고사에 새끼를 빼앗기고 죽은 원숭이를 해부해 보니 창자가 토막토막 끊어져 있었다고 하였다. 새끼를 빼앗긴 고통 때문에 창자의 실핏줄이 터지면서 애간장이 타버린 것이다. 예수님은 목자 없는 양같이 유리하는 백성들을 보시고 불쌍히(민망히) 여기셨다(마 9:36)고 하실 때 '불쌍히 여기심'(스프랑크니조마이)의 원형이 창자다(스프랑크논). 한 나병환자를 보시고 불쌍히 여기셨을 때(막 1:41) 느끼신 감정의 뿌리가 긍휼이다.

긍휼을 의미하는 히브리어 단어 '라하밈'은 자궁을 뜻하는 단어 '레헴'에서 왔다. 즉 긍휼은 어린 생명을 향한 어머니의 마음이며 시편 103:13절의 "아비가 자식을 긍휼히 여김 같이" 그리고 이사야 49:15절의 "…자기 태에서 난 아들을 긍휼히 여기지 않겠느냐?"라고 하신 하나님 아버지의 마음이다.

필자의 아들이 4살 무렵 당시 아이들에게 치명적인 전염성 질환에 감염되어 입원했다. 그때 엄마는 울고 아이는 침대 위에서 뛰며 장난을 치던 모습이 떠오른다. 아들이 퇴원하고 얼마 후에는 딸아이가 넘어지면서 박스 모서리에 입술 아래가 찢어졌는데 어린 나이여서 마취를 못하고 생살을 꿰매야 했다. 이 때 엄마가 더 울부짖는 바람에 의사가 수술을 제대로 할 수가 없었다. 자식을 향한 이런 마음이 긍휼이다.

긍휼은 솔로몬의 재판정에서 자식을 둘로 나누지 말고 차라리 저 여자에게 주라며 불타는 심정으로 호소했던 마음이다. 자식을 포기할 수 없는 마음, 자식의 안녕을 위해서는 그 어떤 대가도 감당하고자 하는 폭탄 같은 사랑이 긍휼이다. 하나님은 그 어떤 제사보다 바로 이 긍휼을 우리에게 요구하신다(마 9:13). 긍휼은 심판과 정죄를 삼키지만 긍휼을 행하지 아니하는 자에게는 긍휼 없는 심판이 있을 것이다(약 2:13). 셰익스피어의 "베니스의 상인"을 원작으로 한 영화에 이런 대사가 나온다.

"긍휼은 억지로 하지 않고 하늘에서 오는 비처럼 이중의 복을 가지고 온다. 주는 자에게 복을 주고 받는 자에게 복을 주어 최강자 중에도 최강자며 보좌에 앉은 왕에게 있어서 긍휼은 왕관이상으로 존귀하도다. 정의대로 한다면 당신이나 나 살아남지 못할 것이오. 그러나 지금 법정은 당신에게 긍휼을 구하고 있소. 당신이 긍휼을 베푼다면 하나님의 속성에 참여하게 될 것이오."[57]

긍휼은 타인의 고통을 함께 느끼고 감정을 이입하는 공감의 뇌에서 온다. 자기애적 상태에서는 타인의 고통을 공감하지 못하고 마키아벨리즘적 지배욕의 상태에서는 타인의 고통을 외면하며 사이코패스의 상태에서는 타인의 고통을 즐긴다. 이 세 가지 인격은 심리학자들이 말하는 악의 3대 축이다. 타인을 공감하는 것이 대화의 시작이며 감정이입을 하여 긍휼히 여기는 것이 또한 위로의 시작이다. 이런 긍휼을 가지면 긍휼히 여김을 받는다. 긍휼의 바탕을 이루는 공감의 뇌는 하나님의 선물이다.

교회는 세상을 품는 긍휼의 그릇이다. 세상은 하나님을 믿지 않는 것이 아니라 믿지 못한다. 그들은 눈을 뜨고 보지 못하고 귀를 열고도 듣지 못한다. 우리가 이런 세상을 향해 긍휼히 여기는 마음을 가지면 우리 또한 긍휼히 여김을 받는다.

7) 단심가

"마음이 청결한 자는 복이 있나니 그들이 하나님을 볼 것임이요"(마 5:8)

헬라어로 청결을 의미하는 단어에 '카타르시스'가 있다. '카타르시스'는 (마음에서 욕망, 더러움, 미움, 분노가 배출 된 후에 누리는) 순백의 순수하고 투명한 상태를 의미한다. 사람은 하루에 이만 오천 번 정도 눈을 깜박일 때마다 안구가 정화되면서 사물을 또렷하게 보는데 청결이란 바로 이러한 영혼의 정화작용이다. 마음이 청결한 자가 하나님을 보는 것은 아는 것을 말하고 아는 것은 이해하는 것이다(엡 1:17-19).[58]

청결은 또한 한 마음과 한 뜻을 의미한다. "일심으로 주의 이름을 경외하게 하소서"(시86:11)에서 보듯 하나님만을 사랑하고 하나님께 관심을 두며 하나님과만 관계를 가지는 것이다. 청결은 두 마음을 품지 않음으로 '분리된 자아의 폭정에서 벗어난 후에 갖게 되는 한 마음'(Tasker, Stott, 1992. 재인용)이며 일편단심으로 추구하는 '경건한 단순성'(Pink, 2001)이고 '한 가지만 바라보는 것'(Kierkegaard) 이다.

주님의 날이 가깝게 느껴지는 종말론적 현실을 살아가는 우리에게는 사실 여러 가지를 동시에 추구할 시간적 여유가 없다. 모두 겪어보고 판단할 시간이 없다. 돈이나 다른 것에 지나치게 마음을 둠으로 마음이 갈라지면 염려로 뼈가 상하고(잠 17:22) 불신앙에 떨어진다(눅 8:50). 특히 돈을 사랑하는 것은 두 주인을 섬기는 것과 같으며 결국 근심과 걱정으로 스스로를 찌르는 것과 같다(딤전 6:10).

돈은 선한 것도(일원론) 악한 것도(이원론) 아닌 필요한(중립적) 것이다. 돈은 매력이 있지만 아름답지는 않으며 마음을 끌지만 사랑해서는 안 되는 대상이다. 돈을 사랑하는 것은 맘몬을 섬기는 우상숭배와 같으며 그것은 일만 악의 뿌리로 작용한다. 예수님은 산상수훈에서(마 6:19-23) 그것을 좀이 먹고 녹이 슬며 도둑이 틈타는 이 땅에 쌓아두지 말라고 하셨다. 가장 안전한 방법은 하늘에 쌓아두는 것이다.

야고보는 "두 마음을 품은 자들아 마음을 성결케 하라."(약 4:8)고 할 때 마음의 청결을 촉구했다. 그의 교훈은 "염려하지 말라"는 산상수훈과 의미상으로 일치한다(마 6:25~34).

"그러므로 내가 너희에게 이르노니 목숨을 위하여 무엇을 먹을까 무엇을 마실까 몸을 위하여 무엇을 입을까 염려하지 말라 목숨이 음식보다 중하지 아니하며 몸이 의복보다 중하지 아니하냐? 공중의 새를 보라 심지도 않고 거두지도 않고 창고에 모아들이지도 아니하되 너희 하늘 아버지께서 기르시나니 너희는 이것들보다 귀하지 아니하냐? 너희 중에 누가 염려함으로 그 키를 한 자라도 더할 수 있겠느냐? 또 너희가 어찌 의복을 위하여 염려하느냐 들의 백합화가 어떻게 자라는가 생각하여 보라 수고도 아니 하고 길쌈도 아니 하느니라. 그러나 내가 너희에게 말하노니 솔로몬의 모든 영광으로도 입은 것이 이 꽃 하나만 같지 못하였느니라. 오늘 있다가 내일 아궁이에 던져지는 들풀도 하나님이 이렇게 입히시거든 하물며 너희일까 보냐? 믿음이 작은 자들아 그러므로 염려하여 이르기를 무엇을 먹을까 무엇을 마실까 무엇을 입을까 하지 말라. 이는 다 이방인들이 구하는 것이라 너희 하늘 아버지께서 이 모든 것이 너희에게 있어야 할 줄을 아시느니라. 그런즉 너희는 먼저 그의 나라와 그의 의를 구하라 그리하면 이 모든 것을 너희에게 더하시리라. 그러므로 내일 일을 위하여 염려하지 말라 내일 일은 내일이 염려할 것이요 한 날의 괴로움은 그 날로 족하니라."

염려는 곧 불신앙이며 입술로는 하나님을 신뢰하면서 실제로는 환경에 권세를 두는 실천적 무신론이다(Werfield). 그러므로 우리는 모든 소망의 근거를 하나님께 두고 일심으로 주를 섬기는 주님을 향한 영혼의 단심가를 불러야 한다. 그 때 우리는 욥처럼 하나님을 눈으로 보듯 깊이 알게 될 것이다.

8) 평화의 도구

"화평하게 하는 자는 복이 있나니 그들이 하나님의 아들이라 일컬음을 받을 것임이요."(마 5:9)

하나님의 아들은 화목제물이(요일 2:2) 되심으로 멀리 있던 사람들을 하나 되게 하고 연합시켰다(엡 2:13). 그의 피는 영혼의 주인과 연합이 일어나게 하면서 인간과 인간, 인간과 그 자신의 내면, 그리고 인간과 자연의 회복으로 이어졌다. 예수님은 한 손으로 하나님의 손을 다른 한 손으로 인간의 손을 잡으시고 둘을 잇는 다리가 되셨다.

하나님의 아들이신 그리스도께서 이루신 화평은 문자 그대로 조화를 뜻한다(Cramer, 1987). 화평의 헬라어 원형은 '에이레네'인데 물질적이고 정신적이며 영적인 총체적 조화를 의미하는 히브리어 '샬롬'(TWOT 2401)의 번역이다(TDNT : 2: 400, 207). 샬롬은 소극적인 평온함이나 개입하지 않은 고요를 말하는 것이 아니라 공동체적 하나 됨을 향한 열정을 의미한다.

그리스도인은 화목하게 하는 직책을 가진 자들이며(고후 5:18) 화평케 하는 자(peacemaker)로 부르심을 받았다. 하나님의 자녀는 화평케 하는 일을 통해서 자신의 신분을 논증한다(Lloyd-Jones, 1974. etc.)

진 되링에 따르면(Doering, 1985) 바나바는 바울이라고 하는 사울의 등장이전에 초대교회의 중심인물이었다. 바나바는 요셉이라는 본명이 있음에도 불구하고 그가 보여준 모습을 보고 사람들은 '격려자'라고 불렀다. 격려자 바나바는 고향 다소로 가서 바울을 안디옥으로 데리고 갔다. 사도행전 13장 1-2절에서 바나바는 선교를 주관하고 있었는데 거기서 사울은 그 명단의 맨 끝에 위치하고 있다. 그들이 바보에 이르러 총독을 만났을 때에도 순서는 마찬가지였다(행 13:7).

그러나 1차 전도여행에서는 변화가 일어났다. 그들은 구브로에서 사역을 한 후에 지중해를 항해해서 소아시아를 거쳐서 떠났다. 비시디아 안디옥에 이르러 바울이 설교를 했는데, "폐회한 후에 유대인과 유대교에 입교한 경건한 사람들이 많이 바울과 바나바를 좇으니"(행 13:43) 라고 되어 있다. 즉 바울의 이름이 바나바 앞에 위치하였고 바울이 두각을 나타내기 시작하였다(ibid). 사도행전의 나머지 부분을 보면, 단지 한 부분(행 14:14)만을 제외하고 바울이 1인자가 되었음이 두드러진다(ibid).

바나바는 바울을 세우고 점점 주류에서 사라진다. 바나바는 후에 바울과 마가 사이에 다툼이 있었을 때도 마가를 격려하여 바울의 사역을 돕도록 하였다. 이와 같이 초대교회의 피스메이커였던 바나바는 하나님 아들이라는 증거를 가진 사람이었다.

9) 선지자의 반열

"의를 위하여 박해를 받은 자는 복이 있나니 천국이 그들의 것임이라. 나로 말미암아 너희를 욕하고 박해하고 거짓으로 너희를 거슬러 모든 악한 말을 할 때에는 너희에게 복이 있나니 기뻐하고 즐거워하라 하늘에서 너희의 상이 큼이라 너희 전에 있던 선지자들도 이같이 박해하였느니라."(마 5:10-12)

현재 전 세계적으로 약 2억 명 가량의 그리스도인이 국가권력으로부터 압제를 당하고 있으며 비밀경찰을 두려워하며 살고 있다(Marshall & Gilbert, 1997). 북한, 사우디아라비아, 이란, 몰디브, 부탄을 비롯하여 약 60여 개국에 있는 그리스도인들이 단지 신앙을 이유로 박해와 추방과 고문과 투옥과 처형을 당한다(ibid). 우리의 눈을 의심할 정도로 팔복은 이들에게 기뻐하고 즐거워하라고 하였다. 그 이유는 명백하다.

첫째로, 의를 위하여 박해를 받으면 그 자체로 알곡과 쭉정이를 구분하여 어디에 속했는지를 확실히 알 수 있기 때문이다. 청교도 시대 설교자인 토마스 왓슨은 "가짜 성도들은 예수님을 따라서 감람산까지는 갈 수 있다. 그러나 갈보리까지는 갈 수 없다"고 했다. 의를 위해 박해를 받는 것은 성격이 까다롭고 이기적이고 따지기를 좋아하고 조금도 손해를 보려고 하지 않고 이기심으로 자초한 박해가 아니다. 그것은 우리가 예수를 닮고 예수께 속했다는 이유로 받는 핍박이다. 경건하게 살고자 하면 바로 박해가 시작된다(딤후 3:12). 그들은 도둑질한 물이 달고 몰래 먹는 떡이 맛이 있다고 유혹한다(잠 9:17). 예수를 반대하고 죽인 이 세상이 우리를 미워하는 이유는 이 세상이 예수를 미워하기 때문이다(요 15:18, 19).

둘째로 의를 위한 핍박은 우리를 사도와 선지자의 반열에 세우기 때문이다. 전에 있던 믿음의 선진들은 핍박을 당연한 것으로 여기고 오히려 감사하면서 구차하게 면하려고 하지 않았다. 시리아지방 안디옥의 감독 이그나티우스(Ignatius)는 주후 108년경 황제숭배를 거절했다는 이유로 로마로 압송되던 중 서미니에서 자신을 위해 구명운동을 하는 로마의 그리스도인들에게 편지를 보냈다(Gonzalez, 2009).

"나는 여러분들에게 탄원합니다. 나에게 불합리하게 친절하지 마십시오. 내가 그것을 통하여 하나님에게 도착하도록 내가 야수들을 위한 먹이가 되도록 하십시오. 내가 순수한 빵이라는 것을 입증할 수 있을 정도로 나는 하나님의 밀이고 나는 야수들의 이빨에 의해 갈아지고 있습니다. 내가 일단 잠에 떨어져서 다른 사람에게 짐이 되지 않게 하기 위하여, 그들이 나의 무덤이 되어서 육신의 어떤 것도 뒤에 남겨놓지 않도록 야수들을 달래는 것이 좋습니다. 세상이 더 이상 나의 몸을 보지 못할 그때, 나는 진실로 예수 그리스도의 제자가 될 것입니다. 이러한 수단들을 통하여 내가 하나님에게 희생이 되도록 주님께 기도해 주십시오."

우리는 나아가 핍박하는 세상을 축복하고 기도해야 한다. 스데반은 돌에 맞아 죽어가는 순간에 십자가의 예수님처럼 "이 죄를 그들에게 돌리지 마옵소서"(행 7:60) 라고 기도하였다. 그리스도인은 순교로 발언한다.

켈틱교회는 전통적으로 세 가지 색깔의 순교를 이야기한다. 첫째로, 적색순교는 그리스도를 위하여 피를 흘리는 것을 말한다. 둘째로, 백색순교는 주님을 위하여 결혼을 하지 않고 독신으로 헌신한 수도자들을 말한다. 셋째로, 청색순교는 그리스도의 복음을 위해 모든 것을 참고 견디는 이들을 말한다. 즉 날마다 자기를 부인하고 자기 십자가를 지는 삶, 내가 죽고 그리스도가 내 안에 사시는 삶, 사소한 이익보다는 먼저 그의 나라와 의를 구하는 삶, 자신을 의지하지 않고 기도의 무릎을 꿇는 삶, 짜릿한 복수보다 축복을 선택하는 삶, 죄에 대하여 피 흘리기까지 싸우는 삶은 모두 청색순교에 해당한다. 믿는 자들로부터 받는 핍박도 있다. 우리는 교회사에서 세상의 정치와 다를 바 없는 무소불위의 교권과 협잡과 권모술수와 다툼과 분열, 심지어 종교전쟁을 목격했다.

　　누군가 나를 희생양으로 삼는다고 해도 되갚아 줄 필요는 없다. 오리를 가자면 십 리도 가고, 한쪽 뺨을 때리면 다른 쪽도 대주며, 겉옷을 요구하면 속옷도 내줄 수 있다. 마음껏 순종해도 된다. 왜냐하면 그리스도께서 책임지시기 때문이다. 오히려 우리를 핍박하는 사람들을 향해 그들의 행동과 인격을 분리하고 반대로 대해주어야 한다. 유진 피터슨(Peterson)은 이러한 교훈을 담은 본문을 다음과 같이 재해석 하였다(2009).

　　"다시 생각해 봐야 할 옛 말이 또 있다. '눈에는 눈, 이에는 이'[59] 라는 말이다. 그렇게 해서 문제가 해결되겠느냐? 내가 하고 싶은 말은 이것이다. 절대로 되받아 치지 마라. 누가 너를 치거든, 그 자리에 서서 맞아라. 누가 너를 법정으로 끌고 가서 네 셔츠를 달라고 소송하거든, 네 가장 좋은 외투까지 잘 포장해 선물로 주어라. 그리고 누가 너를 억울하게 이용하거든, 종의 삶을 연습하는 기회로 삼아라. 똑같이 갚아주는 것은 이제 그만 하여라. 너그럽게 살아라. 너희는 옛 율법에 기록된 '친구를 사랑하라'는 말과, 기록에는 없지만 '원수를 미워하라'는 말을 잘 알고 있다. 나는 거기에 이의를 제기한다. 너는 너희에게 원수를 사랑하라고 말하겠다. 원수가 어떻게 하든지, 그 사람을 위해 기도하여라. 그러면 너희는 너희의 참된 자아, 하나님이 만드신 자아를 찾게 될 것이다. 하나님도 그렇게 하신다. 그 분은 착한 사람이든 악한 사람이든 친절한 사람이든 비열한 사람이든 상관없이, 모두에게 가장 좋은 것, 해의 온기와 비의 양분을 주신다. 너희가 사랑할 만한 사람만 사랑하는 것이 고작이라면 상급을 바랄 수 있겠느냐? 그것은 누구나 하는 일이다. 너희가 만일 너희에게 인사하는 사람에게만 겨우 인사한다면, 상급을 바랄 수 있겠느냐? 그것은 죄인도 흔히 하는 일이다."(마 5:38-47)

    교회는 모든 소망을 전적으로 미래에 의탁하지 않고는 이 긴장관계를 피할 도리가 없다(Bright, 1953). 종말의 막다른 골목에 이르러 '마라나타' '주여, 오시옵소서'(고전 16:22) 하는 기도야말로 교회의 수고가 헛되지 않으리라는 신앙을 선포하고 있다 (ibid). 선수는 후반전이고 결과는 뚜껑을 열어 봐야 알 수 있다. 지금 당장 보상이 없고 오히려 핍박이 있다고 해도 전혀 이상한 일이 아니다. 하나님은 우리가 받을 상을 위해 우리를 다듬고 정화하고 계신다.

3. 주기도문의 치유적 유비

하나님이 약속하셨으므로 우리는 요청할 수 있다. 기도는 비장함이나 간절함이 아닌 약속에 대한 요청이다. 강청기도에 관한 본문이 있는 것은 사실이다. 예수님은 누가복음 18장에서 억울함을 풀어달라는 과부의 강청에 못 이겨 하나님을 두려워하지 않고 사람을 무시하지만 귀찮아서 원한을 들어주는 불의한 재판장의 이야기를 하셨다. 그러나 누가복음 18장의 전 후 본문은 심각한 종말론적 상황으로서 이 세상을 심판해 달라는 요한계시록 8장의 기도의 향연과 같은 맥락이며 하나님은 성도의 중단 없는 기도를 들으시고 이 세상에 대한 심판을 전격적으로 단행하신다는 종말론적 본문이다.

"나는 기도한다. 고로 나는 존재한다" 닐스 페레의 말이다. 인간은 기도하는 존재다. 플라톤의 제자들도 기도를 가르쳐 달라고 요청하였다. 고대세계는 강이 범람하면 '알 수 없는 신에게' 공물을 바쳤다. 언약 밖에서는 신의 뜻을 알 수 없으며 알 필요도 없다. 오직 비장함을 동원하고 달래고 감동시켜서 원하는 것을 얻어내면 그만이다.

소원을 모두 들어달라며 힌두교가 믿는 여신 칼리에게 혀를 바친 19세 인도의 여대생이 있었다. 여대생은 그 자리에서 쓰러졌고 사람들은 그래야 기도가 통할 것이라고 믿었기 때문에 병원으로 데려가기는커녕 담요로 가만히 덮어놓았다. 여대생이 깨어나 고통으로 얼룩진 미소를 지으며 사원을 한 바퀴 돌자 신도들은 환호했다.

샤머니즘은 지성이면 감천이고 동천지감귀신이다. 이방인의 기도는 자기의 원하는 것을 얻기 위해 정성을 바치며 고행을 하고 심지어 자식을 불 사이에 지나게 하고 몰렉에게 바쳤다. 엘리야와 대결을 벌였던 바알(과 아세라) 선지자들은 큰 소리로 부르고 피가 흐르기까지 칼과 창으로 몸을 상하게 하였다(왕상 18:28). 예수님의 주기도문은 이방인의 기도와 이 면에서 차별화 된다.

"또 기도할 때에 이방인과 같이 중언부언하지 말라 그들은 말을 많이 하여야 들으실 줄 생각하느니라 그러므로 그들을 본받지 말라 구하기 전에 너희에게 있어야 할 것을 하나님 너희 아버지께서 아시느니라"(마 6:7, 8)

예수님이 가르쳐 주신 기도는 우리의 기도가 살아계신 하나님 아버지와의 인격적인 관계 안에서 일어나는 것임을 전제하셨다. 주기도문의 본문을 기록하고 있는 마태복음 6:5-9절 사이에 '네 아버지께' '네 아버지께서' '너희 아버지께서' '우리 아버지여'라는 단어가 반복 된다.[60] 이는 모든 신앙과 기도의 핵심에 믿음의 대상인 인격적인 하나님이 계심을 의미한다.

주기도문은 곧 삶이다. 하나님과의 관계를 통해 자녀의 신분을 가진 우리는 기도를 통해 자녀의 삶을 실현해야 한다. 교회사학자며 기독교 사상가인 존 우드브리지는 신문과의 인터뷰에서 루터가 다시 반박문을 붙인다면 그 내용은 무엇이 될 것 같은가? 라는 질문에 대하여 "주기도문의 정신이 매일의 삶 속에 구현돼야 한다고 주장할 것입니다"라고 하였다.

1) 얼굴을 구하는 기도

"하늘에 계신 우리 아버지여 이름이 거룩하시며"

얼굴을 구하는 기도는 관계형기도다(Crabb, 2006). 관계형기도는 간청형기도와 대비되는 것으로 이른 바 얼굴을 구하는 기도다. 우리는 관계형기도를 통해 아버지의 얼굴을 구하며 하늘의 지성소에 들어간다(히 4:14-16). 거기서 하나님은 때를 따라 돕는 은혜를 주신다. 그 순간 그리스도는 우리의 연약함을 내면적으로 공감하신다(체휼). 거기서 우리는 위로와 긍휼히 여기심을 통해 치유를 경험한다. 하나님은 아론에게 이스라엘을 축복하는 내용을 가르쳐 주셨다. 그 내용의 핵심에는 그의 얼굴이 있다.

"여호와는 네게 복을 주시고 너를 지키시기를 원하며 여호와는 그의 얼굴을 네게 비추사 은혜 베푸시기를 원하며 여호와는 그 얼굴을 네게로 향하여 드사 평강 주시기를 원하노라."(민 6:24-26)

하나님은 이스라엘에게 그들이 악한 길에서 떠나 스스로 낮추고 내 얼굴을 구하면(대하 7:14) 하늘에서 들으시고 그들의 죄를 사하고 그들의 땅을 고치겠다고 약속하셨다. 솔로몬은 성전을 봉헌하면서 드린 기도에서 마지막 구절을 이렇게 올려드렸다.

"여호와 하나님이여 주의 기름 부음 받은 자에게서 얼굴을 돌리지 마시옵고 주의 종 다윗에게 베푸신 은총을 기억하옵소서…"(대하 6:42)

호세아 선지자는 이스라엘이 죄를 뉘우치는 것과 하나님의 얼굴을 구하는 것을 동일하게 말하면서(호 5:15) 하나님은 그 때까지 그들에게 돌아오지 않으시고 고난을 통해 그들이 간절히 그것을 구하게 될 것이라고 하셨다. 다윗은 시편 24편에서 여호와의 산에 오를 자의 목록을 나열하면서 이는 여호와를 찾는 족속이요 야곱의 하나님의 얼굴을 구하는 자라고(시 24:6) 하였다. 얼굴을 구하는 기도는 "사랑하는 사람의 구문론이다"(Foster). 기도를 통해 우리는 하나님의 사랑을 알고 또한 하나님께 대한 우리의 사랑을 고백한다(Foster, 1992, 재인용). 한 은둔자의 고백이 있다.[61]

"오 나의 사랑, 오 나의 연인, 오 나의 하프, 오 나의 온종일 찬송이요. 기도여. 나의 슬픔을 언제 치유해 주시겠습니까? 오 나의 마음의 근원이여 언제 내게로 오시겠습니까?"

하나님이 어둡고 칙칙하며 곰팡이 냄새 나는 곳으로 숨어들어간 지하 생활자를[62] 기도의 골방으로 불러 고치고 치유하시고 회복시키신다. 이제 우리는 그 깊고 고요한 피난처가 되시는 주님의 얼굴을 향해 한 걸음을 내딛는다. 예수님이 내려놓으라고 하신 수고하고 무거운 짐은 모든 인생이 지고 있는 책임과 무게를 말한다. 거기에는 인생이 스스로 만든 짐도 있다. 완벽해야 사랑 받을 수 있다는 생각, 유능해야 인정받을 수 있다는 사고, 경쟁해서 이겨야 나의 가치가 증명된다는 신념은 모두 실패자 각본이며 내가 만든 무거운 짐이다.

　　보호자의 얼굴을 보면 환해지는 어린아이의 표정에 신앙의 비밀이 있다. 모세는 하나님의 얼굴을 대면하고 산에서 내려올 때 얼굴에서 광채가 났다. 보좌에 서신 주님을 바라 본 스데반의 얼굴은 천사처럼 빛났다. 우리의 얼굴이 진정으로 하나님의 성품과 선하심을 반영하려면 해가 힘 있게 비치는 것처럼 빛나는 주님의 얼굴을 구해야 한다.

2) 손을 바라는 기도

"오늘 우리에게 일용할 양식을 주시옵고"

　　일용할 양식은 손을 구하는 기도, 즉 크랩이 말한 간청형기도에 속한다. 우리는 앞에서 관계형기도, 즉 얼굴을 구하는 기도만이 유일한 기도인 것처럼 오해할 수 있다. 관계형기도는 영적이고 간청형기도는 육적이라고 생각하는 것은 이원론이다. 영적인 기도만이 소중하고 육적인 기도는 세속적이라고 분리하는 것은 초영적인 사람들로부터 나타나는 부작용이다. 관계형기두와 간청형기도는 우선순위의 문제다. 우리는 관계형기도로 먼저 그의 나라와 그의 의를 구해야 한다. 그리하면 그의 손이 모든 것을 더하신다. 예수님은 산상수훈의 다른 부분에서 일용할 양식을 구하는 간청형기도를 언급하셨다.

"구하라 그리하면 너희에게 주실 것이요 찾으라. 그리하면 찾아낼 것이요 문을 두드리라 그리하면 너희에게 열릴 것이니 구하는 이마다 받을 것이요 찾는 이는 찾아낼 것이요 두드리는 이에게는 열릴 것이니라. 너희 중에 누가 아들이 떡을 달라 하는데 돌을 주며 생선을 달라 하는데 뱀을 줄 사람이 있겠느냐 너희가 악한 자라도 좋은 것으로 자식에게 줄 줄 알거든 하물며 하늘에 계신 너희 아버지께서 구하는 자에게 좋은 것으로 주시지 않겠느냐?"(마 7:7~11).

위의 기도는 구하고 찾고 두드리는 간청형기도임에 틀림이 없지만 병행구절인 누가복음 11:9-13에서는 구하는 자에게 성령을 주신다는 것으로 얼굴을 구하는 기도와 균형을 잡고 있다. 하나님은 사람의 영혼을 구원하시고 나머지는 뒷짐 지고 계시는 분이 아니다. 세밀한 부분에 이르기까지 구원이 확대되기를 원하신다. 그들이 사는 나라가 정의롭고, 그들의 자녀가 교육을 잘 받으며, 그들이 신체가 의술의 혜택을 받기 원하시고, 그들이 전쟁과 불의와 억압에서 자유롭기 원하신다. 그러므로 일용할 양식을 구하는 기도는 하나님의 통치가 실현되기를 바라는 구체적인 기도다. "무릎으로 사는 그리스도인"에서 무명의 저자는 말한다(1995).

"나의 생애는 매일 매시 육체적 건강과 정신적 긴장의 해소, 기적적 안내, 오류와 위험으로부터의 도피, 복음에 대한 증오심의 극복, 필요한 양식의 공급, 그 밖의 나의 삶과 봉사에 필요한 모든 것에 대한 기도의 응답으로 점철된 하나의 장대한 기록이다. 나는 하나님께서 기도를 응답하신다는 믿음을 얼마든지 증명할 수 있다. 나는 하나님께서 기도를 응답하심을 안다."

라브리 공동체가 전적으로 하나님의 공급만을 의지해 살아가기 위해서는 하루하루의 필요를 구하는 기도가 절실했던 쉐퍼의 부인 이디스 쉐퍼는[63] "우리는 영적인 것만을 구해요."라는 경건한 동료 선교사의 말에 "만일 우리가 영적인 것만을 구해야 한다면 예수님이 일용할 양식을 구하라고 하신 것은 잘못이다."(1995, 재인용)라고 답했다.

일용할 양식은 광야의 이스라엘 백성에게 매일 내려주신 양식이다(출 16:4). 그것은 노력으로 얻은 것이 아닌 오직 은혜의 산물이었다. 하루 분량 외에는 거둘 수 없었고(출 16:16) 안식일에는 이마저 금지되었다. 이스라엘은 시간이 지나면서 만나를 당연하게 여기고 욕구가 커지면서 점점 하찮게 여기고 불평한다(민 21:5). 이렇게 만나를 박한 음식으로 느끼는 순간 만나는 더 이상 만나일 수 없었다. 손을 구하는 간청형기도와 얼굴을 구하는 관계형기도가 균형을 이루지 않으면 그것을 주신 하나님을 잊고 그것만을 원하게 된다.

하나님은 탈진한 엘리야에게 더 많은 기도와 헌신을 요구하지 않으시고 까마귀를 통해 먹이셨다. 일용할 양식은 하루의 지혜, 건강, 언어생활, 안전, 공급을 위한 기도다. 입술에 파수꾼을 세워달라고 기도하고, 만남을 위해 기도하고, 병의 치유를 위해 기도하고, 결혼을 앞두고 미래의 배우자를 위해서 기도해야 한다. 삶이 힘들면 마음이 강퍅해지고 말씀이 착근하기 어렵다. 이 때 피할 길을 달라고 구해야 한다.

3) 나라를 구하는 기도

"나라가 임하시오며 뜻이 하늘에서 이루어진 것 같이 땅에서도 이루어지이다."(마 6:10)

"나라와 권세와 영광이 아버지께 영원히 있사옵나이다. 아멘"(마 6:13)

나라를 구하는 기도는 그 통치권의 실현을 요청하는 기도다. 세상이 어지럽고 폭력과 범죄로 가득한 이유는 이 세상이 하나님의 통치권을 거부하기 때문이다. 하나님은 인간에게 주신 자유의지에 의해서 제한 받으시고 거부를 당하신다. 그러나 하나님은 우리의 기도를 통해 인간의 자유의지를 침해하심이 없이 우리의 삶에 개입하시며 통치권을 행사하신다. 우리의 기도를 통해 주의 뜻이 하늘에서와 같이 땅에서도 이루어지며 하나님의 나라가 임하는 것이다.

하나님은 우리의 미래와 필요와 과거의 상처를 모두 알고 계시기 때문에 못 고칠 상처가 없으며 그의 형상을 따라 지으신 인간을 섭리를 통해 보존하시고 다스리신다.[64] 나라를 구하는 기도는 우리의 기도에서 가장 중요한 우선순위가 되어야 한다. "너희는 먼저 그의 나라와 그의 의를 구하라. 그리하면 이 모든 것을 너희에게 더하시리라"(마 6:33) 그의 나라와 그의 의를 먼저 구하면 이 모든 것을 책임져 주신다.

　　에머슨(Emerson, 1986)에 따르면 순종은 자기 포기의 은사이며 내어 맡기는 능력이다.[65] 순종이란 성령을 통해 일하시는 하나님의 방법에 동의하여 성령을 좇아 행하는 것을 의미한다. 이렇게 우리가 포기하는 만큼 우리를 치유하신다(ibid). 아브라함은 이삭에 대한 자신의 생각을 포기하고 내어 맡김으로(롬 4:17) 여호와 이레의 하나님을 경험했다.[66] 이레는 '본다'는 기본형에서 왔다. 하나님은 아브라함의 필요를 보시고 그를 위해 자신을 준비하셨다.

　　"나라이 임하옵시며"에서 나라를 구하는 기도의 다른 국면은 권세를 하나님께 두는 것이다. 상처는 우리가 어디에 권세를 두느냐에 따라 거름이 되기도 하고 부패하기도 한다. 상처는 수신자 부담이라는 말이 있다. 준다고 해서 다 받을 필요가 없으며 받으면 그 대가는 내가 치러야 한다. 사람이 내게 상처를 주는 이유는 그 안에 있는 괴로운 감정을 나에게 투사하기 때문이다. 내가 받으면 투사에 걸려드는 것이고 상대방이 원하는 미끼를 덥석 물면 투사적 동일시가 일어난다. 나도 모르게 억울한 현실을 맞이하는 것이다. 또한 상처가 되도록 감정에게 권세를 주는 것은 사탄이 그것을 마음대로 하도록 접근(access)을 허용하는 것과 같다. 상처에 권한을 주는 것은 하나님의 말씀보다 사람의 말과 세상의 암시를 더 믿는 것이다.

　　"나라이 임하옵시며"의 세 번째 국면은 영광을 하나님께 돌리는 것이다. 하나님은 우리를 통해 당신의 영광을 나타내신다. 우리에게 당신의 성품을 공유하게 하심으로 자신을 세상에 드러내신다. 또한 우리가 하나님을 통해 자기를 실현하며 하나님을 통해 일할 때 하나님은 영광을 받으신다. 사람들은 하나님이 내 안에 만드시는 나의 훌륭함을 보고 하나님께 영광을 돌린다.

인간은 발광체가 아니다. 달이 태양을 받아 달빛을 발하는 것처럼 내게 있는 영광은 하나님의 영광이다. 남에게 지고 이용당해도 가치가 줄어들거나 다른 사람의 평가와 비판에 의해서 없어지지 않는다. 우리는 돈을 많이 벌어 헌금을 하고, 많은 일을 해서 업적을 쌓고, 절벽에서 꽃을 꺾어다 바치고, 한 겨울에 눈 속에서 딸기를 따다 드리는 것으로 영광을 오해하지만 절대로 그렇지 않다. 우리 자신이 하나님의 영광이다. 하나님은 자녀를 영화롭게 하심으로 영광을 받으신다. 우리가 하나님을 통해 일하면 하나님이 영광을 받으시고 하나님이 우리 안에서 일하시면 그 일하시는 과정에서 하나님의 성품과 형상이 새겨지면서 하나님이 영광을 받으신다.

4) 용서를 구하는 기도

"우리가 우리에게 죄 지은 자를 사하여 준 것 같이 우리 죄를 사하여 주시옵고"(마 6:12)

용서는 용서를 받는 전제조건이다. 엄밀한 의미에서 누군가를 용서하지 않았다면 나도 용서받지 못한다. 먼저 용서가 일어나지 않으면 사죄가 일으키는 효력이 나의 삶 전체에 미치지 못한다. 용서는 (1) 하나님을 향한 (2) 자신을 향한 (3) 타인을 향한 세 가지 방향에서 일어난다.

　　하나님을 향한 용서는 하나님이 잘못이 있다는 뜻이 아니라 하나님의 주권에 대하여 느끼는 불만과 피해의식을 제거하는 것이다. 즉 하나님을 향한 용서는 주권에 대한 수용이며, 자신을 향한 용서는 자신의 연약함을 객관적이고 합리적으로 이해하는 것이며, 타인을 용서하는 것은 타인이 가진 인간존재의 상황적 취약성을 발견하는 것이다.

　　(1) 하나님을 향한 용서

　　미국 스탠퍼드 대학에서 용서 프로젝트를 운영하는 러스킨이 말했다. "용서는 자기가 원하는 것을 삶이 허락해주지 않았을 때에도 평화롭게 살아가는 것이다." 실존주의자들은 이 세상의 부조리를 바라보며 실존적 반항을 하였다. 유대 신학자 쿠시너는 우리는 한계를 가진 하나님을 용서해야 한다는 유한신론을 펼쳤다. 미국 노스웨스트 바이블 칼리지 총장인 애기(Aggie)의 생부는 알제리 선교사였을 때 정글에서 아내가 죽고 원주민들의 거부를 당하자 하나님께 분노하였고, 딸을 버리고 정글을 나와 재혼을 한 후 무신론자가 되었으며 재혼 후에 낳은 자식들 역시 무신론자로 키웠다. 과연 하나님의 잘못일까?

　　톨스토이는 "과연 집을 지은 사람의 잘못일까?"라는 단편을 썼다. 여동생이 문간에 걸려 넘어지면서 아끼던 도자기가 깨지자 누가 집을 이 따위로 지었느냐고 불평하는 말을 듣고 쓴 글이다. 과연 이 세상의 문제가 이 세상을 창조하신 하나님의 잘못일까? 귀인이론에 따르면 기대했던 일이 어긋나고 고통이 찾아오면 사람들은 누군가를 탓하고 원망한다. 궁극적으로 만물의 제 1원인이라고 믿는 하나님께 귀인 한다.

이청준의 "벌레 이야기"에는 하나님께 분노하는 한 여인이 등장한다. 자신의 생명과 바꿀 수 있는 아들을 유괴 납치한 남자를 용서했다고 생각하고 신앙에 기대어 모든 것을 잊어보려고 했다. 그런데 가해자를 용서하려고 면회를 갔을 때 가해자가 하나님께 용서를 받았다고 말하면서 평화로운 얼굴을 하고 있는 것을 보고 하늘에 삿대질을 하고 교회를 훼방하였다.

소설가 박완서는 남편이 세상을 떠난 얼마 후에 의대생이던 아들이 사고로 죽었다. 성경을 북 북 찢으며 하나님을 원망하고 욕하고 저주했다.

원수의 나라 니느웨가 회개하여 하나님의 심판이 취소되자 요나는 하나님께 화가 났다. 뜨거운 태양을 가려주는 박넝쿨 때문에 잠시 마음의 안정을 찾았는데 이번에는 하나님이 명하신 벌레가 박넝쿨을 갉아 먹어 버리자 본격적으로 화를 냈다.

자신의 예배를 받지 않으시는 하나님께 분노한 가인은 대신 아벨을 쳐 죽였다. 까뮈는 여기서 실존적 반항의 모델을 발견하고 카인의 후예들에게 이어진 반항의 역사에 대한 책임을 구약 성경의 하나님께 돌렸다. 과연 가인의 예배를 받지 않으신 것이 하나님의 잘못일까? 하나님은 잘못이 없으시다. 하나님은 실수하지도 실패하지도 않으시며 잘못을 인정하고 미안하다고 사과하시거나 용서를 구할 필요가 없는 분이시다. 그런데 왜 우리는 하나님을 용서해야 하는가? 그것은 우리가 하나님의 주권을 받아들이지 못하거나 죄의 구조에서 일어난 일을 하나님께 귀인 하여 마음이 묶인 것을 스스로 푸는 것을 의미한다.

(2) 자신을 향한 용서

잠이 오지 않을 때 "내가 왜 그런 말을 했을까?" "내가 왜 그런 결정을 내렸을까?" "내가 왜 그렇게 행동했을까?" 하는 생각에 생각이 꼬리를 문다. 이 때 필요한 것이 자기용서인데, 자신을 향하는 자기정죄, 자기학대, 자기혐오와 같은 비난의 화살을 거두고 자기를 이해하고 보듬는 것을 말한다.

2016년 노벨 물리학상 수상자는 이런 수상소감을 밝혔다. "그때 나는 젊었고 어리석었다. 아무 것도 몰랐다." 젊어서는 겁 없이 도전하고 우연한 성공을 거두지만 동시에 후회와 자책이 늘 따라 다닌다.

인간은 자기가 자기를 책임질 수 없는 존재다. 가장 믿을 수 없는 것도 자신이며 신행일치나 언행일치 또한 불가능하다. 바울은 로마서 7장에서 선을 행하는 내가 있지만 내 속에 거하는 죄 때문에 악을 행하는 인간 실존의 현실을 기록하였다. 그러나 8장으로 넘어가면서 탄식이 기쁨의 고백으로 바뀐다. 그리스도 예수 안에서 성령이 인간의 무능과 연약함을 해결해 주신다는 것을 알았기 때문이다.

타인을 용서하는 데 실패하면 타인에 대한 원한과 복수심을 갖게 되며 자기용서에 실패하면 자기 자신에 대하여 자기정죄와 자기불신이 따라온다. 타인을 용서하는 데 실패하면 원한을 품고 복수를 하거나 타인을 비난하는 경향과 같은 공격성으로 이어지고 자기용서의 실패는 자기 비난과 우울, 불안과 같이 자신 내부로 해가 가해지는 자기 내적 처벌과 관련된 행동 및 태도가 나타난다. 그러므로 자기용서를 통하여 자기 처벌적 행동이나 자기 파괴적 행동을 줄여나갈 필요가 있다(Worthington etc. 1997).

자기용서는 자신의 객관적인 잘못을 인식했을 때 자기분노를 버리는 동시에 자신에 대한 연민, 관대함, 사랑을 촉진하려는 의지다(Enright, 1996). 자신의 잘못에 대한 책임감과 고통을 모두 받아들이고, 인정하기 싫었던 자기의 모습과 화해하게 되면, 자신에 대해 가졌던 부정적인 감정이나 생각, 그리고 자신을 처벌하려는 행동이 사라진다(ibid). 타인과 화해하지 않아도 용서는 가능하지만 자기 자신과는 화해하지 못할 경우 더욱 고통스러울 수 있다(ibid).

나는 왜 나를 용서해야 하는가? 하나님이 이런 나를 용서하시고 받아주셨기 때문이다. 우리는 하나님께 용서를 받고도, 사죄의 확신이 없어서 여전히 자신을 더럽고 추한 존재로 여길 수 있다. 이것은 명백한 불신앙이다. 하나님이 나를 이유나 조건이 없이 은혜로 받아주셨다면 나 또한 나를 정죄하는 것을 멈추고 감사로 반응해야 한다. 자기용서는 자기 자신의 연약함을 인정하고 하나님께 나를 의탁하는 것이다.

자기 용서란 죄에 대한 책임을 회피하는 것이 아니라 수용하고 죄책감으로 인한 고통에서 도망치는 것이 아니라 용기 있게 받아들이는 것이다. 자기용서는 '나의 행동이 잘못되었다는 인식' 그리고 '그 행동에 대한 비난과 책임의 수용'을 회피하지 않아야 한다(Dillion, 2001).

간음하고 살인을 교사했던 다윗은 나단의 지적을 받고 베개를 눈물로 적실 정도로 회개하였다. 밧세바 사이에서 낳은 아들을 살려달라고 3일 동안 식음을 전폐하였다. 그런데 막상 아들이 죽자, 목욕을 하고, 옷을 갈아입고, 음식을 청하였다. 그는 하나님께 회개하고 용서를 받은 후였지만 이제는 자신을 용서하기로 한 것 같다. 더 이상 이 문제를 가지고 괴로워하는 것이 자신을 포함한 어느 누구에게도 도움이 되지 않는다고 생각한 것으로 보인다. 돌이킬 수 없고 나의 능력과 한계 밖에 있는 것을 가지고 자기를 괴롭히는 것은 복음이 아니다.

(3) 타인을 향한 용서

"우리가 우리에게 죄 지은 자를 사하여 준 것 같이 우리 죄를 사하여 주시옵고"(12절)

가. 용서의 정의

조선의 역사에서 연산군은 어머니를 폐비시킨 사람들을 죽이고 부관참시 했다. 성적으로 문란했던 연산군의 마음을 사로잡은 장녹수는 무자비한 권력을 휘둘렀다. 뒤주에 갇혀 죽음을 맞이한 사도세자의 아들 정조는 당시 11세였다. 정조는 연산군의 길을 걷지 않고 자신과 백성을 위해서 복수 대신 용서를 선택하였고 조선의 전성시대를 이어갔다.

용서는 가해자에 대한 원한의 감정을 제거하거나 극복하는 것이고 보복까지 포기하는 것이다(Enright, 2001). 용서는 부정적인 감정에 대한 권리를 부정하는 것이 아니라 상대방이 그럴만한 자격이 없음에도 불구하고 상대를 자비, 동정, 나아가 사랑으로 대하려는 인지, 정시, 행동의 복합체라고 할 수 있다(Enright, 1996).

용서는 명백한 잘못을 대상으로 한다. 오해로 인해 마음이 다치고 상처를 입었다면 용서와는 다른 주제로 접근해야 한다. 용서는 인격적인 관계에서 한다(Smedes, 1996). 짐승이나 천재지변에 의한 사고는 용서의 대상이 아니다. 용서는 상대방으로부터 깊고 개인적인, 오래 지속되는 상처를 경험한 후에 발생한다. 용서는 반드시 가해자의 사과가 있어야 하는 것은 아니다. 용서를 위해서 반드시 상대방과 개인적으로 접촉할 필요는 없다(Enlight). 아무런 문제의식이 없는 사람에게 "당신을 용서합니다"라고 말하면 오히려 상대방이 당황하고 문제가 더 꼬일 수 있다. 성경에 용서가 상대방의 사과를 전제로 하는 것처럼 오해를 불러일으키는 구절이 있다.

"너희는 스스로 조심하라 만일 네 형제가 죄를 범하거든 경고하고 회개하거든 용서하라 만일 하루에 일곱 번이라도 네게 죄를 짓고 일곱 번 네게 돌아와 내가 회개하노라 하거든 너는 용서하라 하시더라."(눅 17:3, 4)

이 말씀은 사과하고 회개하는 조건으로 용서하라는 뜻이 아니라 반복해서 죄를 범하는 형제가 몇 번이고 다시 와서 용서를 빌면 회수에 상관없이 용서하라는 뜻에 가깝다. 용서는 권리의 포기를 의미한다. 주기도문의 '사하여'와 베드로가 배와 그물을 '버려두고'는 같은 어근을 갖고 있다. 모세와 여호수아에게 신을 벗으라고 하신 것이나 아브라함이 소돔의 왕에게 신들메 하나도 받지 않은 것이나 세례요한이 예수님의 신들메를 풀기에 감당하지 못할 것이라고 한 것은 모두 룻기에서 신을 벗어 주는 행동과 연관 된다

(Pfeiffer etc. 1962). 신을 벗는 행위는 고엘 사상에 등장하는 상징적 행위로서 권리를 포기하는 것을 말한다.

즉 용서는 상대방에 대한 비난이나 복수나 처벌을 포기하는 것이다. 그런 자격이 없는 가해자에게 자비, 사랑, 동정심으로 대하려고 하는 반응을 포함하여 복합적인 모든 태도를 의미한다. 상처 입은 자의 권력 또한 내려놓아야 한다. 내가 상처를 받았으므로 당연히 상처를 주고 함부로 해도 된다는 생각을 버려야 한다.

용서의 깊이는 십자가에서 비롯된다. 십자가를 지신 예수님처럼 상대방을 더 이상 적대시하지 않으며, 보복하려는 마음을 내려놓는 것이고, 그를 축복하며 잘되기를 바라는 마음이다. 캘빈은 로마서 주석에서 가해자에게 친절하게 대하지 않는 것 또한 간접적인 보복행위라고 하였다. 어거스틴은 간음한 아내를 용서할 수 없다면 그것은 진정한 용서가 아니라고 한 바 있다.

용서란 이것만은 안 된다고 하는 바로 그것을 용서하는 것이다. 용서는 나쁜 것의 제거를 말하는 신학적 은유다(제의적으로). 하나님과 인간 사이의 죄의 장벽을 제거하심으로 상처 입은 사람의 분노와 분개함을 지우는 것이다(Richardson, 1951). 하나님께 용서받음의 믿음은 마음에 해방을 가져오며 회개, 가슴과 태도의 변화로 이어지면서 내적 부흥이 일어난다. 즉 신학적 관점에서 용서란 하나님과 자신 또는 자신과 타인과의 화해와 조화를 새롭게 하는 계기가 된다. 즉 부패와 오염, 죄와 악의 실존에 처한 어그러짐으로부터 해방을 의미한다(Cox, 1973).

슈라이터에 의하면 우리는 죄를 지은 가해자를 인격으로 보지 않고, 사물화하기 쉽다. 악마로, 사물로, 물선으로 비인격화시키고 낙인을 찍고 꼬리표를 붙여서 인간성을 박탈함으로 더 이상 한 인간으로 대하지 않으려고 한다(Schreiter, 1998). 용서는 그들에 대한 인격의 사물화, 악마화, 노예화, 라벨화를 폐지하고 (ibid) 나에게 상처를 준 사람 역시 그리스도께 위하여 죽으신 사람이며 나와 똑같이 연약한 사람이라는 발견을 하는 것이다. 패턴이 말하는 용서는 하나의 발견이다(Patton, 1985).

"용서는 뭔가를 하는 것이 아니라, 뭔가를 발견하는 것이다. 우리 자신 또한 용서가 필요한 사람으로서 용서할 자격이 없다는 사실을 발견할 때 비로소 우리는 용서할 수 있게 된다. 우리는 상처를 준 사람들과 다른 점보단 같은 면이 많은 것이다. 용서는 관대함이나 우월함을 드러내는 행위가 아니라, 그 사람과의 유사성을 발견하는 것이다."

나. 용서의 착각[67]

앞에서 말한 "벌레 이야기"에 등장하는 여인처럼 실제로 용서한 것이 아닌데 마치 용서한 것 같은 의사(또는 유사) 용서가 있는가 하면 거짓용서도 있다. 거짓용서는 아무런 조건 없이 일방적으로 화해를 시도하는 것이다(Spring, 2004). 감정을 처리하고 피해를 받아들이기 전에 성급하고 쉽게 용서하는 것처럼 보이는 이러한 섣부른 용서는 상대방으로 하여금 값싼 용서라는 착각을 일으킨다.

악한 사람은 용서 자체를 값싸게 여기며 뉘우치는 것처럼 가장하여 그 순간을 모면한 다음 시간이 지나면 결국 자신의 행위를 정당화한다. 섣부른 용서는 가해자에게 계속해서 폭력을 일삼아도 좋다는 무언의 허락과 같다(Tracy). 관계에 대한 책임을 얼버무리면 두 사람 사이에는 근본적인 문제들이 해결되지 않은 채 고착화된다(Spring, 2004). 이런 용서는 겉으로는 용서가 일어난 것으로 보이지만 실제로는 상대방에 대한 분노가 억압되어 있는 상태다. 대충 얼버무리고 넘어가는 거짓용서는 세월이 지난 어느 시점에 내면에 묻어둔 증오심으로 다시 떠오른다.

거짓용서는 실제로는 내면에 억압되어 의식하지 못하는 분노, 불신, 비난이 존재함에도(Hunt, 1997) 불구하고 더 잘해주려는 반동형성, 상처를 내면에 억압해 둔 채로 상처받은 적이 없다고 태연한 척 상처 자체를 인정하지 않으려는 '부인'(denial)이라는 방어기제일 수 있다. 겉으로 용서는 하지만 화해는 거부하는 투사도 있다. 투사는 가해자에게 나타나는 지속적이고 긍정적인 변화를 보고도 화해하지 않으려고 하는 태도를 취하는 것으로서 상대방의 변화를 부정하고 화해하지 않는 원인을 상대방의 탓으로 돌리는 현상이다. 엔라이트(Enright, 2001)가 정리한 거짓용서의 유형을 바탕으로 재해석하면 다음과 같다.

첫째로는 묵인과 변명이다. 묵인은 속으로 꾹 참으면서 침묵하는 것이고 심지어 학대를 당연하게 여기고 감정을 용수철처럼 눌러버리는 것이다. 변명은 가해자가 상처 줄 의도가 아니었다고 눈 감아 주는 것이다. 이러한 값싼 용서는 잘못을 반복하게 만든다. 용서는 분명한 유죄판결에서 시작해야 하며 잘못이 반복되면 안 된다는 문제의식을 갖고 있어야 한다.

둘째로는 망각이다. 용서는 과거의 기억이 없어지는 것이 아니라 그 기억이 불러오는 부정적인 감정이나 아픔이 사라지는 것을 말한다. 정신의학자 토머스 사스가 말했다. "멍청한 사람은 용서하지도 잊어버리지도 않는다. 순진한 사람은 용서하고 잊어버린다. 현명한 사람은 용서하되 잊어버리지 않는다."용서하되 잊지 않는다고 하는 유대인의 사고는 야만의 역사를 반복해서 경험하지 않기 위해 사용하는 현명한 판단이다.

셋째로는 정당화다. 상대에게 충분히 그럴 만한 정황을 이해하는 것으로 어떤 문제는 오해를 푸는 차원에서 용서를 거치지 않고 화해로 나갈 수 있다. 이 부분은 진정한 용서는 아니지만 그렇다고 해로운 것도 아니다.

넷째로는 사건의 규모를 축소하는 것이다. 별 일 아니라고 그냥 넘어가는 것인데 상대방이 잘못을 반복할 수 있다. 이 점에서 형들의 태도변화를 주의 깊게 관찰했던 요셉의 전략적 접근을 참고할 수 있다.

다섯째로, 화해는 용서의 결과로 나타나지만 그 자체가 용서는 아니다. 용서가 성숙하면 화해가 뒤따르지만 용서가 없으면 화해 또한 불가능하다. 화해는 용서를 통한 신뢰회복이 먼저 일어나야 한다.

여섯째로, 용서했다고 해서 사법적인 판단까지 내릴 필요는 없다. 용서는 사법적인 판단 여부와 관계없이 일어나야 한다. 가해자가 범죄를 저질렀다면 법정에 세우거나 피해보상을 요구할 수 있다. 구약에서 도피성이나 제단 뿔이 있었지만 고의에 의한 것이라면 처벌을 받았다.

다. 용서의 이유

불용의 대가는 자신에게 부메랑이 되어 돌아온다. 용서하지 않은 상태에서 평화를 누리는 사람은 없다. 불용은 건강에도 해로워서 당뇨와 심장병, 신경증, 노이로제, 심혈관 질환과 직간접으로 연관되어 있다.

　　1980년대 러스킨(Luskin, 2002)은 10년 동안 "스탠퍼드 용서 프로젝트"를 통해 일상적인 스트레스에 노출된 그룹부터 내전과 테러의 피해자에 이르기까지 그들에게 일어난 용서의 행위와 그 효능을 객관적으로 검증하였다. 그리고 부정적 감정이 관상동맥에서 말초혈관에 이르는 혈관을 수축시키는 스트레스 호르몬을 방출시키고 근육을 긴장시키며 혈압과 심장박동수를 높이는 등 건강에 독이 된다는 사실 또한 검증했다. 반면 용서를 통해 부정적 감정이 감소하면 자신감, 희망, 동정심, 낙관주의 같은 긍정적 느낌이 증가하고 그 결과 뇌가 활발해지면서 생각이 명료해지고 창조적인 에너지가 생기고 면역체계가 개선되는 등 건강에 긍정적인 영향을 주는 것을 확인했다.

　　이 프로젝트에 참가한 실험집단은 육체적, 정신적, 그리고 인간관계의 차원에 이르기까지 삶의 질이 향상되었다. 더욱 의미 있는 것은 용서에 따른 변화가 오랫동안 지속되었다는 것이다. 러스킨은 이 실험을 바탕으로 기술한 그의 책을 통해 그 무엇이나 그 누구를 위해서가 아니라 용서는 바로 나 자신을 위한 생존의 기술임을 역설했으며 용서는 근육과 같아서 하면 할수록 반복될수록 점점 쉬워진다고 하는 그 핵심 기술을 공개했다(ibid).

　　불용은 구원을 주신 하나님의 은혜를 모독하는 것이다(Arnold, 2007). 예를 들면 어떤 사람이 100억 정도의 빚을 탕감 받았는데 100원 빚진 사람을 불러다 때리고 구박한다면 100억의 주인이 다시 그를 불러다 다시 100억을 갚으라고 하는 것과 같이 "하늘 아버지께서도 너희에게 이와 같이 하시리라."(마 18:35) 고 하셨다.

"너희가 사람의 잘못을 용서하면 너희 하늘 아버지께서도 너희 잘못을 용서하시려니와 너희가 사람의 잘못을 용서하지 아니하면 너희 아버지께서도 너희 잘못을 용서하지 아니하시리라."(마 6:14, 15)

"서서 기도할 때에 아무에게나 혐의가 있거든 용서하라 그리하여야 하늘에 계신 너희 아버지께서도 너희 허물을 사하여 주시리라 하시니라."(막 11:25)

"비판하지 말라 그리하면 너희가 비판을 받지 않을 것이요 정죄하지 말라 그리하면 너희가 정죄를 받지 않을 것이요 용서하라 그리하면 너희가 용서를 받을 것이요."(눅 6:37)

하나님은 자녀들이 하나님을 떠나 반항하고 도망간 자리까지 찾아가셔서 용서하시고 자녀로 부르셨다. 죄 없는 예수님은 십자가에서 욕하고 저주하며 채찍으로 때리고 옷을 벗기고 뺨을 때리며 모욕을 가하고 손과 발에 못을 박고 창으로 찌르는 그들을 향해 "저들의 죄를 사하소서. 저들이 하는 것을 알지 못합니다." 하고 용서를 탄원하셨다. 예수님에게서 용서를 배운 스데반은 돌에 맞아 피를 흘릴 때 예수님과 동일한 기도를 하였다. 바울은 "서로 용서하기를 하나님이 그리스도 안에서 너희를 용서하심과 같이 하라."고 하였다. 우리가 이웃을 진심으로 용서하면 하나님 아버지의 성품에 참여한다. 꽃을 밟으면 더욱 강한 향기가 나듯이 그리스도인은 억울함과 모함을 당하고 짓밟힐 때 진한 용서의 향기를 뿜어야 한다.

다윗은 사울에 대하여는 세 번이나 개인적으로 복수할 기회를 하나님께 맡겼다. 철저하게 하나님의 방법에 무릎을 꿇었다. 요셉은 자기를 팔았던 형들, 가장 큰 상처와 고통을 안겨준 형들에게 말하였다. "내가 하나님을 대신 하리이까?"(창 50:19)하고 권리를 양도했다. 애굽의 풍습에서 숯불을 그 머리에 올려놓는, 즉 죄인이 잘못을 뉘우치는 표시로 냄비에 숯불을 담아서 머리에 이고 가는 풍습이 있었다고 한다. 키를 뒤집어쓰고 소금을 얻어오는 풍습과 비슷한데 스스로 부끄러움을 느끼게 해서 습관을 고치게 하는 방법이다. 바울은 잠언 25장 21, 22절을 인용하여 용서에 대한 교훈을 준다.

"내 사랑하는 자들아 너희가 친히 원수를 갚지 말고 하나님의 진노하심에 맡기라 기록되었으되 원수 갚는 것이 내게 있으니 내가 갚으리라고 주께서 말씀하시니라. 네 원수가 주리거든 먹이고 목마르거든 마시게 하라 그리함으로 네가 숯불을 그 머리에 쌓아 놓으리라. 악에게 지지 말고 선으로 악을 이기라."(롬 12:19-21)

욕을 당하시되 맞대어 욕하지 아니하시고 고난을 당하시되 위협하지 아니하시고 오직 공의로 심판하시는 이에게 부탁하셨던(벧전 2:23) 주님께서는 "악한 자를 대적하지 말라"는 다음과 설교를 하셨다.

"또 눈은 눈으로, 이는 이로 갚으라 하였다는 것을 너희가 들었으나 나는 너희에게 이르노니 악한 자를 대적하지 말라 누구든지 네 오른편 뺨을 치거든 왼편도 돌려 대며 또 너를 고발하여 속옷을 가지고자 하는 자에게 겉옷까지도 가지게 하며 또 누구든지 너로 억지로 오 리를 가게 하거든 그 사람과 십 리를 동행하고 네게 구하는 자에게 주며 네게 꾸고자 하는 자에게 거절하지 말라."(마 5:38-42).

악을 악으로 갚으면 악의 총계를 증가시켜 '악의 연쇄반응'을 일으켜 '멸망의 하강곡선'으로 이어진다.[68] 용서를 통해 원수를 사랑하고 섬김을 증가시키면 이 세상에 존재하는 악의 총계 역시 감소하며(stott, 1986) 용서가 또 다른 용서로 이어지는 '평화의 선순환'이 시작된다.

라. 용서의 과정

패턴(Patton)은 용서는 인간의 내적인 과정이 아니라 초월적이며 영적인 과정이라는 신적인 맥락을 제시하였다(1985). 용서는 영적 성장이 동반되면서 더 깊고 더 넓게 일어난다는 것이다. 영적인 용서는 죄를 용서하는 것에 그치는 것이 아니라 죄인을 감싸주고 다시 일으키고 회복시켜 주는 것까지 포함한다. 우리를 괴롭히는 감정으로부터 벗어나고 앙갚음을 포기하고 상대에게 완벽한 행위와 완벽한 보상을 요구하지 않는 것까지 나아가야 한다.

참된 용서는 내면에서 일어나고 자기가 치유되는 과정이며 상처와 고통을 직면하고 아픔을 인정하고 울면서 치유되는 과정이다. 우리는 이렇게 용서를 통해서 고통을 흡수하고 내적으로 강해진다(Arnold, 2007). 참된 용서는 과거에 경험한 부정적인 피해경험을 기억하고 떠올리면서도 미움이나 복수심이나 괴로움 등 부정적인 감정이 없어지고 기억은 나지만 점점 아픔은 사라지다가 기억까지도 옅어진다.

하나님께 용서받았다고 해서 사람의 용서가 필요 없는 것이 아니다. 양심청결의 일환으로 삭개오처럼 배상이 필요할 때가 있다.

용서는 단회적인 종결이 아니며 동시에 단번에 일어나는 마술도 아니다. 용서는 시간이 걸리고 길고 어려운 과정이다. 용서는 일흔 번에 일곱 번, 무한반복으로 해야 한다(마 18:22). 용서는 평생에 걸쳐 이루어지는 길고 긴 프로세스다. 용서했다고 말하고, 생각하지만 실제로는 용서가 이루어지지 않는 경우가 대부분이다. 너무 욕심내지 말고 하나님의 능력을 구하며 내 안에 계신 그리스도께서 하시도록 해야 한다. 성령님을 굳게 의지함으로 그리스도의 십자가를 더욱 깊이 이해하면 서서히 조금씩 봄의 따뜻한 기운에 얼음이 녹듯이 진행된다. 표면이 녹고 서서히 땅 속 깊은 곳에 있던 얼음까지 녹는다.

진정한 용서는 죽을 때까지 계속되어야 한다. 처음에는 소리를 지르고 울면서 아주 천천히 그것도 상처가 깊은 만큼에 비례하여 오랫동안 시간 속에서 과정을 겪으면서 일어난다. 가장 중요한 것은 용서하기로 마음먹는 최초의 순간이다. 메이어(Meyer, 2006)는 용서의 10단계를 제시한다.

- 상처를 인정하라.
- 솔직하고 정직하라.
- 원하는 목표를 확실하게 하라.

- 용서를 선택하라.
  - 용서를 말로 표현하라.
  - 허물을 덮어주라.
  - 사랑을 보여주라.
  - 가해자를 위해 기도하라(마 5:44).
  - 가능하면 화해를 시도하라.
  - 새로 시작하라.

그 외에도 용서의 과정에 대한 많은 연구가 있는데 다음과 같은 공통점으로 요약된다.

첫 번째 단계는 개방이다. 도망가고 피하고 안 만나고 안 들으려고 하지만 결국에는 용서하는 것 외에 답이 없다는 것을 받아들이는 단계로서 마음을 여는 단계다.

두 번째 깨달음의 단계인데 상대방의 옷을 입고 상대방의 안경을 쓰고 상대방의 입장이 되어보는 것이다. 내가 가해자가 되어 편지를 쓰는 방법도 있다. 자기 자신의 마음을 그대로 옮겨 놓는 글쓰기는 용서가 구체적으로 진행되는 과정을 관찰할 수 있는 이점이 있다. 잠에 빠지기 전에 램수면 상태에서는 무의식이 드러나기 때문에 용서작업에 적당한 시간이다. 가해자에 대한 연민을 느끼는 것도 좋은 방법이다. 가해자 역시 그 삶의 맥락에서 상처 덩어리로 성장했을 것이며 받은 상처는 반드시 누군가에 돌려주는 투사과정에 의해서 나에게 피해를 주었을 것이다. 즉 상처를 준 사람은 전혀 모르고 한 행동일 수 있다. 나를 표적으로 삼아 일부러 상처를 주려고 행동하는 경우는 드물다. 내가 어쩌다 그 자리에 있었고 그도 역시 아무런 생각이 없이 나에게 상처 주는 말과 행동을 했을 수 있다.

　　세 번째 단계는 실천이다. 순종하면 처음이 어렵지 일단 마음을 먹으면 조금씩 즐거움을 경험하면서 점점 더 큰 기쁨을 얻고자 용서의 깊이를 추구한다. 가해자에게 악수를 청하고 선물을 주는 것과 같은 실제적인 행동을 하면 더 구체적인 용서의 동기로 이어진다. 이렇게 용서를 통해 우리는 고통을 흡수하고 그것을 거름 삼아 내적으로 성장한다. 용서는 내적으로 강해지고 단단해지는 과정이다. 이 때 나를 괴롭게 한 사람이 결국 성화의 도구였음을 깨닫는다. 아무리 찔러도 상처입지 않는 영혼의 단단함은 용서가 주는 선물이다.

　　네 번째 단계는 심화단계로서 악순환의 고리를 끊는 것이다(마 18:18). 요셉처럼 하나님의 큰 그림을 보고 역사를 운행하시는 하나님의 섭리를 발견하는 것이다.

　　"당신들은 나를 해하려 하였으나 하나님은 그것을 선으로 바꾸사 오늘과 같이 많은 백성의 생명을 구원하게 하시려 하셨나니"(창 50:20)

　　예일 대학교 교수인 미로슬라프 볼프(Volf)는 조국 크로아티아가 유고연방으로부터 독립하기 전 30세까지 목사의 아들로 공산치하에 있었다. 그는 유학을 마치고 핍박이 기다리는 고향으로 돌아갔다. 그는 내전 중에 가족이 동족의 손에 살해되는 현장을 목격하였고 참을 수 없는 분노와 복수심을 느꼈지만 그 상처와 고통을 신학적으로 풀어가며 극복하였다. 그는 한 인터뷰에서 가해자들을 아직 완전히 용서하지는 못했다고 시인하면서 용서해야 한다는 당위성과 실제로 용서를 실천하는 것 사이에는 간격이 있지만 멈추지 않고 조금씩 용서를 향해 나아가는 중이라고 하였다(cf, Volf, 2005, 출처미상). 우리가 방황하는 이유는 답을 몰라서가 아니다. 순종의 첫 발을 주저하기 때문이다. 첫 발을 내딛는 순간 요단강이 갈라지듯 치유의 가나안으로 가는 길이 열린다.

5) 승리를 구하는 기도

"우리를 시험에 들게 하지 마시옵고 다만 악에서 구하시옵소서."(마 6:13)

이 기도는 악한 자(evil one[69]), 즉 최후의 원수 사탄을 대적하는 기도다. 검증되지 않은 것과 검증할 수 없는 것은 다르다(Sherman, 1995). 사탄을 대적하는 기도는 생각을 지키고, 치아를 닦듯이 마음의 태도를 다스리며, 사탄의 지지대를 무력화 시킨다(1995).

정신과 의사로서 중년에 그리스도인이 되어 성경적인 관점에서 사람들의 정신적 고통을 치료했던 스캇 팩은(Peck) 정신질환자, 깨진 가정, 인간관계의 갈등, 편견, 분노, 적개심, 문화적 인습의 이면에 파괴의 조정자 '악령'이 존재하고 있다고 단언했다(1983). 그는 자신의 진료실을 찾는 사람들 중 상당수가 앓고 있는 정신적인 병의 원인으로 악한 영을 지목하였다. 그는 진료실에서 드러난 귀신의 정체를 이렇게 묘사했다(ibid).

"금방이라도 물려고 달려드는 표독스러운 뱀처럼 꼬여 마치 오랜 동면에서 깬 뱀의 눈처럼 하얀 백체가 덮여 있다가 갑자기 증오로 가득한 동공이 튀어 올라오는 5천만년은 묵었음직한 거대한 중압감이 좌중을 눌렀다."

물론 귀신들림과 정신병은 다르다. 귀신들림은 예수의 이름을 훼방하거나 돌발적인 현상이 일어나며 초인적인 힘을 갖고 있다(Kim, 2006).[70] 정신분열성장애, 해리장애, 기분장애, 진전섬망, 망상장애 등과 같은 뇌기능의 이상에 의해 발생하는 정신병은 환청, 환각, 환시, 환후를 지각하며 병의 증상과 진전에 일관성이 있다. 그러나 귀신들림에는 정신병의 징후를 동시에 보이기도 하기 때문에 잘 분별해야 한다. 일반적인 정신병은 뇌기능의 이상에 의한 신체적 질병이므로 여기에 대한 편견이나 낙인은 금물이다.

사탄은 어떤 악의 구조나 상징이 아니라 지정의를 가진 인격이다. 예수 그리스도의 십자가와 부활로 무저갱에 결박당한 사탄은 귀신들과 그 대행자들을 통해 지상에서 활동하고 있다. 때로는 광명의 천사로 가장하며 정치권력과 우상숭배, 사이비 이단, 범죄, 어두움의 세력을 조종한다. 우리는 그 배후의 존재를 인식해야 한다. 우리가 사탄의 속임에 권세를 주고 그 접근을 허용하면(Sherman, 1995) 상처를 받고, 쓴 뿌리가 생기며, 자존감이 낮아지고, 자아상이 왜곡된다. 내면화된 상처는 사탄이 틈타면서 거역, 분열, 비탄, 원한, 쓴뿌리,[71] 묶임(약물, 물질, 사람, 이단종교, 우상숭배) 등이 있으며 믿는 자라도 풍성한 삶을 살지 못하게 한다.

사탄은 거짓선지자를 동원하여 하나님의 표상을 왜곡한다. 부모가 자녀를 학대하면 하나님을 무섭고 심판하시는 하나님으로

만 잘못 인식하기 때문에 부모는 자기도 모르는 사이에 거짓선지자가 된 것이다. 이단은 미혹의 영으로 열심이 있으나 분별이 없는 사람, 공허한 사람, 기존 체제에 불만을 가진 사람, 이교의 배경을 버리지 못한 사람, 신비주의에 착념하는 사람, 비성경적인 종말론을 가진 사람에게 접근하여 영혼을 노략질한다. 이단을 따르는 사람들은 정통교회가 주는 편안함을 지루해 한다. 그래서 이단의 엽기적인 신앙행각에 빠지게 되며 점점 몸과 영혼이 피폐해진다.

사탄은 우리가 강하고 담대하게 대적하면 물러가지만 아말렉처럼 약한 틈을 노리며 상처 입은 사람을 표적으로 삼아 공격한다. 우리는 아말렉을 진멸하듯이 사탄의 이런 궤계를 빛 가운데로 드러내야 하며 사탄이 틈타기 쉬운 상처, 미움, 분노, 분열과 같은 어둠의 일을 벗어나야 한다.

제6부

결론

결론

성막의 모형론에서 나타난 신학적 개념이 목회상담학의 치유개념과 어떻게 유비론적으로 통합되는지를 살펴보았다. 성막의 모형론과 치유적인 유비가 단편적인 비교에 그치지 않기 위해 일 대 일의 대비가 아니라 먼저 모형론을 통해 성막이 가진 해석학적 정당성을 확보하고 다시 목회상담학이 가지고 있는 치유원리를 추적하였다.

역사적이며 구속사적인 관점에서 성전과 교회는 약속과 성취, 그림자와 실체, 예언과 실현의 관계다. 교회는 성전의 실체이신 그리스도의 몸이며 그리스도는 성전을 완성하시고 그것을 교회로 성취하셨다. 성막은 에덴에서부터 새 하늘과 새 땅에 이르는 성전의 맥락에 있다. 성막이 독립적이고 독자적으로 존재하는 것이 아니라 성전의 맥락을 대표하는 성전의 모형도, 또는 조감도 역할을 한다.

성막에는 구원과 성화, 성숙, 공동체적 경험과 같은 회복의 매커니즘이 있다. 이 메커니즘은 전인적이고 총체적이며 통전적인 치유과정에 빛을 제공한다. 성막의 모형론적 해석은 예수 그리스도 안에서 실체로 성취되면서 역사적이고 구속사적인 맥락을 이루고 이 맥락은 다른 개념을 해석하는 원형 또는 패턴이 되어 체계론을 형성한다. 언약과 하나님과의 관계의 핵심에 있는 성막으로서의 성전은 신앙과 언약백성의 삶을 전반적으로 해석하고 길을 제시하는 준거의 틀이 된다.

이 책에서 시도한 성막의 모형론적 해석과 목회상담학적인 치유개념은 독자적인 영역과 논리의 바탕에서 나오기 때문에 풍유(알레고리)에 빠지지 않고 성막의 모형론적 해석이 치유개념에 정당성을 부여하는 이른 바 파괴할 수 없는 순서를(cf. Barth) 유지하였다. 또한 신학과 심리학의 통합하여 치유를 재해석하였다. 신학과 심리학은 분리되거나 혼합되어서는 안 되며 둘은 성경의 절대적 권위의 조명을 받아서 통합되어야 한다는 대전제 아래서 성막의 모형론적 해석을 통해 치유개념을 조명하고 성경을 통한 치유개념을 통합적으로 재해석하였다. 이런 프로세스를 통해 나온 성막과 치유의 유비론적 통합은 다음과 같은 표로 요약된다.

구분	기명	해석	치유적 유비
뜰	울타리	경계	겸손, 연약함과 한계의 수용
	출입문	구원	회개, 자기중심에서 하나님중심으로 전환
	번제단	속죄	십자가, 자기긍정, 자기부인, 옛사람의 죽음
	물두멍	정결	절제를 통한 치유, 창조적 고통
성소	진설병	양식	풍성함의 동기로의 전환
	금촛대	조명	고백, 영적 카타르시스, 재조명, 동시성 원리
	분향단	기도	치유적 기도, 그리스도 테라피
지성소	속죄소	화목제물	사랑으로 덮음, 화해, (사죄의 확신)
	법궤	말씀	다림줄, 십계명과 산상수훈

유대인의 시각에서 보면 우주는 이스라엘, 예루살렘, 성전, 지성소, 법궤, 십계명으로 축약된다. 이 십계명은 다림줄과 같이 불변하는 하나님의 법을 상징한다. 그리스도는 하늘에서 내려오신 다림줄로서 불변하는 하나님의 법과 기준을 이 땅에 제시하셨다는 점에서 십계명의 성취자시다. 그는 옛언약의 중심에 있는 십계명이 축약하고 있는 율법을 이루시고 완성하셔서 새언약을 통해 새로운 백성을 창조하시고 자신이 성취하고 재해석하신 법을 삶의 원리로 주셨는데 그것이 산상수훈이다. 십계명이 구약을 축약하고 있다면 산상수훈은 신약을 축약하고 있다.

마태복음 5장에서 7장에 있는 산상수훈은 새언약에 속한 하나님 나라 백성의 삶의 원리며 존재론이다. 산상수훈은 윤리와 실천 이전에 우리가 무엇을 가졌고 우리가 어떤 존재인지를 먼저 인식하게 한다. 산상수훈을 통해서 하나님 나라 백성임을 논증하는 것은 사실이지만 그것을 지켜야 하나님의 백성이 되는 것은 아니다. 그것은 이미 그리스도의 십자가와 부활을 통해 하나님 나라의 백성이 된 우리가 가져야 할 삶의 원리다.

산상수훈에서 치유의 기초를 이루는 첫 번째는 존재와 그 되어짐에 관한 것이다. 존재와 그 되어짐은 됨과 함, 구원과 성화, 관계와 사귐, 생명과 열매의 관계와 같다. 빛과 비춤, 소금과 짠맛은 신분과 수준, 인격(being)과 행함(doing), 구원과 성화, 생명(life)과 삶(living)을 또한 의미한다.

산상수훈이 제공하는 치유적 기초는 온전함이다. 온전함은 완벽주의를 말하는 것이 아니다. 완벽주의는 패배자 각본일 뿐 아니라 당연한 실패로 인한 수치심을 안겨주기 때문에 이를 상쇄하기 위한 중독적인 행동을 선택하게 한다. 완벽주의로 인한 죄책감은 존재와 자아정체성 자체에 대한 의심으로 이어지는데 이것이 내면화 된 수치심이다. 이 수치심 위에 인생과 가정, 문화, 교회, 국가를 형성하면 모래 위에 지은 집과 같이 자기정체성을 상실하고 삶이 무너진다. 오직 예수님이 기준으로 제시하신 진리만이 우리를 자유하게 한다.

팔복이 말하는 그리스도인은 이미 복을 속성으로 가진 가난한 부자며(가난) 공감의 뇌를 가진 자들이며(긍휼), 애통하는 위로자며(애통) 진정한 갈망을 가진 자며(의에 주리고 목마름) 통제된 힘의 소유자며(온유) 한 마음을 가진 단순한 심령의 담지자며(청결) 피스메이커들이며(화평케 하는 자) 선지자의 반열에 속한 자들(주를 위해 핍박을 당하는 자)이다. 팔복은 세상이 누리거나 가질 수 없는 그리스도인만의 역설적 행복론이다.

"하늘에 계신 우리 아버지여 이름이 거룩하시며"라고 시작하는 주기도문은 기도를 들으시는 대상과의 친밀한 관계에 기초한다. 우리는 주님이 가르쳐주신 기도의 원리를 따라 하나님의 얼굴을 구하고, 손을 바라며, 그의 나라와 의를 구한다. 그리고 모든 사람을 용서하고 용서를 받으며, 매일 세수를 하고 양치질을 하듯이 최후의 원수 사탄을 대적한다.

주기도문이 가르치는 용서를 구하는 기도는 하나님과 자신과 이웃을 향한 세 가지 방향이 있다. 하나님을 향해서는 주권적인 뜻을 받아들이고 수용하는 몸부림이다. 자기를 용서하는 것은 자기의 연약함과 책임을 수용하되 지나친 자기처벌과 자학으로 인한 불신앙을 제거하는 것이다. 타인에 대한 용서에 있어서 거짓 또는 유사용서를 피하고 진정한 용서로 들어가려면 여러 측면을 고려하고 용서가 단회적인 사건이 아니라 시간을 요하는 과정이라는 것을 먼저 알아야 한다. 용서는 마술이 아니다. 그리고 용서했다고 해서 반드시 화해가 동시에 일어나지도 않는다. 그러나 용서를 선택하고 결단하는 것은 자신의 상처를 보듬고 극복하는 시작점이다.

저자후기

　대학을 앞두고 진로를 놓고 고민하던 중에 3일 동안 물도 마시지 않고 금식을 하였다. 그 해 10월 1일에 시작하여 3일이 되는 날 교회 3층 다락에서 철야기도를 하다 선잠이 든 상태에서 파란 불덩어리가 덮치는 경험을 하였다. 불에 타지는 않았지만 대신 마음이 뜨거워지면서 의자 위에서 떨어져 바닥을 데굴데굴 구르며 동이 틀 때까지 몇 시간을 울부짖었다. 그 날 선교사의 길을 선택했다. 마음이 변할까 두려워 곧바로 총신대학교를 향해 두 손을 뻗고 기도하였다. 입학하는 날은 학교를 일곱 바퀴 돌고 뒷문으로 들어갔다. 3학년이 되었을 때 주변의 권유로 치열한 선거 과정을 통해 총학생회장이 되었다.

　당시 모든 대학들이 그랬던 것처럼 대학에서 신학대학원까지 7년 동안 단 한 해도 빠짐없이 시험거부, 등록거부, 수업거부가 있었다. 학교 교정에는 최루 가스가 떠날 날이 없었고 총학생회장 재임시절에는 치열한 투쟁을 통해 교단에 가입하려는 이단의 진입을 막았고 그 비호세력은 총회에서 3년 만에 축출되었다.

　목사 안수를 받은 후에 유학을 가려고 교회를 사임한 직후에 우리나라에 제 2의 국난이라고 하는 국제구제금융(IMF)이 발표되었고 유학비자는 단 몇 초 만에 거절당했다. 아내와 갓난 아이 둘을 데리고 봉천동의 지하에 짐을 풀었다. 목에서 피를 터뜨려 이 시대를 향해 꼭 할 말이 있으니 여기서 꺼내 달라고 금식하며 울부짖었다. 엄동설한을 보내고 봄이 되어 무르익을 때 하루는 소파에 앉아 찬송가를 첫 장부터 마지막 장까지 부르며 기도하고 있었는데 거의 다 불렀을 무렵 일면식도 없는 교회로부터 전화를 받고 출근을 하였다.

교회사역은 만만치 않았다. 만 4년이 지나고 5년에 접어들 무렵 교회에 분열의 위기가 왔고 수석 부목사의 위치 때문에 중간에 끼어 과로와 스트레스가 겹치면서 안면신경이 마비되었다. 공황장애에 걸린 사람처럼 차를 운전하고 가다 가슴이 터져버릴 것 같아서 차를 세우고 멍이 들도록 가슴을 쳐야 했다. "여기까지입니까?"하고 다시 울부짖으며 몇 개월을 골방에서 책과 싸웠다.

월드컵 4강의 역사를 쓰던 그 해 부활절 아침에 하나님이 전격적으로 개척으로 인도 하셨다. 개척은 단 하루도 마음을 놓은 적이 없는 중노동이었다. 부목사 때는 몸은 피곤했지만 퇴근하면 잊어 버렸는데 이제는 걱정이 침상까지 따라왔다. 모든 예배의 차량운행을 하면서 일주일이면 새벽예배를 포함하여 10번의 설교를 하였다. 이렇게 10년 동안 5,000번의 설교를 했더니 자기설교가 생겼다. 생각지도 못한 부산물이었다.

개척 5년 후에는 연건평 540평의 빌딩을 매입하여 입당예배를 드렸다. 하루가 다르게 교인이 늘고 교회의 면모를 갖추어 갔다. 이른바 성공의 ABC(숫자, 건물, 재정)가 갖추어졌다. 그런데 주거래 은행을 바꾸려고 하는 과정에서 두 은행 사이의 알력으로 정확하게 10년, 개척한 지 3,650일 만에 그 건물을 다시 매각하고 상가 교회로 유턴했다.

이 와중에 목회상담학 공부를 시작하였다. 석사과정에 입학한 2001년부터 수석으로 박사과정에 입학하여 논문이 통과된 2009년까지 10년 동안의 목회 상담학 공부는 새로운 해석학적 도구와 학문적 언어를 습득하는 시기였다. 나아가 신학, 심리학, 철학, 목회 상담학 등으로 지경을 넓혀주셨다.

교회 건물을 매각하면서 천문학적 손실이 있었지만 외면했던 좁은 문을 열고 좁은 길을 따라 들어간 내면의 성소에서 비로소 실패가 주는 의미를 알았다.

　　고은 시인의 "내려갈 때 보았네, 올라갈 때 보지 못한 그 꽃"이라는 시처럼 실패와 좌절 이후 안 보이던 것들이 보이기 시작했다. 최고의 행복을 누리던 전성기에 암에 걸려 아내와 어린 두 자녀와 결별을 해야 했던 랜디 포시 교수는 "마지막 강의"에서 말했다. "경험이란, 당신이 원하던 것을 얻지 못했을 때 얻게 되는 것입니다."(Experience is what you get when you didn't get what you wanted).

　　결핍 중의 결핍은 실패의 결핍이다. 삶이란 하나님을 아는 지식을 펼치는 캔버스와 같다. 삶이 없다면 고통도 없겠지만 하나님을 아는 지식이 펼쳐놓은 황홀한 그림을 볼 수도 없다. 삶은 하나님이 말씀의 씨앗을 뿌려 그것이 가진 생명을 증언하는 현장이다. 그 밭에서 우리는 인생의 가장 중요한 목적인 하나님을 아는 지식에 이르며 하나님이 곧 영생이라는 무의식의 동의와 항복을 스스로에게서 받아낸다.

　　환난에 시간이 더해지면 인내가 되고 인내에 공간이 더해지면 연단이 된다. 이 때 점과 선은 평면이 되고 평면은 부피가 되어 연단은 하나님의 사랑을 담는 소망의 그릇이 된다(롬 5:3-5). 하나님은 나의 실패 뒤에서 항상 플랜 B를 준비하시고 새로운 역사를 시작하신다. "천 번은 흔들려야 꽃이 핀다"는 말처럼 그 고통의 시간들 속에서 하나님께 받은 위로가 타인을 위로하는 자격증이 되어 이 책으로 수렴되었다. 그리고 이제 책이 자신을 읽어줄 독자를 찾아간다. 엄밀히 말하면 독자가 책을 찾는 것이 아니다. 책이 자신을 알아보고 읽어줄 독자를 찾아간다고 심리학이 귀띔한다. 사람은 누구나 자신 안에 있는 만큼만 보이고 들리기 때문이다.

Bibliography

Adams, J. E. (1975). Pastoral Counseling, Grand Rapids, Mich. : Baker Book House.

Anderson, N. T. & Anderson, J. (1990). Victory over the darkness: realizing the power of your identity in Christ,Ventura, Calif. : Regal Books.

Anton, E. J. (2005). Repentance : a Cosmic Shift of Mind & Heart. Waltham, Mass. : Discipleship Publications International.

Arnold, J. C. (2007). The lost art of forgiving, Farmington: plough publishing house.

Arterburn, S, and Cherry, D. (2004). Feeding your appetites : take control of what's controlling you., Nashville : Thomas Nelson.

Arthur, K. (1988). Lord, heal my hurts, Portland, Oregon : Multnomah press.

Arthur, K. (1989). Lord, I want to know you : a devotional study of the names of God, Old Tappan New, Jersey: Fleming H. Revell Company.

Augustine. (1873). On the Trinity, Edinburgh, T. & T. Clark.

Augustine. (1956). A Select library of the Nicene and post-Nicene fathers of the Christian church, Grand Rapids : Eerdman Pub.

Augustine. (1964). Library of Christian Classics of The Confessions of st. Augustine, Phila.: Westminster.

Banks, R. J. (1981). Paul's idea of community, australia: Homebush west.

Barclay, W. (1991). The old law and the new law : the Ten commandments and the Sermon on the mount Edinburgh : St. Andrew Press.

Barrett, C. K. (1978). The Gospel according to St. John : an introduction with commentary and notes on the Greek text, Philadelphia : Westminster Press, 1978.

Bartens, W. trans. 유영미 (2011). 몸의 행복, 서울: 주)사피엔스21.

Bauer, W. et al. (1958). A Greek-English lexicon of the New Testament and other early Christian literature : Chicago : University of Chicago Press.

Beasley-Murray, G. R. (1987). John. Word Biblical Commentary 36. Waco, Texas: Word Books.

Benedict, R. (1946). The chrysanthemum and the sword : patterns of Japanese culture, Boston, Houghton Mifflin Co.

Bevere, J. (2004). The bait of Satan., Lake Mary, Fla. : Charisma House.

Blenkinsopp, J. (1990). Ezekiel., Louisville, Ky. : J. Knox Press.

Bonhoeffer, D. (trans. Coles, R.) (1998). Gemeinsames Leben: Life together, Modern spiritual masters series. N.Y. : Orbis Books.

Bornkamm, G. (1956). Jesus von Nazareth. Stuttgart : Kohlhammer. trans. (1960). Jesus of Nazareth. New York : Harper & Brothers Publishers.

Botterweck, G. J. (1975). TDOT, v.2. Grand Rapids, Michigan: Eerdmans.

Bright, J. (1953). The kingdom of God : the Biblical concept and its meaning for the church New York : Nashville : Abingdon-Cokesbury Press.

Brown, R. E. (1970). The Gospel according to John 1-12, the Anchor Bible 29. Garden City, New York: Double day.

Brownlee, W. H. (1986). WBC: Ezekiel 1-19, Texas: Word Books Publisher.

Bruce, F. F. (1990). The Epistle to the Hebrews(New international commentary on the New Testament.), Grand Rapids, Mich. : W.B. Eerdmans.

Budd, P. J. (1996). Leviticus, Grand Rapids: Zondervan.

Bulfinch, T. (1981). Myths of Greece and Rome, New York, N.Y. : Penguin Books.

Cabasilas, N. (1982). The life in Christ, N.Y. : St. Vladimir's Seminary Press.

Calvin J. (1988). Institutes of the christian religion, Phila.: Westminster Press.

Calvin, J. trans. Hesselink, I. J. (2006). On prayer : conversation with God, Louisville, Ky. : Westminster John Knox Press.

Capps, D. (1993) The depleted self : sin in a narcissistic age, Minneapolis : Fortress Press.

Capra, F. (1996). The web of life : a new scientific understanding of living systems, New York : Anchor Books.

Carlin, J. (2009). Invictus : Nelson Mandela and the game that made a nation. New York : Penguin Books.

Carrel, A. trans. Dulcie de Ste Croix Wright. (1948). Prayer. New York, Morehouse-Gorham Co. 1948.

Carson, D.A. ed. etc. (2005). New Bible commentary : 21st century edition. Downers Grove: IVP.

Choi, J.H. (최정호, 2010). 복에 대한 담론: 기복사상과 한국의 기층문화, 서울: 돌베개.

Clinebell, H. J. (1992). Well being : a personal plan for exploring and enriching the seven dimensions of life : mind, body, spirit, love, work, play, the earth., San Francisco, Calif. : Harper San Francisco.

Clinton, T. E ; Straub, J. (2010). God attachment : why you believe, act, and feel the way you do about God., New York : Howard Books.

Collins, G. (1977). The rebuilding of psychology : an integration of psychology and Christianity Eastbourne, Eng. : Coverdale House ; Wheaton, Ill. : Tyndale House.

Cox, R. H. (1973). Religious systems and psychotherapy, Springfield, Ill., Thomas.

Crabb, L. J. (1977). Effective biblical counseling, Grand Rapids, Mich. : Zondervan.

Crabb, L. (2006). The Papa prayer : the prayer you've never prayed, Nashville : Thomas Nelson.

Cramer, R.L. (1987). Psychology of Jesus and Mental Health, Zondervan.

DeGraaf, S. G. (1978). Promise and deliverance, vv. 1-4. translated by Runner, H. E. and Runner, E. W. Ontario, Canada : Paideia Press.

DeHaan, M. R. (1979). The tabernacle, The Tabernacle, Grand Rapids, Mich. : Zondervan.

Dillion, R. S. (2001). Self-forgiveness and self-respect. Ethics, ETHICS -CHICAGO- 112, Part 1 (2001): 53-83.

Dobson, T. E. (1982). How to pray for spiritual growth : a practical handbook of inner healing, New York : Paulist Press.

Doering, J. (1985). Your power of encouragement., Chicago [Ill.] : Moody Press.

Dostoyevsky, F. trans, 이동현, (2014). 지하생활자의 수기, 서울: 문예출판사.
Douglas, J. D. (ed.) (1962). The New Bible Dictionary, London,
Emerson, J. G. (1986). Suffering : its meaning and ministry, Nashville : Abingdon Press.
Enright, R. D. & The Human Development Study Group. (1996). Counselling within the forgiveness triad: On forgiving, receiving forgiveness, and self-forgiveness. Counseling and Values, 40, 107-126.
Enright, R. D. (2001). Forgiveness is a choice : a step-by-step process for resolving anger and restoring hope(APA LifeTools). Washington, DC : American Psychological Association.
Epp, T. H. (1976). Portraits of Christ in the tabernacle, Lincoln, Neb. : Back to the Bible Broadcast.
Fairbairn, P. (1967). The typology of scripture, Grand Rapids: Zondervan.
Ferguson, S. B. et al (1988). Christian spirituality : five views of sanctification, Downers Grove, Ill. : InterVarsity Press.
Flynn, M. & Gregg D. (1993). Inner healing : a handbook for helping yourself & others, Downers Grove, IL : InterVarsity Press.
Foster, R. J. (1992). Prayer : finding the heart's true home., San Francisco : Harper San Francisco.
Friends in recovery, (1987). (The)12 Steps for Adult Children(from addictive and other dysfunctional families), recovery publications.
Fullam, E. L. (1987). Your body, God's temple, Lincoln, Va. : Chosen Books.
Gaffin, R. B. (1979). Perspectives on pentecost, New Jersey: Presbyterian and Reformed Publishing Company.
Gonzalez, J. L. (2009) The story of Christianity : complete in one volume: the early church to the present day., Peabody, Mass. : Prince Press.
Hagner, D. A. (1987). Word biblical commentary; Matthew, Texas: Word Books Publisher.
Hamachek, D. E.(1978). Psychodynamics of normal and neurotic perfectionism. Psychology: A Journal of Human Behavior.
Han, B.Ch. (한병철, 2012), Mudigkeitsgesellschaft (피로사회, 김태환 옮김)., 서울: 문학과 지성사.

Hanson, P. D. (1975). The dawn of apocalyptic., Philadelphia : Fortress Press.

Hardie, R. A. (1914). God's Touch in the Great Revival, KMF (Korea Mission Field). 22.

Harris, R. L ; Archer, G. L Jr. ; Waltke, B. K. (2003). Theological Wordbook of the Old Testament.

Harry, B. (1978). The Christian mind : how should a Christian think? Ann Arbor, Mich. : Servant Books.

Hartly, J. E. (1991). Leviticus, Word Biblical Commentary 4, Dallas: Word Books..

Hunsinger D. (1995). Theology and pastoral counseling : a new interdisciplinary approach., Grand Rapids, Mich. : Eerdmans.

Hunt, J. (1997). Biblical counseling keys. Dallas, Tex. : Hope for the Heart.

Hurding, R.F. (2003). Roots and Shoots: A Guide to Counselling and Psychotherapy, Hodder & Stoughton Educational.

Jeeves, M. A. (1976). Psychology and Christianity: the view both ways., London: Inter-Varsity Press.

Jeeves, M. A. (2013). Minds, brains, souls, and gods : a conversation on faith, psychology, and neuroscience., Downers Grove, Illinois : Inter-Varsity Press.

Jeremias, J. trans. Perrin, N. (1963). The Sermon on the Mount, Philadelphia : Fortress Press.

Jordan, J. B. (1988). Through new eyes : developing a Biblical view of the world, Brentwood, Tenn. : Wolgemuth & Hyatt.

Jukes,A.J. (1966). Law of offerings. Grands Rapids, Mich. : Kregel Publications.

Jung, C. G. (1933). Modern man in search of a soul, New York : Harcourt, Brace & World.

Jung, C. G. (2002). Archetyp und Unbewusstes, 원형과 무의식, 한국 융 연구원, 서울: 솔, 2002

Kagan, S. (2012). Death. New Haven : Yale University Press.

Kallistos,W. Bishop of Diokleia. (1977). The power of the name : the Jesus prayer in Orthodox spirituality, Fairacres, Oxford : SLG Press, 1977.

Kaufman, G. (1992). Shame the power of caring, Rochester Vermont:

Schenkman Books Inc.

Keener, C. S. (1993). (The) IVP Bible background commentary : New Testament, Downers Grove, IL : InterVarsity Press.

Kelsey, M. T. (1981). Caring: How can we love one another?, New York, Ramsey : Paulist Press.

Kendall, R. T. (2002). Total forgiveness : true inner peace awaits you. Lake Mary, Fla. : Charisma House.

Kierkegaard, S.A. (1979). Der Augenblick, 순간. 서울 : 종로서적.

Kierkegaard, S.A. (1996). Begrebet angest. 불안의 개념. 서울: 홍신 문화사.

Kierkegaard, S.A. (2005). 그리스도교의 훈련, 서울: 다산글방.

Kierkegaard, S.A. (2007). 죽음에 이르는 병. 서울: 한길사.

Kim, J.S. 김준수, (2002). 내적치유의 이해와 치유 목회적 적용, ACTS 신학과 선교 제6호.

Kim, J. (2006). 정신병인가? 귀신들림인가? 서울: 생명의 말씀사.

Kim, S.Y. 김세윤 (1993). 예수와 바울 : 신약신학 논문 모음 = Essays on Jesus and Paul, 서울, 참말.

Kim, S.Y. 김세윤 (1994). 바울복음의 기원, (The) Origin of Paul's gospel, 서울 : 엠마오

Kim, S.Y. 김세윤 (2009). 고린도전서강해, 서울 : 두란노아카데미

Kittel, G. et al. (1964). Theological dictionary of the New Testament. Grand Rapids, Mich., Eerdmans.

Kraus, H. J. (1988). Psalms 1-59 : a commentary. Minneapolis : Augsburg Pub. House.

Kü˙bler-Ross, E. (1997). The wheel of life : a memoir of living and dying., New York, NY : Scribner.

Laaser, M. R. (1996). Faithful and true: sexual integrity in a fallen world, Grand Rapids, Mich. : Zondervan Pub. House.

Lee, H.S. 이한수 (1993). 바울신학 연구 = Studies on Paul's theology, 서울: 총신대학출판부.

Lewis, C. S. (1958). Reflections on the Psalms., New York : Harcourt, Brace.

Lloyd-Jones, D. M. (1974). Studies in the Sermon on the Mount : one volume edition. Wm. B. Eerdmans Pub. Co.

Lommel, P. V. (2001). Near-death experience in survivors of cardiac arrest: a prospective study in the Netherlands. The Lancet, vol. 358, Dec. 15.

Luskin, F.(2002). Forgive for good : a proven prescription for health and happiness., San Francisco : Harper San Francisco.
Luther M. trans. Mueller. J. T. (1954). Commentary on the Epistle to the Romans, Grand Rapids, Mich. : Zondervan Pub. House.
MacDonald, G. (1985). Ordering your private world, Nashville : Oliver-Nelson.
MacNutt, F. (1974). Healing. otre Dame, Ind., Ave Maria Press.
Mahler, M.S. et.al., (1975). The psychological birth of the human infant : symbiosis and individuation., New York : Basic Books
Marshall, P. A. ; Gilbert. L. (1997). Their blood cries out : the untold story of persecution against Christians in the modern world, Dallas : Word Pub.
Marshall, T. (1991). Healing from the inside out : understanding God's touch for spirit, soul, and body. Lynnwood, WA : Emerald Books.
Martin, R. P. (1986). WBC: 2Corinthians, Waco, Tex.: Word Books.
Maslow, A.H. (1943). A theory of human motivation, Psychological Review, 50, 370-396.
McKelvey, R. J. (1969). New temple: The church in the new testament, Oxford: Oxford Univ.
McMinn, M. R. (1996). Psychology, theology, and spirituality in Christian counseling., Wheaton, Ill. : Tyndale House.
Meeter, H. H. ; Marshall, P. A. (1990). The Basic Ideas Calvinism Grand Rapids, Mich. : Baker Book House.
Meyer, P. J. (2006). Forgiveness : the ultimate miracle(Fortune, family & faith series.) Orlando, Fla. : Bridge-Logos.
Milgrom, J. (1991). Leviticus, 1-16, New York: Doubleday.
Milton, J. (Shepherd, R. A. ed.) (1983). Paradise lost, New York : Seabury Press, 1983.
Moody, R. A. (1975). Life after life : the investigation of a phenomenon, survival of bodily death., Atlanta : Mockingbird Books.
Moor, J. C. (1995). Synchronic or diachronic? : a debate on method in Old Testament exegesis. (Oudtestamentische studiën, d. 34) Leiden ; New York : E.J. Brill.
Morrison, A. P. (1996). The culture of shame, Northvale, New Jersey: Jason Aronson Inc.
Moulton, H. K. (1978). The analytical greek lexicon revised. 1978 edit-

ed. Grand Rapids, Michigan: Zondervan.
Mouw, R. (1983). When The Kings Come Marching In : Isaiah and the New Jerusalem (GrandRaids, Mic. : Eedmans Publishing Co.
Mulholland, M. R.(1993). Invitation to a journey : a road map for spiritual formation, Downers Grove, Ill. : InterVarsity.
Murray, J. (1955). Redemption, accomplished and applied., Grand Rapids, Mich. : W.B. Eerdmans Pub. Co.
Nathanson, D. L. (1994). Shame and Pride: Affect, Sex, and The Birth of The Self. W. W. Norton & Company.
Needham, G. C. (1958). Shadow and Substance: an exposition of the Tabernacle types. Springfield, Mo., Gospel Pub. House.
Niebuhr, R. (2013). Moral man and immoral society : a study in ethics and politics. second ed. fist copy. 1932. Louisville, Kentucky: Westminster John Knox Press.
Owen, J. (1656). the mortification of sinne in believers. Oxford : Printed by L. Lichfield, printer to the University. ch.7.
Oden, T.C. (1996). Kerygma and Counselling. Philadelphia: Westminster.
Packer, J. I. (1973). Knowing God, Downers Grove: Intervarsity Press.
Park, Y.S. (박윤선) (1971). 성경주석 고린도전후서, 서울: 영음사.
Park, Y. S. (박윤선) (1974) 성경과 나의 생애. 서울: 영음사.
Pascal, B. (1987). P'angse., 팡세., 서울: 육문사.
Patton, J. (1985). Is Human Forgiveness Possible?: A Pastoral Care Perspective. Nashville: Abingdon Press.
Peck, M. S. (1978). The road less traveled : a new psychology of love, traditional values, and spiritual growth., New York : Simon and Schuster. Touchstone book series.
Peck, M. S. (1983). People of the lie. People of the lie : the hope for healing human evil. New York : Simon and Schuster.
Peterson, E. H. (1983). Run with the horses : the quest for life at its best. Downers Grove, Ill. : InterVarsity Press.
Peterson, E. H. (1997). Leap over a wall : earthy spirituality for everyday Christians. New York : HarperCollins.
Peterson, E. H. (2006). Eat this book : a conversation in the art of spiritual reading. Grand Rapids, Mich.: W.B. Eerdmans.
Peterson, E. H. (2009). 메시지, The Message., 서울: 복 있는 사람.
Peterson, E. H. (2010). Practice resurrection : a conversation on grow-

ing up in Christ. Grand Rapids, Mich. : William B. Eerdmans Pub.
Pfeiffer, C.F. (1962). Pfeiffer, C. F. (ed). (1962). The Wycliffe Bible commentary. Chicago, Moody Press.
Pink, A. W. (2001). Sermon on the Mount, Lafayette, IN : Sovereign Grace Publishers, Inc.
Powell, J. (1999). Why am I afraid to tell you who I am? London : Fount.
Rad, G. V. (1975). Old Testament theology, London: SCM Press.
Reich, R. B. (2000). The future of success By Robert B Reich, New York : A. Knopf.
Richardson, A. (1951). A theological word book of the Bible. New York, Macmillan.
Ridderbos, H. (1962). The coming of the kingdom, Philadelphia: The Presbyterian and Reformed Publishing Company.
Ridenour, F. (1967). How to be a Christian without being religious, Ventura, Calif., U.S.A. : Regal Books, 1986 printing.
Ryu, M. S.(류모세) (2009). 열린다. 성경: 절기이야기, 서울: 두란노서원.
Sanford, A. M.W.(1972). Healing Light. New York : Ballantine.
Sauer, E. (1994). The dawn of world redemption : A survey of historical revelation in the old testament, Grand Rapids, Mich.: Eerdmans.
Schaeffer, F. (1972). True spirituality, Grand Rapids, Michigan: Baker.
Schaeffer, F. (1982). The Complete works of Francis A. Schaeffer : A Christian worldview : A Christian view of philosophy and culture, Westchester, Ill. : Crossway Books.
Schreiter, R. J. (1998). The Ministry of Reconciliation: Spirituality and Strategies, N.Y.: Orbis Books.
Seamands, D. A. (1981). Healing for damaged emotions, Wheaton, Ill. : Victor Books.
Seamands, D. A. (1990). Living with your dreams, Wheaton, Ill. : Victor Books.
Sherman, D. (1995). Spiritual warfare for every Christian : how to live in victory and retake the land, Seattle, WA : YWAM.
Sire, J. W. (2004). The universe next door : a basic world view catalog, Downers Grove, Ill. : InterVarsity Press.
Sittser, G. L. (1996). A Grace Disguised: How the Soul Grows Through Loss, Zondervan Publishing House.

Slade,P. D. & Owens, R. G.(1998). A dual process model of perfectionism based on reinforcement theory. Behavior Modification. 22(3). 372-390.

Smedes, L. B. (1996). The art of forgiving : when you need to forgive and don't know how, Nashville, Tenn : Moorings.

Smith, C. (1997). Exodus, 신동철 역, 출애굽기, 서울: 포도원.

Son, H. J.(손현정) (2013). 행복은 과학이다., 서울: 이펍코리아.

Sontag, S. (1978). Illness as metaphor; and AIDS and its metaphors, Farrar, Straus & Giroux.

Spangler, A. (2010). Praying the names of God, Ellie Claire Gift & Paper Corp.

Spring, J.A. (2004). How can I forgive you? : the courage to forgive, the freedom not to, New York : Harper Collins.

Srawley, J. H. (1947). The History of the Liturgy, Cambrige: University Press.

Stott, J. R. W. (1986). Cross of Christ, Downers Grove: Intervarsity Press.

Stott, J. R. W. (1992). The message of the Sermon on the Mount : Christian counter-culture. Inter-Varsity Press.

Stott, J. R. W. (2010). The radical disciple : some neglected aspects of our calling., Downers Grove, Ill. : IVP Books.

Strecker, G. (1988). The Sermon on the mount : an exegetical commentary Nashville : Abingdon Press.

The Augusburg Confession, 1530

The Lausanne Covenant. (1974). International Congress on World Evangelization.

Thompson, B. (1983). The divine plumb line, Euclid, Crown Ministries.

Tournier, P. (1962). Guilt & grace : a psychological study, New York : Harper.

Tournier, P. (1965). The healing of persons. New York, Harper & Row.

Tournier, P. (1972). Learn to grow old., New York : Harper & Row,

Tournier, P. (1976). The strong and the weak. Westminster John Knox Pr (first published January 1st 1963).

Tournier, P. (1982). Creative suffering(Face a la Souffrance)., San Francisco : Harper & Row

Tournier, P. (1987). A Listening Ear: Reflections on Christian Caring,

Augsburg Fortress

Towns, E. L. (1991). My father's names: the Old Testament names of God and how they can help you know him more intimately. Ventura, Calif., U.S.A. : Regal Books.

Tyrrell, B. (1999). Christotherapy : healing through enlightenment. Eugene, OR : Wipf and Stock.

Unknown Christian, (1995). The kneeling Christian, Grand Rapids, Mich. : Christian Classics Ethereal Library.

Volf, M. (2005). Free of charge : giving and forgiving in a culture stripped of grace. Grand Rapids, Mich. : Zondervan.

Von Rad, G. trans. Stalker, D. M. G. (1975). Old Testament theology. Vol. 1, The theology of Israel's historical traditions. London : S.C.M. Press, 1975.

Vos, G. (1948). Biblical theology : Old and New Testaments. Grand Rapids, Mich. : W.B. Eerdmans.

Walton, J. H. (1993). (The) IVP Bible background commentary:Old Testament, Downers Grove, IL : InterVarsity Press.

Wardetzki, B. (2000). Ohrfeige für die Seele : wie wir mit Kränkung und Zurückweisung besser umgehen können. München : Kösel. trans. 장현숙, (2002). 따귀 맞은 영혼, 서울 : 궁리.

Watson, T. (1978). The lord's prayer, Pennsylvania: The Banner of Truth Trust.

Wenham, G. J. (1979). The Book of leviticus, Grand Rapids: William B. Eerdmans.

Westcott, B. F. (1903). The epistle to the hebrews, Lodon: MacMillan.

White, J. F. (1983). Sacraments as God's self giving : sacramental practice and faith., Nashville : Abingdon Press.

Williams, D. (1989). New concise bible dictionary, Leicester, England : Inter-Varsity Press.

Wilson, E.O. (1999). Consilience: The Unity of Knowledge, Random House.

Wilson, S.D. (1989). Counseling adult children of alcoholics, Dallas : Word Pub.

Wimber, J. & Springer, K. (1987). Power healing, San Francisco : Harper & Row.

Winnicott, D.W. (1963). The family and individual development., London Tavistock Publ.

Worthington E.L Jr; Rachal, K.C. (1997). Interpersonal forgiving in close relationships. Journal of personality and social psychology, 1997 Aug; 73(2): 321-36.

Wright, H. N. (1985). Making peace with your past. Old Tappan, N.J. : F.H. Revell.

미주

1. Kim,Y.G.(김영근),(2002) 글쓰기 고백을 활용한 내적치유 상담 프로그램 개발 및 효과검증, 한남대학교 대학원 박사학위 논문.
2. 본서의 내용은 필자의 박사학위논문 "성전의 유비를 통한 내적치유 프로그램 설계"와 일부 내용이 겹쳐 있음을 밝힌다. 논문과 다른 점은 성전의 폭넓은 개념을 성막으로 특정하였으며 내적치유는 치유개념으로 보편화하였다. 또한 한국교회에서 교회당을 성전으로 동일시하는 일이 너무 보편화되어서 용어를 변경하지 않으면 개념의 명확성이 떨어진다는 점을 고려했다. 전반부의 통합이론과 후반부의 내용은 더 발전된 연구를 통해 보충하였다. 논문과 프레임과 논문이 겹치기는 하지만 더 정밀한 연구과정이 더해졌음을 정직하게 말할 수 있다.
3. 중세 미학에 대한 견해는 진중권의 "미학 오디세이"를 참고하였다.
4. 당시 유대와 헬라의 문화권에서 머리를 감추지 않는 여자는 남자를 유혹하는 것으로 여겨 상스럽게 간주했다. 머리를 드러내는 것은 민 것만큼이나 수치스러운 일로 간주했던 것이다. 그래서 머리를 너울로 감추고 기도와 예언을 할 것에 대하여 바울은 유비론적인 해석을 전달하였다(Kim,2009).
5. 이 책에서는 성막의 그림이나 사진을 전혀 사용하지 않고 이해를 돕기 위해 성막의 평명도만을 제시했다. 그 이유는 화려한 그림이나 사진 자체의 신비로움에 빠질 위험이 있기 때문이다.
6. 2008.7.18. 국민일보 해외석학칼럼
7. "그 수종 드는 의원에게 명하여 아버지의 몸을 향으로 처리하게 하매 의원이 이스라엘에게 그대로 하되."(창 50:2)
8. "이는 선지자 이사야를 통하여 하신 말씀에 우리의 연약한 것을 친히 담당하시고 병을 짊어지셨도다 함을 이루려 하심이더라."(마 8:17)
9. "주께서 돌이켜 베드로를 보시니 베드로가 주의 말씀 곧 오늘 닭 울기 전에 네가 세 번 나를 부인하리라 하심이 생각나서 밖에 나가서 심히 통곡 하니라."
10. 필자는 변혁주의 문화관을 주제로 하는 통전적 모델을 학술지 "레마"에 기고하였다(총신대학교, "레마" 1992). 그리고 신학대학원 학위논문에서(총신대학교 신학대학원, 1995) 변혁적인 문화관을 기반으로 하는 네비우스 선교정책에 나타난 상황화 문제를 고찰하였다. 상황화는 토착화나 종교 간의 대화와 차별을 두고 기독교의 유일성을 기반으로 하는 문화에 대한 통전적이고 통합적인 접근이다. 여기서 선교학적인 엘렝틱스 개념이 나오는데 이는 문화에 주입된 종교적인 요소를 제거하거나 기능 대체적으로 선별하여 복음의 접촉점으로 삼는 것을 의미한다.

11. 우리가 아귀다툼이니 이심전심이니 인연, 화두, 아수라장이니 식겁했다느니 찰나와 같은 불교용어를 무심코 사용한다.
12. 심리학의 역사적이고 개념적인 기술은 논란의 여지가 없는 보편적인 것만을 골랐다. 주로 참고한 책은 강현식의 "꼭 알고 싶은 심리학의 모든 것, 심리학에 관한 150개의 개념들"(서울 : 원앤원북스, 2010)이며 주요한 심리학 개론서를 참조하였다. 직접인용이 없기 때문에 참고도서에는 넣지 않았다.
13. 이상심리에 대한 치료적 접근 자체를 부정한 것은 아니다. 단지 이상심리에만 집중하면서 자신만의 강점을 외면하면 부정적 정서로 인해 행복을 방해한다고 여긴 것이다.
14. Fairbairn, W. R. D. (1994) Psychoanalytic studies of the personality, London ; New York : Routledge.
15. Winnicott, D. W. (1965) The maturational processes and the facilitating environment; studies in the theory of emotional development, New York, International Universities Press.
16. Winnicott, D.W. (1953) Transitional objects and transitional phenomena; a study of the first not-me possession. The International journal of psycho-analysis, 1953; 34(2): 89-97
17. Clinton, T. E ; Scraub, J. Timothy E Clinton; Joshua Straub "God attachment : why you believe, act, and feel the way you do about God"(2010)
18. Romanes, G. J. (1886) Animal intelligence. London, K. Paul, Trench & Co., The International scientific series [English ed.] vol. XLI.
19. Linn, L ; Schwartz, L. W. Louis Linn; Leo W Schwarz, (1958) Psychiatry and religious experience, New York, Random House. 46. (Cramer, 1987. 재인용).
20. 이스라엘은 성막이나 성전과 별도로 산당에서 예배하는 관습이 있었고 특히 사무엘과 다윗시대에는 여기서 제사를 드렸다(삼상 9:12-25,10:5,13). 아마 조선시대의 향교와 같이 종교 뿐 아니라 정치적인 역할을 했을 것이다.
21. 자신을 월신이라고 하며 바벨탑을 세운 니므롯의 아내 세미라미스는 니므롯의 사후 자신을 하늘의 여왕으로 높이고 사생아 담무스를 니므롯의 환생이라고 하며 태양신으로 높였다. 바벨론은 종교의 배꼽이 되었다. "담무스를 위하여"는 담무스를 위한 여인들의 애가로 비를 내려달라는 구호다. 예루살렘 성전 문 앞에서 이 제의를 행한 것으로 보아 혼합주의를 엿볼 수 있다(Walton, 1993).
22. 태양숭배의 모습이다. 공식적인 증거는 므낫세 시대에 나타난다(1993).
23. 셈의 네 아들 중(창 10:22) 엘람은 이란을, 앗수르는 고대 앗수르를, 룻은

루디아를(헤라클레스 후손, 사데가 수도), 아람은 시리아를 세웠지만 아브라함의 직계 조상 아르박삿은 나라가 없었다. 그들은 방랑하는 아람사람이었다(신 26:5).
24. 솔로몬 성전과 다르게 휘장과 같은 중요한 기명, 그리고 제사장에 관한 부분이 생략되어서 문자적이고 역사적인 예언으로 보지 않는 학자들도 다수 있다.
25. 이스라엘과 교회는 각자의 독자적인 운명과 미래를 가지고 있다는 세대주의적 견해는 전통적인 언약신학과 충돌한다.
26. 브라이트는 보다 넓은 차원에서 예수의 선포를 하나님 나라의 윤리로 해석하였다. 산상수훈은 그 중에서도 핵심에 해당한다.
27. 키에르케고어 학회는 '쇠얀 키에르케고어'를 저자의 모국어(덴마크) 발음에 가장 가까운 표기법으로 확정했다.
28. Christianity daily. 2014.10.29. '칭의와 성화' 세미나(김세윤).
29. 시집 "하늘 호수로 떠난 여행 중에서"에 이런 시구가 나온다. "세상에서 가장 먼 거리는 사람의 머리와 가슴까지의 30cm 밖에 안 되는 거리이다. 머리에서 가슴으로 이동하는 데 평생이 걸리는 사람도 있다"
30. 성전은 특정한 건물로 제한되지 않고 타락 직후 인간이 하나님을 만나기 위한 제단에서부터 하늘의 성전까지를 포괄하는 역동적인 개념이다. 넓은 의미에서 에덴도 성전이며 성막과 솔로몬 성전도 성전이다. 그 중에서 성막은 성전의 조감도와 투시도의 성격을 가진다. 본 연구에서는 성막이 성전의 역사에서 차지하는 위치에 착안하여 성전의 유비를 찾기 위해서 성막의 본문을 사용하였다.
31. 원제는 "The Road to Character"인데 묘사한 인물은 어거스틴과 아이젠하워 외에 빈민운동가 도로시 데이, 작가 새뮤얼 존슨, 인권운동가 필립 랜돌프, 전 미 노동장관 프랜시스 퍼킨스, 소설가 조지 엘리엇이 있다.
32. 프로이트의 본능 대신 에릭슨은 자아를, 아동의 성격발달에 부모의 영향 대신에 에릭슨은 사회 심리적 환경의 중요성을, 5세 이전의 결정론 대신에 에릭슨은 전 생애에 걸친 성격발달의 중요성을 주장했다. 에릭슨은 특히 자아정체성이 형성되는 사춘기를 성격형성의 가장 중요한 시기로 보았다.
33. "셋도 아들을 낳고 그의 이름을 에노스라 하였으며 그 때에 사람들이 비로소 여호와의 이름을 불렀더라." 에노스의 이름은 '약하다' '병들다' '깨지기 쉽다' '슬프다'는 뜻을 가진 어근 '아나쉬'에서 왔다. 성경학자들은 에노스로부터 공식적인 예배가 시작되었다고 해석한다.
34. "5대 제사"의 내용에서 "기독신문" 김경열의 [특별기고] "교회를 위한 헌장, 레위기 제대로 읽기"를 일부 참고하였다. 발췌하지 않고 재해석했기 때문에 본문에 인용표시를 생략하였다. NIV는 '화제'를 'food offering'으로

번역했으며 NLT는 'a special gift'로 번역했다. '화제'(이솨)는 어원을 '불'이라는 뜻의 '에쇠'로 보면 불로 태워드리는 제사가 되고 '선물'을 의미하는 우가릿어나 '소유물'을 의미하는 아랍어로 보면 음식물로 드리는 '공물' 이라는 전혀 다른 의미가 예를 들어, '화제' 중에서는 불과 전혀 상관이 없는 경우도 있었다. 소제물 중에서 남은 것을 '화제'(레 2:10)라고 하였으며 아론과 그 자손들이 먹는 누룩 없는 빵을 '화제'(레 6:17) 하였고, 성소의 진설병을 '화제'(레 24:7)라고 하기도 하고 제단에 붓는 전제(포도주 한 힌)을 '화제'라고 하였다(민 15:10). 분깃이 없는 레위인을 위한 음식 역시 '화제'라고 하였다(신 18:1, 수 13:14). 레위기 21장 6절에서는 제사장을 가리켜 "여호와의 화제 곧 그들의 하나님의 음식을 드리는 자"라고 하였다. '화제'는 음식을 할 때 불을 사용하거나 아니면 음식의 일부를 불로 태워서 드린다는 점에서는 '불로 태워서 드리는 제사'라고 할 수 있지만 소제와 겹치는 부분이 있으므로 '음식제물'(food offering)이나 봉헌물(gift offering)로 이해해야 한다.

35. '하타'의 피엘형 '히테'에서 유래하고 '히테'는 '정결하게 하다' '깨끗하게 하다'를 의미한다. 따라서 속죄제를 'sin offering'이 아닌 'purification offering'으로 번역하는 학자도 있다.

36. 보편적으로 영어성경은 'guilt offering'으로 명명하지만 일부 영어 성경들은 히브리어 '아샴'에 배상의 의미를 지닌 이유로 '배상제'(reparation offering)로 번역한다. KJV, ASV, NRSV, YLT, DBY, WEB에서는 'trespass offering' NIV에서는 'as a penalty' HCSB에서는 'restitution for the sin' ESV에서는 'Compensation for the sin'으로 번역했다.

37. cf. 출12:46, 민9:12, 시34:20.

38. 어거스틴에게 있어서 시간은 수직적 시간인 카이로스의 현재뿐이다. 과거는 다만 현재의 기억이고 미래는 현재의 기다림이다. (물리적인) 수평적 크로노스는 물리적인 피조물이며 종말과 함께 사라진다. 그의 시간론은 키에르케고어에게 투영되었으며 신학전반에 중요한 키워드가 되었다. 동시성은 시와 같이 가능성과 공상과 창작의 산물이 아니며 역사와 달리 나와 동떨어진 것이 아니다. 현실은 나와 관계를 맺고 있기 때문에 나와 동시적으로 존재한다. 동시적인 것이 나에게 현실이다. 인간은 자신에게 주어진 '세계- 내- 존재'로서의 현실과 그리스도의 생애로서의 현실, 이 두 종류의 현실과 동시적일 수 있다(Kierkegaard, 2005). ('세계-내-존재'는 하이데거의 언어로서 세계에 대하여 항상 내적인 연관이 있고 세계에 관심을 두는 인간의 본질적인 존재 구조를 의미하는 현존재를 말한다.)

39. 키에르케고어의 "그리스도교의 훈련"(제1부, Ⅳ. 정지)을 요약하였다(Kierkegaard, 2005).

40. κάθαρσις: only ancient greek: there is no this word in the Greek

lexicon revised by Moulton in 1978. 헬라인들은 카타르시스를 위해 철학을 하였다. 철학은 영혼의 정화작용이었다(필자 주).
41. kata는 '아래로' reo는 동사형으로 '흐르다'를 의미한다.
42. 호무(together) 로고스(saying)(TDNT. cf. Bauer, 1958).
43. 이는 법적 의미와 상업적 의미가 불경스러운 것으로 생각하였기 때문이라는 견해도 있다(TDNT).
44. '찬양하다'(hiphil) '고백하다'(hithpael)
45. 프랑스의 의과의사며 생물학자다(1873-1944). 혈관봉합술을 발달시킨 공로를 인정받아 1912년 노벨생리. 의학상을 수상하였다. 혈관과 조직의 재생 및 이식에 관한 세계적인 권위자였다.
46. 근거구절은 민 35:6-32,신 4:41-43,수 20:2, 21:13-38이다. 도피성에 피신해 있는 과실치사 피의자는 대제사장이 죽은 다음에 비로소 고향에 갈 수 있었다. 도피성은 레위지파에 속하였으며 6개의 성읍이 지정되었다. 고의로 사람을 죽인 자는 도피성의 보호를 받지 못한다(민 35:6-신 4:41, 19장, 수 20:2). 도피성은 하룻길에 도달할 수 있는 곳에 있었다. 원래는 제단(따라서 성소)이 도피성의 역할을 한 듯하고(출 21:13, 14), 그것이 성읍으로까지 확대되었다. 사사시대나 왕국시대에 언급이나 실례가 없는 것으로 보아서 다시 성막이나 성전의 제단 뿔을 잡는 것으로 대체되었을 가능성이 있다(왕상 1:50, 2:28).
47. "이는 하나님이 거짓말을 하실 수 없는 이 두 가지 변하지 못할 사실로 말미암아 앞에 있는 소망을 얻으려고 피난처를 찾은 우리에게 큰 안위를 받게 하려 하심이라. 우리가 이 소망을 가지고 있는 것은 영혼의 닻 같아서 튼튼하고 견고하여 휘장 안에 들어가나니 그리로 앞서 가신 예수께서 멜기세덱의 반차를 따라 영원히 대제사장이 되어 우리를 위하여 들어 가셨느니라."
48. "누구든지 온 율법을 지키다가 그 하나를 범하면 모두 범한 자가 되나니 간음하지 말라 하신 이가 또한 살인하지 말라 하셨은즉 네가 비록 간음하지 아니하여도 살인하면 율법을 범한 자가 되느니라."
49. cf. "How to be a Christian without being religious"(종교에 매이지 않은 그리스도인) by Ridenour(1967). John Stott는 life와 lifestyle은 불가분의 관계라고 하였다(2010).
50. cf. "Christian spirituality : five views of sanctification" (1988) (성화란 무엇인가?) by Ferguson et al.
51. 최근 과학적인 연구를 통해 완벽주의가 유전에 의한 것이라는 주장도 많이 제기되었다. 유전적인 요인이 잘못된 신념체계를 만나면 완벽주의의 방아쇠를 당기는 것과 같다.

52. 壽 . 富 . 貴 . 多男子 장수하고 부자가 되고 출세하여 아들을 많이 두는 것이다(choi, 2010).
53. 저자에 따르면 중국인들은 문간에 '복'자를 거꾸로 써 붙여 굴러 들어온 복이 나가지 않도록 단속했는데, '굴러 들어온다.'는 점에서 인간의 노력과 별개로 움직이는 것이라는 인식이 강했다. 중국의 영향을 받은 우리의 복의 개념 역시 들어오기도 하고 달아나기도 하는 운명론적 성격이 강하다(choi, 2010). 식사를 할 때 말을 하면 "복이 나간다." 또는 "다리를 떨면 복이 달아난다." 이러한 속설은 한국인의 정서를 지배했다.
54. 목회와 신학(두란노) 1999. 12월호 "한국교회와 기복신앙의 문제"
55. 인간이 더 잘살기 위해서 하는 노력은 다 이성적인데 반하여 엔트로피를 높이고 죽음을 재촉하는 반이성적 태도가 '피로'를 생산한다(Han, 2012).
56. 그리스도의 피로 쓴 평화조약에는 성령이 인(seal)을 쳐 주심으로(엡 1:13, 4:30) 보증이 되셨다(고후 1:22, 5:5).
57. "The Merchant of Venice"(2004)
58. 엡 1:17-19에서 "마음눈을 밝히사"를 "보게 하시기를 구하노라"가 아닌 "알게 하시기를 구하노라"로 받고 있다.
59. lex talionis. 이 법은 가장 오래된 법전으로 알려진 함무라비법전 196조항에도 새겨져 있다. 영어에는 통쾌한 앙갚음을 의미하는 TFT(tit -for-tat)이 있다. 워싱턴 대학의 수학 심리학자인 로버트 라포포트는 이것을 게임이론에 접목하여 처음에는 호의를 베풀고 상대방의 배신에도 불구하고 관용을 베풀되 그 다음부터는 상대방과 똑같이 대해주는 것이 게임에 유리하다는 것을 실험을 통해 입증했다. 이는 사회 심리학과 국제정치에도 응용되어 결국 서로의 협력을 이끌어내는 전략에 활용되었고, 장기적인 이타주의를 선택하는 것이 서로 유리하다는 합리적 결론을 이끌어냈다.
60. 산상수훈이 기록된 마태복음 5장에서 7장 사이에 "아버지"가 14회 등장한다. '하나님'은 6회 등장한다(개역개정4판). 산상수훈이 하나님의 초월적 절대성보다 아버지와 자녀라는 언약적 관계에 더 관심을 두고 있으며 산상수훈에서 말하는 '의' 또한 '관계'를 위한 조건이 아니라 그것을 유지하기 위한 순종의 일환이라고 추론해 볼 수 있다.
61. Julian of Norwich (1342~1416)는 영국의 여성으로 은둔적 신비주의자 중 한 사람이다.
62. 도스토예프스키의 단편 소설 중에서 "지하생활자의 수기"가 있다. 겉으로는 근사한 척 하지만 지하실보다 깜깜한 내면과 도덕성을 가진 인간의 베케트적인 초상을 묘사한 작품이다.
63. 프란시스 쉐퍼의 부인 남편과 함께 라브리 공동체에서 40여 년 동안 성경의 절대적 진리를 삶을 통해 증명해 왔다. 1984년 남편이 작고한 후에도 전 세

계를 돌며 강연과 선교 활동을 계속했다.

64. WCF에서는 예정을 특별작정으로 분류한다. 여기에 인간의 자유의지는 배제된다. 창조와 섭리는 일반작정으로 분류되며 인간의 자유의지가 100% 보장되고 하나님은 섭리를 통해 피조물을 보존하시고 다스리신다(통치하신다). WMC, SQ,A, 11. LQ,A, 18.

65. "gift of surrender" "ability to let go"

66. 여호와 이레(יְהוָה יִרְאֶה (BHS))는 하나님이 준비하시리라는 뜻이다. 이레는 히브리어 라아(רָאָה, 7200)에서 유래하였다. 라아(רָאָה)는 일반적으로 본다는 뜻이다(TWOT : 2095). 라아(רָאָה)에서 엘 로이(רֳאִי, 7210) 라고 불렀다(창 16:13) 살피시는 하나님이라는 뜻이다.

67. 거짓용서는 의사용서, 또는 유사용서와 같은 개념이다.

68. "눈은 눈으로, 이는 이로 갚으라."(출 21:24, 레 24:20, 신 19:21)는 탈리오법은 당한 대로 갚아주라는 동형보복의 원리로서 오늘날 범죄자의 형량을 정하는 기준이 되고 있다. 이 법은 잔인한 법으로 오해하기 쉬운데 사실은 지나친 형량을 규제하는 긍휼의 법이다. 예수님은 이 법이 가진 법정신을 회복시켜 놓으셨다.

69. KJV, NIV, NASB, RSV, DBY, DOUAY, ESV 는 evil(악), NKJV, BBE, WEB, GWT, HCSB, NLT는 evil one(악한 자) YLT는 the evil(악한 자 사탄), ASV는evil (one)으로 혼용했다.

70. 그 외에도 서부경남의 800명의 목회자를 대상으로 설문연구를 한 연구자들은 그 중 72.6%가 정신 질환에 대한 공부를 한 적이 없었고, 그들이 귀신들림이라고 주장하는 사람 32명을 진단한 결과 37.5%는 조현병, 34.4%는 비정형정신병 및 정신분열성장애, 나머지는 해리장애, 기분장애, 진전섬망 등으로 진단되었다고 했다. 신형균, 손진욱, 우성일, (1991). "기독교 교역자들이 주장하는 귀신들림에 대한 정신의학적 고찰," 신경정신의학, Vol. 30, No. 6. pp. 1063-1074.

71. 히브리서의 쓴 뿌리(히12:15, 16)는 신명기 29:18에서 빌려 쓴 용어로 가나안의 우상숭배를 배경으로 한다(Bruce, 1990). 쓴 뿌리는 자신의 상처 때문에 다른 사람과 공동체를 괴롭히는 사람이라는 전의어로 사용하고 있다.

성막과 치유
Healing Analogy of Tabernacle

발　　행	2017년 10월 31일
등록번호	제385-2016-000006호
등 록 일	2016년 3월 3일
지 은 이	이경섭
펴 낸 이	이경섭
펴 낸 곳	도서출판 알투엠 AL2M
주　　소	경기도 안양시 동안구 임곡로 43, 110-1401
홈페이지	
전　　화	010-8650-5643
팩　　스	031-457-2692
메　　일	peace2642@naver.com

· 잘못된 책은 바꿔 드립니다.
· 가격은 뒷표지에 있습니다.
· 본 도서는 저작권의 보호를 받습니다.